edition suhrkamp

Redaktion: Günther Busch

Alfred Sohn-Rethel, geboren 1899 in Paris, studierte in Heidelberg und Berlin. Er stand in den zwanziger Jahren in engem Kontakt mit Bloch, Benjamin, Kracauer, Adorno. Er lebt seit seiner Emigration im Jahre 1936 in England. 1970 erschien sein Buch *Geistige und körperliche Arbeit. Zur Theorie der gesellschaftlichen Synthesis.*
Die hier vorgelegten Analysen und Aufzeichnungen sind in doppelter Hinsicht wichtig und aufschlußreich: sie beziehen sich auf die Ereignisse in Deutschland in den dreißiger Jahren, und sie bilden einen hochinteressanten Materialzusammenhang, auf den künftig jede Theorie des Faschismus wird Rücksicht nehmen müssen. Die Niederschrift der Texte erfolgte zwischen 1937 und 1941 in der Emigration. Im Zentrum steht das Wechselspiel der Interessengruppierungen innerhalb des deutschen Großkapitals, die Hitler zur Macht verholfen und einen wesentlichen Teil seiner Politik bestimmt haben. Sohn-Rethel hat die Vorgänge in jener Periode von einem hervorragenden Beobachtungsposten aus verfolgt – als »wissenschaftlicher Hilfsarbeiter« im Büro des »Mitteleuropäischen Wirtschaftstags e. V.« in Berlin.

Alfred Sohn-Rethel
Ökonomie und Klassenstruktur des deutschen Faschismus
Aufzeichnungen und Analysen

Herausgegeben und eingeleitet von Johannes Agnoli, Bernhard Blanke und Niels Kadritzke

Suhrkamp Verlag

edition suhrkamp 630
Erste Auflage 1973
 Satz, in Linotype Garamond, Druck und Bindung bei Georg Wagner, Nördlingen. Gesamtausstattung Willy Fleckhaus.

Inhalt

Einleitung der Herausgeber

I.

Sohn-Rethels hier zum ersten Male geschlossen veröffentlichte Beiträge zur Analyse des deutschen Faschismus vereinigen historische Zeugnisse über wesentliche Momente der Entstehung und Entwicklung der faschistischen Diktatur in Deutschland mit einem theoretischen Ansatz zur Faschismus-Analyse, der seine Bedeutung der Vermittlung von empirischer Anschauung und marxistischer Theorie verdankt.

Damit ist Sohn-Rethels Arbeit für die marxistische Faschismus-Analyse in jener doppelten Hinsicht von Bedeutung, in der diese gegenüber der bürgerlichen Geschichtsschreibung forschungsstrategisch »benachteiligt« ist:

1. Theoretisch hat sie die sehr viel schwierigere und komplexere Aufgabe zu lösen, gegen den oberflächlichen Augenschein und gegen die sich ständig verstärkende Flut bürgerlicher Forschungsresultate die scheinbar hermetische Diktatur einer »totalitären« Partei über die Gesellschaft als Erscheinungsform kapitalistischer Herrschaft aufzudecken und zu erklären. Dabei werfen vor allem die genetische Erklärung der einzelnen faschistischen Diktaturen und die Frage nach der Möglichkeit einer Theorie faschistogener gesellschaftlicher Entwicklungen Probleme auf, die längst noch nicht gelöst sind.

2. In der Forschungsarbeit steht die marxistische Faschismus-Analyse vor der Schwierigkeit, daß die Evidenz ihrer Aussagen nur schwer aufzuweisen ist, weil weder Akten noch Memoiren den Faschismus aus der Sicht und im Interesse seiner Opfer zu dokumentieren pflegen.

So hat einer der maßgeblichen Apologeten der Ruhr-Industrie, August Heinrichsbauer, schon 1948 das Bemühen, die konkreten Verbindungen zwischen Vertretern des Kapitals und der faschistischen Partei vor 1933 nachzuweisen, mit dem Argument für aussichtslos erklärt, »daß wirklich vertrauliche Dinge, wie sie gerade die Befassung mit wichtigen politischen Fragen darstellt, nur in vertrautestem Kreise behandelt zu werden pflegen, ohne Hinzuziehung von Gewährsmännern industriefeindlicher Kreise und Zeitungen oder gar der kommunistischen Presse. [...] Dinge, die man nicht einmal über einen ganz kleinen Kreis eigener Berufsgenossen hinaus bekannt werden ließ, hat man bestimmt nicht Außenstehenden anvertraut.«[1]

Was hier mit der typischen Arroganz der Macht festgestellt wird, ist in der Tat richtig: »Industriefeindliche« und »kommunistische« Kreise bleiben bei ihrer Analyse des Faschismus im allgemeinen auf indirekte Beweise und theoretische Deduktionen angewiesen, weil die erreichbaren Dokumente meist aus formellem, in öffentlich-rechtlichem oder verbandlichem Interesse archiviertem Material bestehen, wohingegen in Entscheidungsprozessen das Wichtigste informell (wenngleich in geregelter Weise) und in nicht archivierbaren Formen festgemacht und beschlossen wird. Dies gilt vor allem für den politischen Kernbereich bürgerlich verfaßter Gesellschaften, für welche rechtliche Regelungen politischer Entscheidungen konstitutiv sind und dennoch die Wirklichkeit wesentlich *nicht* ausmachen. Diesen Kernbereich bildet das funktionale und institutionell-organisatorische Verhältnis von Ökonomie und Politik, das sich zwar in den Beziehungen zwischen Einzelkapitalen und Kapitalgruppen (und deren Repräsentanten) einerseits, politischen Führungsgruppen andererseits jeweils widerspiegelt, durch diese Beziehungen allein jedoch nicht hinreichend zu bestimmen ist. Aber selbst die gespeicherte Information über diese Beziehungen sagt in der Regel über den wirklichen informellen Entscheidungsgang wenig aus. Entsprechend weist die Archivdokumentation ein naturwüchsiges Übergewicht an formellen Entscheidungen, also an staatlich-politischen Willensbildungsakten und Maßnahmen auf, das eine dokumentarische, für den »exakten Historiker« damit aber scheinbar »bewiesene« Disproportionalität zwischen Politik und Ökonomie erzeugt, die materialistisch nur auf dem Wege der Ableitung aus generellen theoretischen Prämissen über die wesentlichen Strukturen kapitalistischer Gesellschaften (über die gerade selbst im Faschismus nicht »entschieden« wird) wieder ins Gleichgewicht gebracht werden kann. Anders gesagt: das Übergewicht des formell-staatlichen Quellenmaterials führt stofflich in der bürgerlichen Geschichtswissenschaft zur interpretatorischen Feststellung ei-

1 August Heinrichsbauer, *Schwerindustrie und Politik*, Essen 1948.

nes Primats der Politik im Umgang mit der Ökonomie. Für den Faschismus heißt dies in der Schlußfolgerung, daß nicht spezifische Forderungen und Erfordernisse der kapitalistischen Akkumulation und Reproduktion die politische Fälligkeit des Regimes erzwungen und seine politischen Handlungen langfristig und wesentlich bedingt haben, sondern, umgekehrt, daß das politische Programm des Faschismus die »Industrie« in seinen Bann gezogen und dem Regime hörig gemacht habe. Der Logik ihres Erkenntnisinteresses folgend zieht die bürgerliche Analyse des Faschismus aus dem vorhandenen Archivmaterial den Schluß, den Publikationen à la Heinrichsbauer nahelegen wollen, und postuliert so die »totale« Herrschaft des faschistischen Staates über die ökonomisch herrschende Klasse.

Was einer materialistisch-dialektischen Analyse von der stofflichen Seite her fehlt, ist, schlicht gesagt, das Gegenstück zum Staatsarchiv: die ebenso dokumentarische Ausweisung des informellen Prozesses.

Eine solch eklatante »Beweislücke« ist für die marxistische Analyse immer nur punktuell zu schließen. Um so wichtiger ist es, wenn es gelingt, diese Lücke durch authentische Einblicke von Einzelpersonen an zentralen Punkten des Umschlags von ökonomischen Interessen in politische Entscheidungen zu füllen, wie dies in den Aufzeichnungen von Sohn-Rethel der Fall ist.

So gesehen ist es einer der folgenreichsten Zufälle für die Faschismus-Forschung, daß ein marxistisch geschulter Wissenschaftler in den entscheidenden Jahren der Faschisierung quasi ungestört Einblick in wichtige interne Vorgänge und politische Überlegungen verschiedener Kapitalfraktionen erlangte und damit befähigt worden ist, ihre ökonomische Interessenlage und ihre Schwierigkeiten theoretisch zu erfassen und mit empirischer Beweiskraft darzustellen, wie diese die politische Tendenz zur faschistischen Diktatur vorangetrieben haben.

II.

Die besondere inhaltliche Leistung von Sohn-Rethel besteht darin, daß er die Beziehungen zwischen Industrie- und

Finanzkapital und Faschismus stringent aus den Verwertungsbedingungen des deutschen Kapitals auf dem Weltmarkt und im nationalen, die internationale Konkurrenz reflektierenden Rahmen zu entwickeln und daraus die Interessenrichtung zu bestimmen vermag, die sich politisch, d. h. auf die Formen und Träger staatlicher Herrschaft bezogen, artikulierte. Damit wird »die Industrie« weder idealtypisch auf einen Machtblock unter mehreren reduziert[2], noch werden ihre verschiedenen Fraktionen wie in der Monopolgruppen-Theorie der DDR-Autoren letztlich als reine Machtgebilde beschrieben, die ihre politische Durchsetzungsfähigkeit allein ihrem ökonomischen Gewicht (und damit ihrer als Macht begriffenen ökonomischen Stärke statt ihrer relativen, durch die Krise bestimmten Reproduktionsschwäche) verdanken. Bei Sohn-Rethel erscheinen Interessendifferenzierungen vielmehr von vornherein vermittelt, d. h. nicht erst der »Gesamtkapitalist« oder die stärkste Monopolgruppe als politischer Repräsentant erzwingen den Interessenausgleich, sondern dieser entwickelt sich aus den Problemen der Kapitalverwertung am Kulminationspunkt der Reproduktionsschwierigkeiten des ökonomischen und politischen Systems insgesamt.

Daß dieser Interessenausgleich nur auf der Linie einer faschistischen Krisenlösung liegen konnte, geht aus der Darstellung Sohn-Rethels eindeutig hervor. Dabei sind es vor allem zwei politische Leistungen zur Lösung der ökonomischen Probleme, die das faschistische Regime zu erbringen verspricht und die deshalb das gemeinsame kapitalistische Interesse an diesem Regime begründen. Erstens die langfristige Durchsetzung einer politischen Expansion im Dienste der Markterweiterung für die deutschen Kapitale vor allem in Richtung Südosteuropa. Zweitens die terroristische Disziplinierung der deutschen Arbeiterschaft auf einem Lohnkostenniveau, das die Akkumulationsmöglichkeiten der deutschen Kapitale sprunghaft verbessert.

Beide Leistungen wurden von einem Regime erwartet, das die veränderten Voraussetzungen bürgerlicher Herrschaft herrschaftsmethodisch auf eine qualitativ neue Formel brachte,

2 Wie bei Franz Neumann, *Behemoth – The Structure and Practice of National Socialism*, London 1943 (New York 1963[3]), und Arthur Schweitzer, *Big Business in the Third Reich*, Bloomington 1964.

insofern sie das genaue Gegenstück zur reformistisch abgesicherten Herrschaftsform der »stabilen« Jahre der Weimarer Republik darstellte, deren nichtgewaltsame, auf sozialpolitischen Zugeständnissen an die Arbeiterschaft basierenden Integrationsmöglichkeiten die Weltwirtschaftskrise gerade zerstört hatte.

Die faschistische Lösung der ökonomisch verursachten Systemkrise der ersten deutschen Republik mußte um so wahrscheinlicher werden, je mehr die Arbeiterbewegung ihre Unfähigkeit zur revolutionären Wendung der Systemkrise erwies[3], je eindeutiger alternative Lösungsversuche einer kapitalistischen Krisenlösung eine Rückkehr zur Politik der Arbeitsgemeinschaft mit den Gewerkschaften implizierten, und je mehr sich infolgedessen die Interessen der unterschiedlichen Kapital-Fraktionen auf der Linie der skizzierten politischen Erwartungen vereinigten und darüber hinaus den traditionellen Gegensatz zwischen Großagrariern und Export-Industrie auszugleichen imstande waren.

Die in der historischen Forschung inzwischen kaum noch bestrittene Vereinigung unterschiedlicher Kapital-Interessen auf der faschistischen Linie[4], die Ende 1932 das ehemalige Brüning-Lager der exportorientierten Industrie aufgelöst hatte, wird in der Darstellung Sohn-Rethels in ihren wesentlichen Interessenrichtungen plausibel gemacht und damit aus dem ökonomischen Gesamtprozeß, insbesondere aus dem Zerfall des Weltmarktes, erklärt. Drei Schwerpunkte seiner Darstellung sind dabei für die marxistische Faschismus-Analyse ihrer

3 In den nach 1933 verfaßten Analysen Sohn-Rethels wird diese Bedingung des Faschisierungsprozesses nicht mehr erörtert, weil die Eingriffsmöglichkeiten der Arbeiterbewegung sich mit der faschistischen Diktatur fast völlig erledigt hatten. Die Darstellung kann deshalb als ökonomistisch verkürzt erscheinen, wenn man sich den Zusammenhang nicht vor Augen führt, wie er in dem Aufsatz über *Die soziale Rekonsolidierung des Kapitalismus* (in diesem Buch abgedruckt in Teil II) entwickelt ist. Vgl. dazu Niels Kadritzke, *Faschismus als historische Realität und unrealistischer Kampfbegriff*, in: *Probleme des Klassenkampfs*, Heft 8, Erlangen 1973.

4 Vgl. insbesondere E. Czichon, *Wer verhalf Hitler zur Macht?* Köln 1967, und die sehr aufschlußreichen Erinnerungen von G. Gereke, *Ich war königlich-preußischer Landrat*, Berlin (DDR) 1971. Wie weitgehend diese Tatsache auch in der westdeutschen Geschichtswissenschaft akzeptiert wird, zeigt exemplarisch H. Mommsen, Handbuchartikel »Nationalsozialismus«, in: *Sowjetsystem und demokratische Gesellschaft*, Freiburg 1971.

exemplarischen Qualität wegen von besonderer Bedeutung: Expansionspolitik, Unterdrückung der Arbeiterbewegung und Verbindung von Industrie- und Agrarpolitik.
Die strategischen Planungen im Rahmen des Mitteleuropäischen Wirtschaftstages (MWT), die Sohn-Rethel aus eigener intimer Kenntnis schildern kann, setzten für ihre Realisierung eine politische Führungsgruppe voraus, die nicht nur entschlossen und in der Lage war, die Störungen des Akkumulationsprozesses außen- und handelspolitisch rigoros zu beseitigen, sondern die auch innenpolitisch ein Programm durchzusetzen vermochte, das einen für alle Kapitalfraktionen annehmbaren Kompromiß darstellte. Bei einer Identifikation von Kapital und Gesellschaft war, so gesehen, die NS-Diktatur in der Tat eine »Regierung der nationalen Einheit«, ihr Programm ein Programm der »nationalen Erneuerung«. Sohn-Rethel weist aber gerade nach, daß die Richtung und politische Perspektive dieses Programms nicht etwa durch die »Ideologie« der Nazi-Partei, sondern durch die ökonomische Zwangslage vorbestimmt ist, die erst dazu geführt hat, die handlungsunfähigen Führungsgruppen der Präsidialkabinette durch die in dieser Richtung handlungswillige faschistische Führungsgruppe zu ersetzen. Damit löst er die immer wieder künstlich herausgestellte Priorität von ökonomischer bzw. politischer Herrschaft (theoretisch gefaßt: von Autonomie oder Heteronomie faschistischer Regime[5]) auf: die für das Kapital notwendig gewordene Strategie stellt den Zusammenhang mit einer politischen Gruppe her, die in genau derselben Richtung marschiert und über einen für ihre Durchsetzung ausreichenden Massenanhang verfügt. Eine gleichgerichtete Verlötung von Industrieinteressen und politischen Ambitionen einer zunächst selbständig entstandenen Bewegung hatte sich schon in der Faschisierung Italiens vollzogen: die Industrie *mußte* die nach 1920 unterbrochene Akkumulation

5 Zur Alternative Heteronomie/Autonomie vgl. Ernst Nolte (Hrsg.), *Theorien über den Faschismus*, Köln–Berlin 1967 (Einleitung), und ders., *Die Krise des liberalen Systems und die faschistischen Bewegungen*, München 1968. Zur Kritik dieser Alternative vgl. Johannes Agnoli, *Zur Faschismus-Diskussion* (I) und (II), in: *Berliner Zeitschrift für Politologie*, 9. Jg. 1968, Heft 2 und 4; Bernhard Blanke, *Thesen zur Faschismus-Diskussion*, in: *Sozialistische Politik*, 1. Jg. 1969, Heft 3.

beschleunigt und außen- wie innenpolitisch abgesichert fortsetzen; das faschistische Regime *wollte* Italien weltpolitisch und »historisch« stark machen. Diese Darstellung einer strategischen Transmission zwischen Ökonomie und Politik durch ein dazu notwendiges und hinreichend starkes politisches Regime verweist die berühmte Primatfrage[6] auf die Ebene eines formell-heuristischen Problems. Denn ohne der Frage nach einem Primat von Politik bzw. Ökonomie auf der personellen Ebene ihrer Entscheidungsträger nachzugehen, will Sohn-Rethel gerade zeigen, daß die ökonomisch zwingend gewordene Krisenlösungsstrategie des deutschen Kapitals den Zwang zur terroristischen Diktatur des Faschismus setzt, der als politischer Garant dieser Krisenlösung seinerseits die ökonomischen Zwangsgesetze vollstreckt, welche damit auf irreversible Weise in Gang gebracht sind. Indem Sohn-Rethel schon vor Beginn des Zweiten Weltkrieges darlegte, daß der faschistisch abgesicherte Vollzug kapitalistischer Reproduktion die ständig neu produzierten ökonomischen Schwierigkeiten letztlich nur durch militärische Expansion zu lösen versuchen kann, hat er überzeugend den Raub- und Eroberungskrieg als notwendigen Bestandteil der Krisenlösungsstrategie nachgewiesen und seines von bürgerlichen Historikern oft auf die »persönliche Dämonie« Hitlers zurückgeführten »irrationalen« Charakters entkleidet. Die Raison des Weltkrieges bleibt bei ihm weder exzentrisch zu den Interessen des deutschen Kapitals noch gilt sie als glatter Ausdruck der Summe konkreter ökonomischer Interessen (wie in der DDR-Literatur vorherrschend), sie liegt vielmehr unverrückbar auf der Linie und in der Logik des einmal eingeschlagenen Ausweges aus der ökonomischen Krise. Für den Faschismus bleibt also durchgängig konstitutiv, was für jede Form kapitalistisch organisierter Reproduktion der Gesamtgesellschaft gilt: daß die Erfordernisse der Kapitalverwertung – die gerade nicht unbedingt identisch sind mit der Summe der Einzelforderungen »der Kapitalisten« – sich durchsetzen. Am Unvermögen, der Kapitalverwertung einen alternativen Weg zu bahnen, scheiterten denn auch die bürgerlich-parlamentarische Politik

6 Vgl. Tim W. Mason, *Der Primat der Politik*, in: *Das Argument*, 8. Jg. 1966, Heft 6, Nr. 41, und die Kontroverse Czichon/Mason/Eichholtz/Gossweiler in: *Das Argument*, 10. Jg. 1968, Heft 3, Nr. 47.

der Weimarer Endphase wie alle Versuche einer bürgerlichen Opposition gegen den Faschismus, deren innere Unmöglichkeit in der deutschen Situation Sohn-Rethel überzeugend darstellt.

Gewiß bedeutet diese Verlötung von sozialer Herrschaft und politischem Regime keineswegs lückenlose Übereinstimmung. Darin ein Spezifikum des Faschismus zu sehen, ist nur ein verbreiteter Fehler in der doktrinären »marxistischen« Analyse bürgerlicher Gesellschaften. Eher ist ein Unterscheidungsmerkmal gerade in dem Versuch des korporativen Staates zu erblicken, die Übereinstimmung so weit wie möglich auch institutionell zu sichern. Tatsache bleibt aber auch unter solchen Bedingungen, daß die »ideologische« faschistische Großraumpolitik die gleichgerichteten ökonomischen Forderungen nach Markterweiterung, neuen Rohstoffquellen und Arbeitskräften ausdrückte und daß ihr nicht zufällig die militärischen Planungen des Generalstabs entsprachen. Was später zu Differenzen zwischen diesen verschiedenen »Machtgruppen« führte, war nicht die langfristige Perspektivplanung, sondern es waren die unterschiedlichen Vorstellungen über Voraussetzungen und zeitlichen Ablauf ihrer Durchführung.

III.

Die terroristische Form der faschistischen Diktatur ist jedoch nicht nur Ausdruck gesellschaftlicher Militarisierung in außenpolitischer Absicht, sondern sie dient zunächst und vor allem dem Zweck, die Arbeiterklasse und ihre Organisationen zu zerschlagen beziehungsweise unterdrückt zu halten. Denn die Erschließung neuer Märkte und Rohstoffquellen für die deutschen Kapitale setzt eindeutig voraus, daß die durch die Weltwirtschaftskrise blockierte Kapitalreproduktion erneut in Gang kommt und auf dem gegebenen Stand der Technologie wieder Profite abwirft. Dies erfordert für das Kapital entscheidend veränderte Verwertungsbedingungen, die nur auf Kosten der Arbeiterklasse geschaffen werden können. Die Strategie zur wirtschaftlichen »Erholung« ist demnach allein als eine politische Strategie wirksam, die die verschärfte Ausbeutung der Arbeiterklasse durchsetzt und garantiert. Genau

an diesem Knotenpunkt ökonomischer Erfordernisse und politischer Leistungen der Diktatur setzt Sohn-Rethels zentrale These zur Funktionsbestimmung des Faschismus an.
Ihre entscheidende Formulierung, der Faschismus bedeute die »Rückkehr« zur absoluten Mehrwertproduktion, trifft einerseits den Kern einer materialistischen Faschismustheorie: Der Faschismus wird abgeleitet aus der materiell-ökonomischen Basis des Klassenverhältnisses, d. h. der Notwendigkeit einer drastischen Erhöhung der Mehrwertrate angesichts der Krisensituation, in der sich besondere nationale Kapitale im Rahmen des kapitalistischen Weltsystems befanden. Andererseits kann diese Verwendung des Begriffs des »absoluten Mehrwerts« zu Mißverständnissen führen, weil damit bei Marx eine *allgemeine* Form der kapitalistischen Produktion gemeint ist, die ebenso wie die Form des »relativen Mehrwerts« (deren Basis sie ist) nicht zur Unterscheidung *historischer* Phasen der kapitalistischen Produktionsweise dienen soll, sondern in allen Phasen existiert.
Der Sachverhalt, den Sohn-Rethel mit dieser Formulierung kennzeichnet, stellt eine *besondere*, historische Situation der kapitalistischen Mehrwertproduktion dar, in welcher die ökonomischen Methoden und – was wesentlich ist – die klassenpolitischen Konstellationen der absoluten Mehrwertproduktion aufgrund besonderer Bedingungen das Übergewicht erhielten: gewaltsame Ausdehnung der Arbeitszeit, Intensivierung der Arbeit bei gleichbleibendem Preis der Arbeitskraft, d. h. staatlich sanktioniertem Einfrieren der Löhne.
Darüber hinaus ist es die in der faschistischen Konjunktur in Deutschland eintretende *Zerreißung* des Zusammenhanges von Steigerung der Produktivkraft der Arbeit und Senkung des Werts der Arbeitskraft, die die Verwendung der Kategorie des absoluten Mehrwerts zur Analyse der faschistischen Krisenlösung nahelegt. Obwohl nach der zunächst – durch Kapitalvernichtung in der Krise und die ungeheure Arbeitslosigkeit ermöglichten – rein quantitativen Ausdehnung der Produktion auf gleichbleibender technologischer Grundlage (diese Aussagen gelten nur im Durchschnitt) für das deutsche Kapital mit der Erreichung der »Vollbeschäftigung« (1937/38) die Notwendigkeit einer auch qualitativen Steigerung der Produktivkraft der Arbeit eintrat, wurde durch die

Rüstungsproduktion ein wachsender Teil des steigenden gesellschaftlichen Wertprodukts quasi außerhalb des »normalen« Reproduktionsprozesses verbraucht. Die Steigerung der Produktivkraft der Arbeit setzte sich kaum in die Sektoren der deutschen Wirtschaft fort, die die notwendigen Lebensmittel produzierten. Eine der steigenden Produktivkraft entsprechende Senkung des Werts der Arbeitskraft trat nicht ein. Gleichzeitig fiel der Preis der Arbeitskraft unter ihren Wert, da der durch höhere Arbeitszeit und steigende Intensität der Arbeit erhöhte (und zwar überproportional erhöhte) Verschleiß der Arbeitskraft nicht durch eine entsprechende Erhöhung des Lohns kompensiert wurde. Die staatlich organisierte Umlenkung des Wertprodukts und des zu akkumulierenden Mehrwerts in die Rüstungsproduktion (garantiert durch eine »Verstaatlichung« des gesamten Kreditwesens) hatte eine ungeheure Verzerrung der Produktionsstruktur zur Folge: ein überproportionales Anschwellen der Produktionsmittel- und eine Stagnation der Konsumtionsmittelindustrie. Dieser Prozeß wird von keynesianisch orientierten makroökonomischen Analysen des deutschen Faschismus nach 1945 bestätigt.[7] Nach 1935/36 löste diese Entwicklung verschiedene Konflikte aus, die von Sohn-Rethel z. T. geschildert werden, wie die Nahrungsmittelkrise, später auch Konflikte innerhalb der Deutschen Arbeitsfront und zwischen dieser und anderen Machtgruppen des Regimes. Sohn-Rethels Formulierung, die faschistische Konjunktur löse sich »von den Bedingungen der ökonomischen Wertbildung und des Krisenzyklus«, könnte verallgemeinert werden, indem man den skizzierten Prozeß als nationalstaatlich beschränkten *Versuch der Ausschaltung des Wertgesetzes in seiner regulierenden Funktion* bezeich-

7 René Erbe, *Die nationalsozialistische Wirtschaftspolitik 1933-39 im Lichte der modernen Theorie*, Zürich 1958; Gerhard Kroll, *Von der Weltwirtschaftskrise zur Staatskonjunktur*, Berlin 1958. Daß diese keynesianischen Analysen eine Alternative zur faschistischen Konjunktur in einer innenpolitisch sozialpartnerschaftlichen und außenpolitisch friedlichen Form des »Staatsinterventionismus« ex post für möglich halten, liegt an ihrer Unfähigkeit, die wesentliche Basis der kapitalistischen Produktion und Reproduktion, die Produktion von Mehrwert, zu erkennen, und an ihrer Mißachtung der Weltmarktzusammenhänge. Zum allgemeinen theoretischen Rahmen der hier diskutierten Probleme vgl. Willi Semmler, Jürgen Hoffmann, *Kapitalakkumulation, Staatseingriffe und Lohnbewegung*, in: *Probleme des Klassenkampfs*, Heft 2, Erlangen 1972.

net. Sohn-Rethel macht an anderer Stelle eine entsprechende Andeutung, dort nämlich, wo er auf die Folgen der Abschließung vom Weltmarkt und der Aufhebung seiner intervalutarischen Kontrollfunktion zu sprechen kommt.

In der Tat waren Verlauf und Struktur der faschistischen Konjunktur nur möglich auf der Basis einer – andererseits für die Erhaltung des deutschen Kapitalismus notwendig gewordenen – Abschließung vom Weltmarkt, weshalb die Rückkehr zu einem relativ freien Weltmarkt auch den Zusammenbruch des faschistischen Regimes in Deutschland bedeutet hätte. Daß diese Abschließung vom Weltmarkt und der Versuch, sich dessen regulativer Kontrolle zu entziehen, nur ein vorübergehender, in Krieg und Nachkriegskatastrophe endender sein konnte, ist klar. (Man vergleiche dies mit dem »Verfall des Dollar« auf dem Hintergrund des Vietnamkrieges.) Deshalb muß hier auch offen bleiben, ob Sohn-Rethels zweite zentrale These vom Widerspruch zwischen Produktions- und Marktökonomie – soweit sie zur Charakterisierung von Verlauf und Struktur des *Akkumulationsprozesses* dient – nicht ebenfalls von dieser spezifischen Krisenlage des kapitalistischen *Weltmarktes* geprägt ist. Immerhin führte gerade der Zweite Weltkrieg zu einer Reorganisation des kapitalistischen Akkumulationsprozesses im Weltmaßstab, die gerade durch die Internationalisierung der Produktion und die Verdichtung der Weltmarktbeziehungen einen enormen Aufschwung ermöglichte. Damit ist nicht gesagt, daß sich ähnliche Krisensituationen nicht wiederholen können.[8] Auch kann hier nicht die Fruchtbarkeit dieses Teils der Faschismustheorie Sohn-Rethels für eine allgemeine Theorie des gegenwärtigen (Spät-)Kapitalismus, d. h. für die Frage nach den Veränderungen der Formen der Vergesellschaftung und ihrer Widersprüche, geprüft werden.

Daß die Entwicklung im faschistischen Deutschland zwangsläufig auf den Raubzug durch Europa hindrängte, macht Sohn-Rethel überzeugend klar. Die Vernichtungstendenz wurde im Innern erst möglich, nachdem die Tarif- und Wider-

8 Vgl. hierzu Christel Neusüß, Bernhard Blanke, Elmar Altvater, *Kapitalistischer Weltmarkt und Weltwährungskrise*, in: *Probleme des Klassenkampfs*, Nr. 1, Erlangen 1971; Christel Neusüß, *Imperialismus und Weltmarktbewegung des Kapitals*, Erlangen 1972.

standsfähigkeit der Arbeiterklasse ausgeschaltet waren. Die terroristisch erzwungene Steigerung der Mehrwertrate zeigte eine der zerstörerischen Logik der absoluten Mehrwertproduktion (Ausdehnung des Arbeitstages auf 24 Stunden) entsprechende Konsequenz im SS-Prinzip der »Vernichtung durch Arbeit«, das während des Krieges KZ-Insassen, andere Häftlinge und Kriegsgefangene traf. Der »deutsche Arbeiter« hatte demgegenüber den marginalen »Schutz« der DAF; die stärkere Einbeziehung der »deutschen Frau« in den Rüstungsproduktionsprozeß während des Krieges wurde durch den Zwangseinsatz von über 7 Millionen ausländischer Arbeiter gebremst.

Diese Zusammenhänge machen deutlich, daß die Wiederingangsetzung der kapitalistischen Akkumulation nach der Weltwirtschaftskrise und die nationalstaatlich-imperialistische Perspektive der Wiedererlangung der Konkurrenzfähigkeit des deutschen Kapitals (insbesondere auf der Basis einer mitteleuropäischen Großraumpolitik) für die Allianz von Kapital und Faschismus nicht nur eine rein ökonomische Begründung abgibt, sondern bei der faschistischen Bewegung und dem faschistischen Regime eine spezifische geschichtliche Qualität voraussetzt: nicht nur die machtpolitische Eroberung und Absicherung eines erweiterten Marktes, sondern *primär* die Schaffung der klassenpolitischen Voraussetzungen dafür, daß diese Expansionsstrategie überhaupt möglich wurde, die Garantie einer Klassensituation, die gewissermaßen die ganze Arbeiterbewegung seit dem Kampf um den »Normalarbeitstag« rückgängig machte. Die sich eröffnende Perspektive einer erneuten Weltmarktpräsenz hatte zur Bedingung, daß die Nazis im voraus, institutionell, terroristisch oder anders, die Gefahr ausschalteten, daß die dazu nötige Arbeitskraft nicht zur vollständigen Verfügung gestanden hätte. Dies ist die materialistische Ableitung für die Zerschlagung der Gewerkschaftsbewegung und gilt gleichermaßen für Italien.

Ein anderes Moment der Herstellung der inneren Voraussetzungen für die neue Expansionsstrategie des Kapitals stellen die *internen* Auseinandersetzungen in der faschistischen Bewegung selbst dar. Von der Anfangsidentität zwischen Generalstabsplanung, Kapital und Regime war schon die

Rede. Historisch fand diese Identität ihren spektakulären Ausdruck in der Zerschlagung der kleinbürgerlich-rebellischen Bewegung der SA – im sogenannten Röhm-Putsch. Sohn-Rethel versucht, diesen Konflikt in die Klassenanalyse des deutschen Faschismus zu stellen. Eindeutig zeigt sich bei dieser Darstellung die Koppelung politischer Ereignisse mit der sozialen Bewegung einerseits und den spezifischen Erfordernissen der Kapitalbewegung andererseits. Gewiß sind soziale Inhalte und Widersprüche der ganzen SA-Bewegung, die zum Teil auf ähnlich gelagerte sozialrebellische Inhalte des ursprünglichen, städtischen Faschismus in Italien hinweisen, weitgehend bekannt. Gleichwohl bleiben Erklärungen meist abstrakt-allgemein, indem sie sich festmachen an einem formellen Widerspruch zwischen kleinbürgerlicher Auflehnung einerseits und dem machtpolitischen Zwang zur Allianz der faschistischen Führung mit Großkapital und Reichwehr andererseits. Sohn-Rethel deckt die *materielle* Allianz auf, die über die bloße Zerschlagung potentiell jakobinisch-kleinbürgerlicher Tendenzen hinausweist und die im deutschen Faschismus dieselbe Tendenz ausdrückt, wie sie für die »institutionelle Strategie« des italienischen Faschismus kennzeichnend war. Es ging nicht nur um eine machtpolitisch kontingente Allianz zwischen faschistischem Regime und Kapital, so zeitgebunden und (in illusorischen, teils allerdings bestätigten Zukunftsperspektiven des Großkapitals) interessengebunden diese Allianz auch war. Es ging vielmehr, wie bei der Verstaatlichung der faschistischen Bewegung in Italien 1926/27, um die schlichte Wiederherstellung der spezifisch bürgerlichen, nämlich verrechtlichten, legal-formalisierten Qualität des Staates, wenngleich in der pervertierten Form des »Führerstaates«. Der Führerstaat ging – im Gegensatz zum SA-Staat – insofern in die Bürgerlichkeit zurück, als in ihm der Zugang zum Machthaber (Carl Schmitt) geregelt wurde, wobei diese Regelung nur die formelle Seite des wichtigeren Inhalts war, daß – selbst informell – die Garantie der Kapitalreproduktion auch im Faschismus als zentrale Aufgabe staatlicher Maßnahmen gewährleistet wurde. Die kleinbürgerliche Revolte hatte sicher nicht die für das System zerstörerische Komponente der proletarischen Klassenbewegung, aber sie war geeignet, den Reproduktionsprozeß, der mittels des

Faschismus wieder in »geregelte« Bahnen gelenkt werden sollte, zu stören. Der »Röhm-Putsch« stellt, so betrachtet, nichts machtpolitisch Zufälliges dar, ist auch mit dem Konflikt Reichswehr-Monopolanspruch versus SA-Einbruch in das staatliche Gewaltmonopol nicht hinreichend beschrieben, sondern eben wesentlich für die Konsolidierung des faschistischen Regimes als einer spezifisch bürgerlichen Herrschaftsform.

IV.

Im Widerspruch zur materiellen Identität von Faschismus und den Zwängen der kapitalistischen Reproduktion in einer spezifischen Krisensituation scheint die Agrarpolitik des deutschen Faschismus zu stehen. Oberflächlich gesehen, fixiert sich der Faschismus in starkem Maße ideologisch an tradierten Vorstellungen eines gesunden »Bauerntums«. Von der sozialen Basis her bilden agrarische Bevölkerungs- und Interessengruppen ebenso einen Teil der faschistischen Bewegung wie das städtische Kleinbürgertum. In einzelnen Fällen, wie in Finnland nach dem Ersten Weltkrieg, ist Faschismus ausschließlich Agrarfaschismus; ebenso hatte sich in Österreich eine regionale Front der Agrargebiete gegen das rote, industrielle Wien gebildet. Hatte sich im italienischen Faschismus auch literarisch das »Land« gegen die »Stadt« gestellt, so drückte sich diese Wendung im deutschen Faschismus am stärksten in der Blut-und-Boden-Mythologie aus. Der Widerspruch war allerdings auch hier in erster Linie nicht ein ideologischer, sondern ein ökonomischer, vor allem in Deutschland mit seinem Vorsprung der Industrie vor der Landwirtschaft. Die Subventions- und Entschuldungspolitik bedeutete schon seit längerer Zeit eine Profiteinbuße und damit eine Hemmung der Akkumulation, die zumal in der Weltwirtschaftskrise den Widerstand des Kapitals hervorrufen mußte. Den entscheidenden Aspekt aber schildert Sohn-Rethel: die sich aus der Konsequenz der kapitalistischen Expansionspolitik (Mittel-Südosteuropa-Pläne) entwickelnde Stoßrichtung der Agrarpolitik. Die als Hinterland für die Eroberung einer neuen Weltmarktposition zu erschließenden Länder standen als Agrarexporteure in Konkurrenz zur deutschen Landwirt-

schaft. Hier mußte das faschistische Regime einen Perspektivenwechsel vollziehen. Es gehört zu den – auch von der informellen und Personalseite her – spannendsten Teilen der Analyse von Sohn-Rethel, wie es dem deutschen Großkapital in dieser Situation gelang, das Regime zu einem regelrechten »Bauernlegen« zu veranlassen, und wie im Gefolge der faschistischen Konjunktur die Landwirtschaft voll der Logik der Kapitalakkumulation unterworfen wurde (Erbhofgesetzgebung als Basis für die Abwanderung von Arbeitskräften in die Industrie etc.). Gewiß nahm das Regime Rücksicht auf »die Landwirtschaft«, aber eben auf die Interessen der kapitalistisch produzierenden Großagrarier, nicht auf diejenigen der »Bauern«, wie es die Ideologie vorgab. Auch hier lassen sich Parallelen zu Italien ziehen, wenngleich die spezifischen Unterschiede zu berücksichtigen sind, die sich aus dem relativ niedrigen Stand der kapitalistischen Entwicklung in Italien, dem niedrigen Stand der Vergesellschaftung der Arbeit und aus der Dominanz der Landwirtschaft ergeben. Was aber für den deutschen Faschismus wesentlich war, die Durchsetzung der Expansion des Kapitals und ihrer Voraussetzungen, hatte der italienische Faschismus bereits in Gestalt der beschleunigten Akkumulation des Kapitals, der staatlichen Eingriffe zur Rettung der Industrie während und nach der Weltwirtschaftskrise, vorexerziert. Jeweils waren das Landproletariat und die »mezzardi« (Pächter) ebenso die Leidtragenden wie das Industrieproletariat.
Die doppelte Stoßrichtung des deutschen Kapitals (Mittel- und Südosteuropa als Expansionsraum, in der Kompensation zugleich Exportraum für landwirtschaftliche Erzeugnisse nach Deutschland) dient schließlich zur Klärung der Widersprüche, die *ökonomisch* bei der außenpolitischen Bündnispolitik (Achse Berlin–Rom) der beiden historischen faschistischen Regime ausbrachen und in Italien zur Kündigung der Allianz zwischen Kapital und Agrariern einerseits, faschistischem Regime andererseits führten. Für die italienische Landwirtschaft bedeutete die Orientierung des deutschen Markts an den »Balkanländern« einen schweren Einschnitt in die eigenen Exportmöglichkeiten nach dem Deutschen Reich. Gerade in den Folgewirkungen der kolonialen Politik des faschistischen Italiens und als Ausweg aus der französisch-

englischen Sperre gegenüber den italienischen Produkten hatte die italienische Landwirtschaft zunächst im Reich den Ausweichmarkt gefunden. Noch wichtiger und noch dramatischer war diese neue Lage aber für das auf dem Weltmarkt ohnehin schwache, durch die Absperrung gegen den Westen doppelt getroffene italienische Kapital, das von Anfang an auf Exporte stark angewiesen war. Für das italienische Kapital bot der Donauraum die sozusagen natürliche Expansionsmöglichkeit. Außenpolitisch versuchte das Regime in der Zeit vor dem »Stahlpakt«, genau diesen Raum gegenüber Deutschland abzuschirmen (Beistandspakte mit Ungarn, Jugoslawien etc.). Der Plan einer umgestellten Exportpolitik ließ aus dem deutschen Kapital den stärksten Konkurrenten werden – und aus dem Stahlpakt in der Sicht des italienischen Kapitals die widernatürliche Verbindung eines schwachen mit einem stark expansiven Konkurrenten. Ökonomisch hätte eine Bündnispolitik mit England für die italienischen Exporte eher den Charakter einer flankierenden außenpolitischen Maßnahme gehabt. Hier soll die weitere Entwicklung der italienischen Situation nicht analysiert werden. Wesentlich bleibt der Aspekt, wie ökonomische Gründe zur Desintegration der Basis des italienischen Regimes führen mußten: seit 1938 befand sich die faschistische Diktatur in Italien auf dem Weg zum Untergang, da zu dem nur kurzfristig während des Abessinienfeldzuges übertünchten Dissens vor allem der Arbeiterklasse, aber zunehmend auch anderer Bevölkerungsgruppen der Entzug des »Vertrauens«, d. i. des Konsens der Großagrarier und der Industrie, hinzukam.

V.

Insgesamt läßt sich die soziale Funktion des Faschismus zusammenfassen als imperialistische Expansion mit militärischen Mitteln auf der Grundlage einer doppelten Garantie für das kapitalistische System: der Garantie seiner ökonomischen Reproduktion zu optimalen Konditionen des Kapitals, insofern der Faschismus die Arbeiterklasse selbst am reformistischen Kampf um die lohn- und sozialpolitischen Bedingungen ihrer Ausbeutung hindert; und der Garantie seiner durch die ökonomische Entwicklung gefährdeten politischen Reproduktion, insofern der Faschismus die Arbeiterbewegung insgesamt zerschlägt und damit ihren revolutionären Kampf gegen das ganze System der Mehrwertproduktion mit terroristischen Mitteln präventiv unmöglich macht.

Während die auch gegen die reformistische Arbeiterbewegung gerichtete Gewalt ein Spezifikum der faschistischen Form bürgerlicher Herrschaft darstellt, ruft die gleichzeitige gewaltsame Repression der revolutionären Potenzen der Arbeiterklasse den gemeinsamen Nenner aller bürgerlichen Herrschaftsformen in Erinnerung und stellt die Faschismus-Theorie in den Zusammenhang der allgemeinen Analyse der kapitalistischen Gesellschaft und ihrer »normalen« Staatsform, deren soziale und politische Funktion eben darin liegt, kapitalistische Akkumulation sowohl wirtschaftspolitisch abzusichern (Funktion des »Staatsinterventionismus«) als auch mit dem stets latenten staatlichen Gewaltmonopol vor einer revolutionären Bedrohung zu schützen (Funktion der »präventiv-permanenten Konterrevolution«). Sohn-Rethels Analyse weist genau auf die noch unausgefüllten Stellen einer umfassenden konkret-allgemeinen Theorie über den Faschismus, für die mit dem für Deutschland doppelten ökonomischen Zwangscharakter des Übergangs zur faschistischen Diktatur erst die eine Seite ihres zentralen Problems geklärt ist. Denn diese Entwicklung läßt sich weder für Deutschland noch für Italien ohne gleichzeitige Analyse des Zustands der Arbeiterbewegung und ihrer Aktionen im Klassenkampf hinreichend erklären. Eine umfassende Faschismus-Theorie steht also vor dem großen Problem, daß, je nach dem geschichtlichen Stand der Akkumulation auf der einen und der Klassenkämpfe auf der anderen Seite, der Zusammenhang zwischen Kapitalbewegung und Klassenbewegung erst jeweils konkret ausfindig gemacht werden muß. Wichtigster Punkt einer allgemeinen Faschismus-Theorie wird dabei die adäquate Einschätzung des Zwangs zur Integration der Arbeiterklasse sein, der zum wesentlichen, von Staats wegen zu lösenden Problem der Kapitalreproduktion geworden ist, seit es eine Arbeiterbewegung gibt und erst recht seitdem diese sich in einem Lande auf revolutionärem Wege durchsetzen konnte.

Sowohl in Italien 1920 als auch in Deutschland mit der Weltwirtschaftskrise scheiterte das reformistische Konzept der

Integration (Giolittismus in Italien, sozialdemokratische Politik in der Weimarer Republik) an dem Widerspruch zwischen Integrationskosten und Akkumulationszwang. In Italien brach dieser Widerspruch an den besonderen Akkumulationsschwierigkeiten des italienischen Kapitals nach dem Ersten Weltkrieg auf, in Deutschland an den besonders gravierenden Folgen der Weltwirtschaftskrise; in beiden Fällen hätten die hohen reformistischen Integrationskosten zum Zusammenbruch der erweiterten Kapitalreproduktion führen müssen. Daher rührt die Notwendigkeit einer Integrationsstrategie, die weniger Kosten verursacht, sei sie terroristisch wie in den Anfängen aller faschistischen Bewegungen, sei sie institutionell wie im ausgebauten korporativen System, die aber, wie Sohn-Rethels Ausführungen über die tendenzielle Rückkehr zur absoluten Mehrwertproduktion zeigen, ebenso Zwangscharakter annimmt wie die Anstrengung, das Problem der abgeblockten Profitrealisierung auf dem Weltmarkt politisch zu lösen.

Mit Sohn-Rethels Darstellung und theoretischer Reflexion der tatsächlichen Entstehung des deutschen Faschismus ist der Ausgangspunkt für eine die geschichtlichen Unterschiede und die widersprüchlichen Erscheinungen zufammenfassende materialistisch-dialektische Theorie des Faschismus erreicht. Unter Marxisten wird dieser Beitrag die weitere Diskussion über eine materialistische Faschismus-Theorie vorantreiben und darüber hinausgehende Fragen – wie die nach den allgemeinen Bedingungen der institutionellen Strategie des Kapitals in unterschiedlichen Phasen der Klassenauseinandersetzungen – klären helfen. Gewiß werden sich an Sohn-Rethels Ansatz auch innermarxistische Kontroversen entzünden. Die herrschende Richtung der bürgerlichen Faschismus-Forschung freilich wird mit den folgenden Analysen wenig anfangen können, da sie an einer wirklichen Klärung der geschichtlichen, also über die sogenannte »Epoche des Faschismus« hinausreichenden Bedeutung des Faschismus nicht interessiert sein kann.

Berlin, Juni 1973

Johannes Agnoli
Bernhard Blanke
Niels Kadritzke

1. Vorbemerkung

Die hier zur Veröffentlichung gelangenden Aufzeichnungen und Analysen beziehen sich auf die deutschen Ereignisse in den dreißiger Jahren. Zum weitaus größten Teil stützen sie sich auf persönliche Erfahrung, und ihre Niederschrift erfolgte in der Hauptsache in den Jahren 1937 bis 1941 in England, bald nach meiner Emigration im Februar 1936. Die im ersten Teil enthaltenen Texte wurden verfaßt auf Veranlassung von Mr. Wickham Steed in London, einem hochgeachteten ehemaligen Chefredakteur der *Times* und engen Freund und politischen Verbündeten Winston Churchills, welcher damals in Opposition gegen die hitlerfreundliche Appeasement-Politik zuerst der Baldwin- und hernach der Chamberlain-Regierung stand. Wickham Steed hielt Kontakt mit vielen aus Deutschland geflohenen Politikern und Intellektuellen und spannte sie ein für eine aktive und kohärente Politik des Widerstandes gegen den sich in Europa ausdehnenden deutschen, italienischen und spanischen Faschismus. Meine Berichte und Darstellungen waren für verschiedene Persönlichkeiten innerhalb des Churchill-Lagers bestimmt und sind deshalb unabhängig voneinander abgefaßt worden. Sie enthalten zahlreiche Wiederholungen und Überschneidungen, die zum Zweck einer Veröffentlichung in Buchform teils ganz eliminiert, teils auf ein Mindestmaß reduziert werden mußten. Vollständig ließen sie sich nicht vermeiden, ohne den inneren Zusammenhang der Stücke zu zerreißen oder einen für den Leser beschwerlichen Apparat von Stellenverweisen in Kauf zu nehmen. Es erwies sich aber als nötig, die Texte so zu gruppieren und zu teilen, daß sie nun in logischer Aufeinanderfolge einen einheitlichen Zusammenhang bilden. Dies konnte unter voller Wahrung ihrer Identität geschehen.

Vier Stücke, die entweder jedes für sich einen systematisch geschlossenen Zusammenhang bilden oder aber sich thematisch absondern, sind getrennt und unverändert der analytisch-inhaltlichen Gesamtdarstellung des ersten Teils in einem zweiten als Anhang hinzugefügt worden. Sie haben jedoch das eine gemeinsam, daß sie in der einen oder anderen Weise vorrangig mit der Klassenstruktur des Nazifaschismus befaßt sind, im Unterschied zum ersten Teil, der sich vorwiegend mit der Ökonomie dieser Entwicklungsform des Kapitalismus beschäftigt. Daher die thematische Zweiteilung des Buches.

Die Anordnung der Einzelstücke im zweiten Teil ist durch die zeitliche Folge ihrer Abfassung bestimmt. Dabei ist als erstes Stück der Aufsatz aus den *Deutschen Führerbriefen* vom September 1932, der bereits im *Kursbuch* 21 zur Wiederveröffentlichung gelangt ist, abermals aufgegriffen worden, weil er ein besonders klares Licht auf die zum Faschismus hindrängenden Klassenverhältnisse zu werfen geeignet erscheint. Der Aufsatz *Zur Klassenstruktur des deutschen Faschismus* ist die Übersetzung eines englischen Textes, der ein Kapitel in einer längeren (unveröffentlicht gebliebenen) Abhandlung darstellt und darum einer gewissen redaktionellen Überarbeitung bedurfte, um ihn aus diesem Zusammenhang herauszulösen. Die Abhandlung *Einige Voraussetzungen zum Verständnis der deutschen Entwicklung* wurde aufgenommen, weil sie in gedrängter Form die theoretische Grundanschauung zusammenfaßt, die sich aus den Analysen des ersten Teils herausschält. Tatsächlich war sie mein erster Versuch, zu einer theoretisch begründeten Auffassung und Bewältigung der Geschehnisse, die ich aus der Nähe erlebt hatte, zu gelangen. Meine Auffassung erhielt eine gewisse Bestätigung dadurch, daß die Abhandlung im Februar 1938 die Ereignisse im Herbst desselben Jahres, also die Münchner Krise, richtig prognostizierte. Das letzte Stück endlich, *Die Geschichte des 30. Juni 1934*, steht am Schluß, nicht nur, weil es sich durch sein Thema vom übrigen abzusondern scheint, sondern auch, weil mir das Datum seiner Abfassung nicht mehr erinnerlich ist. Für dieses Schlußkapitel macht sich im besonderen Maße der Nachteil geltend, daß ich für meine Kenntnis und Auffassung der Dinge keine dokumentarischen Belege, sondern nur mein persönliches Zeugnis vorzuweisen habe. Freilich liegt das auch gerade bei diesem letzten Gegenstand in der Natur der Sache, da über die Geschehnisse in dieser blutigen Episode bei der Gestapo wahrscheinlich überhaupt nichts zu den Akten genommen worden ist oder aber nur in der Form von

Privatdokumentationen, von denen nichts erhalten geblieben ist.

Das wirft die wichtige Frage auf, an welchen Stellen und aus welchen Quellen die Kenntnisse und Erfahrungen, die hier vorgelegt werden, gesammelt worden sind. Es ist keine Übertreibung zu sagen, daß unterm Faschismus alles politisch Wissenswerte nur noch hinter verschlossenen Türen vor sich geht und daß nichts Glaubhaftes mehr in den Zeitungen steht. Wer informiert sein und die Dinge wirklich verfolgen will, muß die entsprechenden Kontakte haben, und die gab es damals selbstredend nur in Berlin. Wir, d. h. eine Gruppe von etwa fünf Leuten, die einander vertrauen konnten, arbeiteten damals so, daß wir uns regelmäßig einmal in der Woche trafen, um die Informationen und Mutmaßungen, die jeder im Laufe der Woche gesammelt hatte, gleichsam auszupacken, miteinander zu vergleichen und zu analysieren. Zu dieser Gruppe gehörte Wolfgang Hanstein, Sekretär des Deutsch-Französischen Studienkomitees, in dessen Räumen in der Bendlerstraße wir uns der quasidiplomatischen Sicherheit des Ortes wegen trafen; Hugo Richarz von der Preußischen Hauptlandwirtschaftskammer; Wolfgang Krüger von der Reichswirtschaftskammer, moralischer Mentor von Robert Ley, dem »Führer« der nationalsozialistischen Deutschen Arbeitsfront; Margret Boveri, eine ungeheuer kluge, vor allem außenpolitisch ausgezeichnet informierte Journalistin (*Frankfurter Zeitung* und *Berliner Tageblatt*), und ich, Assistent von Dr. Hahn im MWT und Mitglied der Redaktionskonferenz der *Deutschen Führerbriefe*.[1] Nach Möglichkeit traf ich mich auch mit Kontaktleuten aus Stellen, wo gerade Wichtiges vor sich ging, zum Mittagessen, um zusätzliche Informationen oder Bestätigungen zu erhalten.

1 Über diese Informationstreffen in der Bendlerstraße hat Frau Dr. Margret Boveri einen recht instruktiven kurzen Bericht in den *Neuen Deutschen Heften*. Nr. 123, S. 205 ff. (16. Jg. 1969) veröffentlicht. Zu der Zeit, als ich noch daran teilnahm, d. h. bis Anfang 1936, fanden die Zusammenkünfte am Freitag statt, so daß ich am Wochenende für meine illegalen Kontakte daraus Nutzen ziehen konnte. Später müssen sie auf den Mittwoch verlegt worden sein. Jedenfalls waren sie für alle Beteiligten wertvoll genug, um eine regelrechte Institution aus ihnen werden zu lassen, die bis tief in den Krieg fortgelebt hat. Von mir spricht sie als einem »philosophischen Kommunisten oder kommunistischen Philosophen«, von dem sie z. B. vierzehn Tage vor dem 30. Juni von der bevorstehenden Entmachtung der SA unterrichtet worden sei.

Meine eigentlichen Einsichten in die Natur der faschistischen Diktatur und ihrer Vorbereitungen zog ich aus den Erfahrungen beim MWT, aber der Hauptteil der politischen Informationen ergab sich aus meiner Mitarbeit bei den *Deutschen Führerbriefen.* Es scheint deshalb unerläßlich, über diese einiges von dem zu wiederholen, was bereits im *Kursbuch* 21 gesagt worden ist. Vor allem, daß der Name zu Unrecht unmittelbare Assoziationen mit Hitler erweckt. Diese »politisch-wirtschaftliche Privatkorrespondenz« war von Dr. Franz Reuter und Dr. Otto Meynen Ende 1928 in Köln gegründet worden, also zu einer Zeit, als die Nazibewegung fast von der politischen Tagesbühne verschwunden war und noch gute anderthalb Jahre von ihrem Wiederanstieg entfernt war. Dennoch war die Namenswahl eine Inspiration, da dieses eigentümliche Organ auf seiten der großen Industrie, der hohen Finanz und der hohen Politik zu den Anfangssymptomen der kommenden Entwicklung gezählt werden muß. Es hatte eine stetig ansteigende Zahl von Lesern, die Abonnenten sein mußten, da die Korrespondenz nicht öffentlich erhältlich war. Zu ihrer Leserschaft gehörten außer den »Herren von der Wirtschaft« die oberen Reichswehrspitzen, Kabinettsmitglieder, führende Großagrarier, die Umgebung Hindenburgs etc. Die *Führerbriefe* waren also keine Pressekorrespondenz, und Journalisten waren vom Empfang ausgeschlossen. Sie erschienen zweimal wöchentlich, und sämtliche Beiträge, abgesehen von den Leitartikeln, waren strikt anonym. Franz Reuter hatte hauptsächlich Verbindung mit Schacht, zu dem er freien Zutritt hatte und über den er 1933 eine Biographie veröffentlichte. Diese Verbindung wurde natürlich erst richtig wertvoll in der Nazidiktatur, als Schacht der finanzielle Berater und Vertrauensmann Hitlers wurde. Aber auch die Beziehungen zu Papen waren ergiebig und von großer Wichtigkeit in der Vorbereitungszeit der Diktatur, 1931 und 1932. Daß die Verbindung mit den Industrie- und Finanzkreisen nichts zu wünschen übrigließ, versteht sich am Rande. Kurzum, es darf ohne große Übertreibung gesagt werden, daß die kleine Gruppe der Informationsbörse in der Bendlerstraße zu den bestinformierten Leuten im Deutschland der dreißiger Jahre gehörte. Die Kenntnis und Übersicht mußte gut sein, um die Chaotik und Unberechenbarkeit der Ereignisse und

zugleich die treibende, aber verborgene Gesetzmäßigkeit einschätzen zu können. Das freilich gelang auch uns erst mit der Zeit und auch dann meist nur mangelhaft. Eine wirkliche Tiefenanalyse kann nur im Abstand gelingen. Aber ich muß sagen, daß ich die Position, in der ich mich damals befand, wegen des ungewöhnlichen Interesses, das sie bot, niemals verlassen hätte, wenn ich mir die Verhaftung durch die Gestapo, als sie drohte, sozusagen hätte leisten können. Sie drohte aus relativ trivialen Gründen, die mit meiner Tätigkeit als Geschäftsführer einer Ägyptischen Handelskammer in Deutschland – übrigens auch in der Bendlerstraße situiert –, die ich seit Anfang 1935 ausübte, zusammenhingen, aber die Untersuchung wäre zweifellos zu anderen Dingen vorgedrungen, die zu einem Todesurteil mehrfach genügt hätten.
Um aber noch einmal auf die politische Gruppe des Churchill-Lagers in London zurückzukommen, für die der Großteil des hier veröffentlichten Materials geschrieben wurde, so war die Zusammenarbeit hier auf spontane Freiwilligkeit gegründet; sie hatte in keiner Weise den Charakter eines Geheimdienstes. Für einen solchen habe ich niemals gearbeitet. Dagegen habe ich bis zu meiner Auswanderung aus Deutschland nacheinander mit drei illegalen sozialistischen Widerstandsgruppen zusammengearbeitet; zuerst, und zwar schon 1931–32, mit einer Gruppe in Hamburg, Überresten aus dem Hamburger Aufstand von 1923, mit der Dr. Joachim Ritter, später Professor der Philosophie in Münster, die Verbindung für mich hielt; danach, 1932/33, als die Verbindung mit Hamburg zu schwierig wurde, mit der Organisation »Roter Sturmtrupp« unter Rudolf Küstermeier und Franz Hering, gestützt auf eine linkssozialistische Jungarbeitergruppe; und zuletzt, von 1934 bis zu meiner Emigration im Februar 1936, mit der Gruppe »Neu-Beginnen«, die unter der Leitung von Eliasberg und Richard Löwenthal, damals Paul Sering, arbeitete. Von den Genannten sind nur Eliasberg und Rudolf Küstermeier nicht mehr am Leben. Außer ihnen sind noch Frau Dr. Margret Boveri in Berlin und Dr. Wolfgang Hanstein in Bonn-Godesberg über meine antifaschistische Aktivität im damaligen Zeitraum unterrichtet. Ich führe das an für den Fall, daß jemand meine konsequent antifaschistische Betätigung bezweifeln oder zum mindesten als beweispflichtig anse-

hen könnte, wenn er aus den nachstehenden Berichten ersieht, in welchem politischen Milieu sich meine offizielle Tätigkeit abspielte. Ich bin auf diese Tätigkeit bereits in meinem Kommentar im *Kursbuch 21* vom Oktober 1970 zu sprechen gekommen, anläßlich des Wiederabdrucks jenes Artikels von mir aus den *Deutschen Führerbriefen*. Übrigens gibt es auch dafür, daß dieser anonyme Artikel tatsächlich von mir stammt, beweiskräftige Zeugen.

Die Chance, als unerkannter Marxist in eines der inneren Aktionszentren des Finanzkapitals zu gelangen, und noch dazu an einem solchen Knotenpunkte der Entwicklung, ergibt sich natürlich äußerst selten und kann dann sehr wertvoll sein, theoretisch sowohl wie praktisch. Nach der theoretischen Seite erhebt sich darum um so mehr die Frage, warum Aufzeichnungen und Analysen wie die vorliegenden so lange unveröffentlicht und ungenutzt gelassen worden sind. Der Grund ist, daß ich viel weiter reichende Pläne im Sinne hatte, als sich dann sowohl theoretisch wie praktisch für mich als realisierbar erwiesen haben. Vor allem die theoretischen Voraussetzungen stellten sich als viel tiefer gehend heraus, als ich gedacht hatte, und sind nach und nach erst zur Ausarbeitung und vollen Klärung gelangt auf der Basis, die in meinem 1970 erschienenen Buch *Geistige und körperliche Arbeit* Ausdruck gefunden hat. Zu dieser Verzögerung gesellte sich der Zwang von Lebensumständen, die mich zu langjähriger Unterbrechung der Fortarbeit nötigten und mir schließlich keine Wahl ließen, als die ursprünglichen Pläne aufzugeben. So habe ich mich nunmehr entschlossen, kurzerhand die alten Schriftstücke mit den eingangs beschriebenen Modifikationen als Materialien zum Studium des Nazifaschismus der Öffentlichkeit zugänglich zu machen.

2. Einleitung

Der Gegenstand, der im Mittelpunkt der Aufzeichnungen steht und um den sie direkt und indirekt ständig kreisen, sind die wechselnden Interessengruppierungen innerhalb des deutschen Großkapitals, welche das Hitler-Regime ans Ruder gebracht und den Großteil seiner Politik bestimmt haben. Die Interessenkämpfe, die während der Krisenjahre 1930-1933 zwischen den führenden Großfirmen wie dem Stahlverein, der I.G. Farbenindustrie AG, Krupp, Siemens usw., aber auch mit den Großagrariern und der bäuerlichen Landwirtschaft ausgetragen wurden, sind zum großen Teil schon zu ihrer Zeit in die Öffentlichkeit gedrungen und allgemein bekannt geworden. Gleichwohl gibt es für jemand, der diesen Vorgängen damals an einem hervorragenden Beobachtungsposten nahe gestanden hat, immer noch genug, das in dem Bilde bisher fehlt und zum Verständnis der Dinge beitragen kann.

Die Kenntnis und Beurteilung der genannten Interessengruppierungen kann sich nicht auf Berichte über Personen stützen, seien es Politiker oder »Wirtschaftsführer«, da »die ökonomischen Charaktermasken der Personen«, wie Marx uns lehrt, überhaupt nur begreiflich und aufschlußreich werden, wenn sie als »die Personifikationen der ökonomischen Verhältnisse« verstanden werden können, »als deren Träger sie sich gegenübertreten«. Die Grundlage muß die Kenntnis der ökonomischen Verhältnisse bilden, also der objektiven Interessenlage der maßgebenden Konzerne, der Bedingungen ihrer Produktionsweise sowohl wie ihrer Kapitalverwertung, und diese Kenntnis müßte auf Grund genauer Unterlagen und beweiskräftiger Untersuchungen erhärtet werden. Aber an dieser Voraussetzung fehlt es in meinem Fall, und der Mangel an solchen dokumentarischen Untersuchungen ist ein weiterer Grund für das bisherige Zurückhalten des Materials. Meine Kenntnisse und Urteile sind aus persönlichen Beobachtungen, Gesprächen und Erkundigungen und damals »allgemein bekannten Tatsachen« geschöpft und befriedigen mein Gewißheitsverlangen, haben aber für andere keine gleichwertige Überzeugungskraft. Da ich aber in absehbarer Zeit nicht hoffen kann, diesen Mangel zu beheben, und eher auf andere bauen muß, daß sie das Fehlende nachholen, soweit das noch möglich ist, verlasse ich mich darauf, daß meinen Darstellungen dennoch genügend Glaubwürdigkeit zukommt, um ihre Veröffentlichung zu rechtfertigen. Für manche Gebiete und Fragenkreise kann überhaupt nur das persönliche Zeugnis Aufschlußkraft besitzen, und das sind gerade Phänomene, auf die diese Aufzeichnungen Licht, z. T. neues Licht werfen. Dazu rechne ich vor allem die Gründe und Hintergründe der Agrarpolitik des Dritten Reichs, die Zielsetzungen der Mitteleuropa-Politik, gewisse Entwicklungslinien und Geschehnisse in der Außenpolitik, die Organisation des Rüstungsgeschäfts in seiner Anlaufzeit, die mutmaßliche Wahrheit über den 30. Juni 1934, u. a. m. Um so nötiger ist es freilich, Rechenschaft darüber zu geben, an welcher Stelle, abgesehen von den *Deutschen Führerbriefen*, und in welcher Eigenschaft die Kenntnisse und Erfahrungen, die hier vorgelegt werden, gesammelt worden sind.

Die Stellung war keine prominentere als die eines »wissenschaftlichen Hilfsarbeiters« in einem Büro in Berlin, das mit seinem offiziellen Namen »Mitteleuropäischer Wirtschaftstag e. V.« (MWT) hieß, inoffiziell freilich sehr viel besser als »Büro Hahn« bekannt war nach seinem unerhört rührigen, ehrgeizigen und geschickten Geschäftsführer Dr. Max Hahn. Stellt man die Frage, auf welche Weise, durch welche Vermittlungsglieder sich damals in Deutschland die privaten Wirtschaftsinteressen des Kapitals, speziell des Finanzkapitals, in große Politik umsetzten, so wird die Antwort fraglos den Geschäftsführern oder »Syndici« der Interessenverbände einen Hauptplatz einzuräumen haben. Die Kapitalmagnaten und Industriellen selbst haben größtenteils nur die allerdürftigsten und verworrensten Vorstellungen von »ihrer« Politik gehabt, und solchen gelegentlichen Verlautbarungen wie denen von Thyssen oder von Krupp von Bohlen läßt sich so viel Gewicht beimessen wie entsprechenden Erklärungen hervorragender Regenmacher bei den Wilden. Der positive Sachgehalt solcher Reden stammte ohnehin nicht von ihnen, sondern von diesem oder jenem Syndicus, und bei wichtigen Gelegenheiten stimmt das für die ganze Rede. Die Erfahrungen bei den Entnazifizierungsverfahren oder vor den Nürnberger Gerichten haben über den Bewußtseinsstand der

»Großen« der Privatwirtschaft eindrucksvolle Aufklärung gewährt. Nicht daß die Syndici von Haus aus notwendig intelligenter waren, aber sie machten in ihrer beruflichen Funktion eine unvergleichliche Schulung durch in der Erfassung und Abwägung von Interessengegensätzen und in der Behandlung derselben durch Überbrückung oder Umgehung, Verheimlichung oder »Ausbügelung«. Außerdem weiteten sich ihr Horizont und ihre Kenntnis durch die Fühlung, die sie im Umkreis verschiedener Verbände untereinander hielten, weit über die der einzelnen Verbandsmitglieder aus. Freilich waren die Rollen, die die einzelnen Geschäftsführer spielten, außerordentlich verschieden. Einige wurden dafür bezahlt, daß sie Politik machten, andere dafür, daß sie sie fernhielten. Das Büro Hahn gehörte in ausgesprochenem Maße zu den ersteren, und jeder, der die Verhältnisse in den oberen Regionen damals kannte, wird mir zustimmen darin, daß dieses besondere Büro in jener Zeit zu den politisch aktivsten und einflußreichsten in Berlin und in ganz Deutschland zählte. Ich stimme Frau Dr. Margret Boveri zu, wenn sie sagt, der MWT sei »ein strategischer Ort« gewesen, »wie es wenige gegeben haben dürfte, [...] wert, einmal in einer zeitgenössischen Dissertation untersucht zu werden«.

Dr. M. Hahn hielt ständige enge Fühlung mit der Reichswehr (wir waren am Schöneberger Ufer 39 der Bendlerstraße gerade gegenüber), speziell mit dem Kriegswirtschaftsamt (Oberst, später General G. Thomas), dem Heeresverpflegungsamt (General Kaamann) und der Abwehr-Abteilung sowie mit dem Auswärtigen Amt. Wir hatten Bürogemeinschaft mit den *Deutschen Führerbriefen* (einer 1928 von Dr. Franz Reuter und Dr. Otto Meynen gegründeten »politisch-wirtschaftlichen Privatkorrespondenz«[1]), der »Osthilfe«-Korrespondenz sowie mit dem »Deutschen Orient-Verein« (Geschäftsführer Dr. Fritz Hesse vom Deutschen Nachrichten-Büro), welcher die Zielsetzung des MWT nach dem Nahen Osten ausdehnte, mit einem wissenschaftlichen Privatsekretär von Dr. Schacht (Dr. Krämer) und mit der deutsch-jugoslawischen Handelskammer (die u. a. auch eine Agentur für Pavelić's Ustaschis war).

1 Vgl. S. 165 ff. dieses Bandes.

Daß das Büro Hahn nach außen hin, d. h. in der Öffentlichkeit, so wenig von sich reden gemacht hat, lag im Sinne seines Geschäftsführers und war ein Beweis für seine diplomatische Geschicklichkeit. Für das Unbekanntbleiben des MWT in der Nachkriegszeit aber ist die Tatsache verantwortlich, daß Dr. Hahn im Jahre 1941 starb und daß damit »sein« Büro wohl auch die spezifische Bedeutung einbüßte, die es so beachtenswert gemacht hatte. Nur der Tod Dr. Hahns vermag zu erklären, daß der MWT mit seinem weitreichenden Einfluß auf die Vorkriegs- und Kriegsentwicklungen in Deutschland gänzlich durch die Maschen der Nürnberger Gerichtsbarkeit geschlüpft ist. In den Akten, soweit mein Einblick reicht, findet sich so gut wie keine Spur von ihm, und der Name von Dr. Max Hahn wird meines Wissens lediglich anläßlich der Vernehmung von Dr. H. Gattineau, Leiter des Wirtschaftspolitischen Amtes der I.G. Farben, genannt. Schon dieses akzidentellen Nichtauftauchens in den Nürnberger Akten wegen ist ein auf persönlichem Zeugnis beruhender Bericht über den MWT gerechtfertigt, und das erst recht mit Rücksicht auf die überragende Bedeutung der politischen Aktivität dieses Verbandes. Warum der MWT unter den willentlichen und unwillentlichen Wegbereitern der Hitlerdiktatur besondere Aufmerksamkeit verdient, das läßt sich in einem Satz zusammenfassen: Er hat wie kein anderer zu der neuen Konzentration der großen Kapitalinteressen beigetragen, die an die Stelle der vorhergegangenen, durch die große Wirtschaftskrise hinfällig gewordenen treten mußte, bevor die Diktatur dann 1933 politisch möglich wurde.
Der MWT war Ende August 1931 vom Essener Langnam-Verein übernommen, d. h. in Wahrheit neu gegründet worden, jedoch unter Beibehaltung des alten unscheinbaren oder gar irreführenden Namens, zu dem Zweck, die alten imperialistischen Mitteleuropaziele wahr zu machen und dadurch aus der Stagnation der Wirtschaftskrise einen neuen machtpolitischen Aufschwung in die Wege zu leiten. Im Mai 1931 hatte der Außenminister Curtius einen Vorstoß zur Zollunion mit Österreich unternommen, an den als guten Anfang angeknüpft werden sollte, aber als im September die Verwerfung dieses Vorstoßes durch das Haager Schiedsgericht herauskam, schien es kurze Zeit, als ob die Neugründung des MWT zum mindesten

vertagt, wo nicht ganz ad acta gelegt werden müßte. Aber Dr. Max Hahn, Hauptmitarbeiter von Dr. Max Schlenker in Essen, überzeugte die zögernden Interessenten davon, daß nun die neue Initiative erst recht notwendig sei, und tatsächlich konnte er noch im selben Monat nach Berlin gehen, dort gemeinsam mit Franz Reuter ein geeignetes Büro nehmen und sich als der Geschäftsführer des MWT installieren. Durch eine glückliche Verkettung von Umständen wurde ich als sein wissenschaftlicher Assistent engagiert, ein bloßes unbedeutendes Anhängsel mit einem bescheidenen Zimmer nach hinten hinaus, hauptsächlich mit den Statistiken und der einschlägigen Literatur beschäftigt. Weitere Angestellte außer Dr. Hahn und mir, abgesehen von den Sekretärinnen, gab es nicht. Die Gründergruppe des neuen MWT war der Stahlhof in Düsseldorf gewesen, und Frhr. von Wilmowski, der Leiter der Fried. Krupp AG in Berlin, wurde Vorsitzender. Er und Dr. Hahn erweiterten bald die Mitgliederzahl zu einer Basis, die alle nennenswerten Konzerne und Gruppen des deutschen Finanzkapitals umfaßte, also die I.G. Farben sowohl wie den Stahlverein, die Elektroindustrie wie die Dresdner Bank, die Verarbeitungsindustrie und die Großagrarier, den Essener Zweckverband, den DAC, den Deutschen Städtetag, um nur einige zu nennen. Im ganzen war es eine ideale Klaviatur für Dr. Hahn, um darauf seine weitgesteckten Pläne zu instrumentieren. Enge Beziehungen spannen sich mit der Preußischen Hauptlandwirtschaftskammer, mit der Reichswehr, speziell der Abwehr-Abteilung, und natürlich mit dem Auswärtigen Amt an.
Allerdings ist mein Zeugnis selbst nur ein unvollständiges, weil ich nicht in Anspruch nehmen kann, von den Aktivitäten Max Hahns mehr als einen gewissen Bruchteil gekannt zu haben. Z. B. was die Lenkung der Entwicklung auf den Krieg zu, auch vor Hitler schon, im direkten Sinne betraf, hielt er vieles, wo nicht das meiste vor mir geheim, obgleich meine marxistische Denkweise weder ihm noch sonst jemand in unseren Büros bekannt war. Von diesen Aktivitäten erfuhr ich oft nur auf Umwegen und andeutungsweise. So fanden in Hahns geräumigem Zimmer im Jahr 1932 in zweimonatlichen Abständen Sitzungen zwischen den Vertretern der nationalen »Wehrverbände« statt, deren Verhandlungsstoffe mir unbekannt geblieben sind. Nur aus Andeutungen weiß ich, daß Dr. Hahn den

Kontakt mit den »Vaterländischen Verbänden« pflegte, weil er die Kontrolle über diese politischen und ideologischen Bewegungen in der Hand behalten wollte, statt sie an die Nazis zu verlieren. Freilich hätten diese Bewegungen unter der Obhut bloßer industrieller Interessenverbände niemals die für ihre Zwecke unerläßliche Massenstärke erlangen können. Hier lag einer der fatalen inneren Widersprüche der ganzen faschistischen Politik des Monopolkapitals, und diese Widersprüche weigerte Max Hahn, obwohl er sie spürte, sich einzugestehen. Davon gibt seine Beurteilung der Dinge bei der Abberufung Hugenbergs und dessen Ersetzung durch Darré und Kurt Schmitt im Juni 1933, wovon noch zu berichten sein wird, ein weiteres Zeugnis.

Das Datum selbst der MWT-Umgründung beinhaltet, richtig gedeutet, ein Programm. Zu diesem Zeitpunkt hatte die Wirtschaftskrise zwar noch nicht ihren Tiefststand erreicht, sie war aber in ihr tiefstes Fahrwasser gelangt, und entscheidende Teile des deutschen Großkapitals konnten in den Bahnen der bisherigen Methoden, d. h. im Kampf mit rein wirtschaftlichen Mitteln, keine Zukunft mehr für sich erblicken. Die Umgründung des MWT bekundete die Entschlossenheit zu einer Änderung der Methoden. Um die Gründe dafür zu erkennen, wird es genügen, mit wenigen Strichen das Bild der damaligen Wirtschaftslage in Erinnerung zu rufen.

Gestützt größtenteils auf Auslandskredite in Höhe von rund 25 Mrd. RM (etwa 11 Mrd. davon kurzfristig) war in den Jahren 1924 bis 1930 der Wiederaufbau der deutschen Industrie und Landwirtschaft erfolgt. Dabei hatte in manchen Zweigen, besonders in der Eisen- und Stahlindustrie, dieser Aufbau auf einer viel zu großen Stufenleiter stattgefunden, gemessen an den reellen Ertragschancen nach dem verlorenen Kriege – einschließlich der in Versailles verhängten totalen deutschen Abrüstung und des Verlustes des gesamten deutschen Auslandskapitals. Freilich waren diese verengten Ertragschancen immer wieder verschleiert worden, zuerst durch den Bedarf für die Umstellung auf die Friedenswirtschaft im Innern und das außerordentliche Inflationsdumping nach außen, und dann, als mit der Währungsstabilisierung Ende 1923 die Ernüchterung hätte folgen sollen, setzten nach der Annahme des Dawes-Plans im April 1924 die Sachlieferungen auf Reparationskonto ein, an denen die Eisen- und Stahlindustrie in hervorragender Weise beteiligt war. Zur gleichen Zeit kam die Rationalisierungswelle in Schwung und mit ihr die monopolkapitalistische Hochkonjunktur der Jahre von 1924/25 bis 1929. Diese war in erster Linie eine Investitions- und Baukonjunktur, also auf die Produktion von Produktionsmitteln gerichtet, und erst in zweiter Linie auch eine Verbrauchsgüterkonjunktur. Sie schuf daher eine unverhältnismäßig hohe Nachfrage nach Produkten der Eisen- und Stahlindustrie, zumal die letztere ihr auch mit ihrer eigenen Rationalisierung nachhaltig zu Hilfe kam. 1926 wurde durch Kapitalfusion von vier oder fünf der größten Firmen (darunter Thyssen, Stinnes und Otto Wolff) unter durchgreifender Modernisierung und arbeitsteiliger Reorganisierung ihrer Werke die Vereinigten Stahl-Werke AG (Vestag oder Stahlverein) gegründet. Dieses Riesengebilde war das größte Industrieunternehmen Europas damals, vereinigte auf sich allein die halbe Roheisenerzeugung Deutschlands und beschäftigte bis zu 200 000 Arbeiter und Angestellte. Als Rationalisierungsmaßnahme war die Vestag ein Modellfall. Die Arbeitsproduktivität erhöhte sich um mehr als 50%, die Produktionskosten erfuhren eine substantielle Senkung, die Produktionskapazität wurde entscheidend erhöht, die Arbeitskosten pro Produkteinheit entsprechend vermindert. Freilich konnten alle diese Vorteile nur zur Geltung kommen unter der Bedingung einer befriedigenden Kapazitätsauslastung, und hier lag der wunde Punkt, die innere Widersprüchlichkeit der ganzen Entwicklung.

Um diese Widersprüchlichkeit in ihrem vollen Ausmaß ins Licht zu rücken, möchte ich auf einen Vortrag Professor Eugen Schmalenbachs rekurrieren, worin dieser hervorragende Betriebswirtschaftler im Mai 1928, also etwa anderthalb Jahre vor dem Ausbruch der Krise, seine weitreichenden Erfahrungen zusammenfaßte.[2] Schmalenbach gehörte fraglos zu denen, die den gründlichsten Überblick über die Vorgänge

2 *Die Betriebswirtschaftslehre an der Schwelle der neuen Wirtschaftsverfassung*, Vortrag anläßlich des 30. Jahrestags der akademischen Anerkennung dieses Wissenschaftszweiges, gehalten vor dem Verband der Betriebswirtschaftslehrer an deutschen Hochschulen am 31. Mai in Wien (s. *Zeitschrift f. handelswirtschaftl. Forschung*, 32. Jg., H. V). – Das Jahr 1898 verleiht dem Auf-

der Rationalisierungskonjunktur der zwanziger Jahre in Deutschland besaßen, da er, wo nicht als Berater zu den geplanten Maßnahmen, so zumindest als Gutachter über die erfolgten privaten oder staatlichen Maßnahmen an den meisten Knotenpunkten der Entwicklung hinzugezogen wurde. Auch an der Konstruktion des Stahlvereins hatte er konsultativ teilgenommen. Seine Beurteilung und Analyse der Dinge damals kann darum nicht nur als Anlaß zu theoretischer Erörterung, sondern geradezu als historisches Zeugnis über den faktischen Stand der ökonomischen Verhältnisse in jener Phase der Vergangenheit gewertet werden. Und es ist wegen dieser zweiten Eigenschaft, daß der Schmalenbachsche Vortrag hier in extenso verwandt werden soll.

kommen der modernen Betriebswissenschaft die spezifische monopolkapitalistische Zuordnung. Unterstützend sei auf Werner Hofmanns Studie *Die säkulare Inflation* (Duncker & Humblot, 1962) verwiesen, wonach der Wiederaufstieg des Kapitalismus 1895/96 aus der langen, vorangegangenen Stagnationsperiode im Zeichen des konsolidierten Monopolkapitalismus erfolgte, begleitet von den ersten Anzeichen der seither anhaltenden und unaufhaltsamen Geldentwertung. Auch in Lenins Darstellung des Imperialismus findet dasselbe Datum prominente Erwähnung.

Teil I

3. Das Dilemma der Rationalisierung

E. Schmalenbach sieht die ökonomischen Verhältnisse der zwanziger Jahre im Übergang oder auf der Schwelle von der freien Wirtschaft zur gebundenen Wirtschaft, und diese »neue Wirtschaftsverfassung« ist für ihn gekennzeichnet »durch Kartelle und Trusts und andere Monopolgebilde« sowie durch eine wachsende Vielfalt staatlicher Wirtschaftsfunktionen. Er bemerkt, daß bei diesem Übergang »von einem bewußten Willen nicht die Rede sein kann. [...] Keiner unserer Wirtschaftsführer geht mit freiem Willen in die neue Wirtschaftsform hinein. Nicht Menschen, sondern *starke wirtschaftliche Kräfte*[1] sind es, die uns in die neue wirtschaftliche Epoche hineintreiben. [...] Was ist es denn im Grunde genommen anderes als die Erfüllung der Voraussagen des großen Sozialisten Marx, die wir erleben? [...] Wenn wir unseren Wirtschaftsführern von heute sagen würden, daß sie gewollt oder ungewollt sozusagen Vollstrecker des Marxistischen Testaments seien, so würden sie, ich nehme es an, mit allem Nachdruck dagegen protestieren. [...] Sie sind Werkzeuge, nichts als Werkzeuge. Und wenn wir nach den inneren Gründen des Systemwechsels fragen, den wir erleben, so müssen wir diese Gründe nicht in den Menschen, sondern in den Dingen suchen.« Und hier ist es »fast ausschließlich eine *einzige Erscheinung*, die theoretisch exakt untersucht und in ihren Konsequenzen richtig beurteilt zu haben, ein unzweifelhaftes Verdienst der Betriebswirtschaftslehre ist. Diese Erscheinung, die in ihrer Auswirkung so stark ist, daß sie das ganze große Gebäude der Wirtschaft umzubauen zwingt, ist die Verschiebung der Produktionskosten innerhalb des Betriebes. Und zwar handelt es sich darum, [...] daß der Anteil der proportionalen Kosten am Produktionsprozeß kleiner und der Anteil der fixen Kosten immer größer geworden ist, und zwar so sehr, daß schließlich der Anteil der fixen Kosten für die Produktionsgestaltung bestimmend wurde. [...] Die Epoche der freien Wirtschaft war nur möglich, wenn die Produktions-

1 Hervorhebungen von Schmalenbach.

kosten im wesentlichen proportionaler Natur waren. Sie war nicht mehr möglich, als der Anteil der fixen Kosten immer beträchtlicher wurde.« Das erste, was sich dem Beobachter aufdrängt, »ist die *fortgesetzte Steigerung der Betriebsgröße*« und damit die »Quelle von Kosten, die ohne Rücksicht auf die Produktionsmenge entstehen und die selbst dann nicht wesentlich herabgemindert werden können, wenn der Betrieb nur mit dem halben oder mit dem vierten Teil seiner Kapazität arbeitet. Dazu kommt als weitere Eigentümlichkeit der modernen Betriebe, daß in ihnen die *Zwangsläufigkeit immer größer wird.* Gerade unsere Zeit hat es erlebt, daß man das Prinzip der Fließarbeit stärker zur Geltung gebracht hat [...], das sich durch äußerste Zwangsläufigkeit auszeichnet. [...] Mit diesem Prinzip der Zwangsläufigkeit sind so große einschneidende Verbesserungen verbunden, daß man auf sie nicht verzichten mag. Aber der Anteil der fixen Kosten schnellt dadurch wiederum mächtig empor. [...] Unzertrennlich von dieser Entwicklung ist die fortgesetzt *wachsende Steigerung der Kapitalintensität.*«[2] Die Beispiele, die Schmalenbach dafür anführt, illustrieren den Tatbestand als »wenig Löhne, aber hohe Zinsen und hohe Abschreibungen«. Von einer großen automatischen Räderfräsmaschine heißt es, »was dieser große Automat an Arbeitslöhnen erfordert, das ist nichts. Aber was er an Zinsen und Abschreibungen frißt, das ist eine ganze Menge. [...] Ob der Automat arbeitet oder nicht arbeitet, das ist ganz gleichgültig. Dieses um so mehr, als er schließlich nicht durch Verschleiß zugrunde gehen wird, sondern dadurch, daß ein tüchtiger Ingenieur einen neuen Automaten erfindet, der noch leistungsfähiger sein wird als der, den wir vor uns haben.«

Um die ökonomischen Konsequenzen aus diesen Veränderungen in den Produktivkräften deutlich zu machen, setzt Schmalenbach nochmals auseinander: »Die Eigentümlichkeit der proportionalen Kosten ist es, daß sie mit jedem erzeugten Stück, jeder geförderten Tonne tatsächlich entstehen. [...] Gehen die Preise unter die Selbstkosten herunter, dann schränkt man die Produktion ein und spart ein entsprechendes

2 Marxistisch ausgedrückt also das Wachstum der »organischen Zusammensetzung des Kapitals« oder das fortgesetzte Wachsen des konstanten im Verhältnis zum variablen Kapital.

Stück der proportionalen Kosten.« (Und die stillschweigende Voraussetzung hier ist auch, daß die Betriebsgrößen sich noch innerhalb der Grenzen bewegen, welche Finanzierung durch das persönliche Eigenkapital der Unternehmer erlauben, so daß keine ständigen Zinskosten entstehen.) »Ist aber der wesentlichste Teil der Selbstkosten fix, dann bringt eine Verringerung der Produktion die Kosten nicht entsprechend herunter. Und wenn bei dieser Sachlage die Preise fallen, dann hat es keinen Zweck, diesen Preisverfall durch Produktionsverminderung auszugleichen. Es ist billiger, unter den durchschnittlichen Selbstkosten weiter zu produzieren. Zwar arbeitet der Betrieb fortan mit Verlust, aber der Verlust ist kleiner, als er sein würde, wenn man die Produktion verringern würde und trotzdem fast die vollen bisherigen Kosten tragen müßte.« »Und so ist die moderne Wirtschaft mit ihren hohen fixen Kosten *des Heilmittels beraubt,* das selbsttätig Produktion und Konsumtion in Einklang bringt und so das wirtschaftliche Gleichgewicht herstellt. Weil die proportionalen Kosten in so großem Umfange fix geworden sind, fehlt der Wirtschaft die Fähigkeit der Anpassung der Produktion an die Konsumtion, und es tritt die merkwürdige Tatsache ein, daß zwar die Maschinen selbst immer mehr mit automatischen Steuerungen versehen werden und so der menschlichen Hilfe entraten können; daß aber die Wirtschaftsmaschinerie im ganzen, die große Volkswirtschaft, ihr selbständiges Steuer verloren hat [also nach planmäßiger Steuerung verlangt – S. R.].« »Die fixen Kosten begnügen sich nicht damit, den Betrieb dahin zu drängen, seine Kapazität trotz mangelnder Nachfrage voll auszunutzen. Sie drängen ihn zugleich, sich trotz mangelnder Nachfrage zu vergrößern.« Das Prinzip der gleichmäßigen Beschäftigung führt in Ansehung unterbeschäftigter Anlageteile die Betriebsleiter dazu, »den Betrieb [...] zu vergrößern, um diese nicht ausgenutzten Anlagen besser zu beschäftigen [...], ohne daß ihnen ein Steigen der Nachfrage dazu Veranlassung gibt. [...] In unzähligen Generalversammlungen hört man die Verwaltung vortragen, der Betrieb arbeite heute noch nicht voll befriedigend; aber wenn noch einige Maschinen angeschafft und sonstige Erweiterungen vorgenommen würden, dann werde der Betrieb rentabel. Aber da andere Betriebe der gleichen Branche das gleiche tun, rationa-

lisieren sich diese Industriezweige automatisch in eine übergroße Kapazität hinein. [...] Ist ein Geschäftszweig so weit gekommen, so ist es zur Gründung eines Kartells oder bis zur Vertrustung nicht mehr weit.«
In seinen weiteren Teilen ist Schmalenbachs Vortrag der Mißachtung der Grundsätze der Wirtschaftlichkeit in den von ihm aufgezeigten Enwicklungstendenzen gewidmet. Diese Unwirtschaftlichkeit gründet vor allem in dem Auseinanderklaffen der Produktionsökonomie der fixen Kosten und der Marktökonomie der Nachfrage- und Preisbewegungen, ein Auseinanderklaffen, das um so deutlicher wird, je konsequenter sich die Betriebsleiter von den produktionsökonomischen Gesichtspunkten leiten lassen. Aber Schmalenbach sieht die Unwirtschaftlichkeit in nahezu allen Auswirkungen des resultierenden Monopolismus. Er beklagt den Nepotismus in den Direktionen, die von Arrivierten oder von bestimmten Familien oder Interessengruppen monopolisiert werden. In den Verwaltungen herrschen »übermäßiger Bürokratismus, übermäßige Schwerfälligkeit, übermäßige Kostspieligkeit der Verwaltung und übergroße Gehälter und Tantiemen leitender Personen«. Er weist auf die Unwirtschaftlichkeit hin, die daraus folgt, daß die Leiter in ihrem Tun nicht mehr ihr eignes, sondern fremdes Kapital riskieren, da die Betriebsgröße alle Grenzen von Eigenkapital überschreitet. Aber er sieht sie vor allen Dingen schon in den Verfassungen der Monopolgebilde (Kartelle und Syndikate). Bei deren Gründung geht der ganze Kampf der bisherigen Konkurrenten um ihre Beteiligungsquote am monopolisierten Geschäftsvolumen. Diese Organisationsformen bieten kein Remedium für die Widersprüche, die zu ihrer Bildung führten, sie verewigen dieselben bloß. Lassen die Quoten bei der periodischen Erneuerung des Vertragsabschlusses eine Veränderung zu, so sorgt jeder, »der eine höhere Kapazität aufweisen kann«, dafür, daß er »dafür, gleichviel ob eine Kapazitätsvermehrung am Platze ist oder nicht, eine höhere Beteiligungsquote bekommt. [...] Infolgedessen zielt in derartigen Syndikaten alles darauf hin, daß die Kapazität nicht etwa in Einklang mit den Verhältnissen des Marktes bleibt, sondern daß sie fortgesetzt weit über diese hinausragt«. Die Folge ist Schleuderabsatz in den bestrittenen Gebieten, oft noch unter den proportionalen Selbstkosten. Er

illustriert das am Beispiel des Kohlensyndikats. Während in den Lieferländern die Verbraucher die Kohle zu den künstlich hochgehaltenen Kartellpreisen bezahlen müssen, erhalten die Länder, die keine Kohle erzeugen, dieselbe zu ebenso künstlichen Schleuderpreisen. »Ein unbeteiligter Zuschauer muß den Eindruck erhalten, daß Kohlebesitz eine Krankheit ist. Allerdings tun die Kohleerzeuger dies nun nicht etwa mit vollem Bewußtsein, sondern sie tun es so, wie wenn ein Trunkener ein Fenster einschlägt. [...] Die Gedankenlosigkeit auf diesem Gebiete [des Schleuderabsatzes – SR] geht so weit, daß nicht einmal eine genaue Kalkulation darüber angestellt wird, wie hoch sich die proportionalen Kosten belaufen. Ein noch größerer Nonsens besteht darin, daß man nicht alles daransetzt, die übergroße Kapazität für die Zukunft zu vermeiden. Man macht auf diese Weise die vorübergehende Krankheit zu einer Dauerkrankheit.« »Man fragt sich mit Recht, wie diese gebundene Wirtschaft bei soviel Mängeln gegenüber der alten bestehen kann. Aber da muß man sagen, daß diese Wirtschaft trotz aller ihrer Torheiten der alten freien Wirtschaft zu einem großen Teile überlegen ist. Sie ist es hauptsächlich deshalb, weil die Existenz der fixen Kosten für die alte Wirtschaft so wenig mehr taugte und so unhaltbare Zustände erzeugte, daß selbst eine schlechte, selbst eine geradezu stümperhaft organisierte gebundene Wirtschaft das Übergewicht bekommt.«
Den Schluß seiner Ausführungen bildet ein Plädoyer für die Rolle der Betriebswirtschaftslehre, die dazu berufen sei, in die Ökonomie des Monopolkapitalismus das unentbehrliche Maß an Rationalität zu bringen.

Das Bild ist klar. In der Rationalisierungskonjunktur der zwanziger Jahre wirkt sich eine neue Produktionsökonomie der fixen Kosten aus, die ihre Regulative nicht mehr in der Nachfrage und im Markte hat, sondern in einer inneren Zeitökonomie des modernen Arbeitsprozesses. Aus den Folgen dieser neuen Produktionsökonomie und ihrer Diskrepanz zur Marktökonomie ergibt sich der Zwang zum Monopol. Oder, besser gesagt, da die Produktion aus Gründen ihrer Kostenstruktur sich nicht mehr den Marktregulativen unterwerfen kann, muß versucht werden, die Marktentwicklungen den Notwendigkeiten der Produktionsökonomie zu unterwerfen. »Monopolismus« ist nur der zusammenfassende Name für diese Versuche. Und was die »fixen Kosten« anlangt, die hier als der Demiurg unseres Verhängnisses figurieren, so ist das nichts als der verdinglichte Ausdruck der hochgradigen Vergesellschaftung der Arbeit im modernen Produktionsprozeß. Was also hier vorliegt, ist in der Tat die Erfüllung einer Prophezeiung von Marx und Engels, nämlich daß die unaufhaltsam steigende Vergesellschaftung der Arbeit – oder wiederum verdinglicht ausgedrückt: die steigende »organische Zusammensetzung des Kapitals« – an einem gewissen Punkt der Entwicklung in unvereinbaren Widerspruch mit der Warenökonomie der privaten Appropriation geraten würde. Die Waren- und Marktökonomie entstammt in ihrem Ursprung der Vereinzelung der Arbeit in Gestalt »voneinander unabhängig betriebener Privatarbeiten« (Marx), also dem entgegengesetzten Prinzip zum kontinuierlichen Prozeß und zur Fließarbeit, worin im 20. Jahrhundert die Vergesellschaftung der Arbeit eine spezifische Struktur von normativer ökonomischer Bedeutung – ein »von den Arbeitern selbst unabhängiges objektives Skelett«, wie Marx es ausdrückt – gewonnen hat.[3]

Heute, in den Jahrzehnten nach dem Zweiten Weltkrieg, hat die Unvereinbarkeit der beiden heterogenen Ökonomien die großen Privatkonzerne zur Planung und genauen Programmierung ihrer Vorgehensweise gezwungen, womit sie die Widersprüche zu überbrücken versuchen, um sich der nötigen Verklammerung von Produktions- und Marktökonomie im vorhinein zu versichern. Aber damals, nach dem Ersten Weltkrieg, befand sich die neue Ökonomie des Arbeitsprozesses noch in ihrer Gründerzeit und steuerte blindlings und ahnungslos in das ökonomische und gesellschaftliche Chaos hinein, das aus dem unvermittelten Zusammenstoß der beiden Ordnungen resultierte. Um so bemerkenswerter ist das Maß an Einsicht, das Schmalenbach in seiner Analyse bezeugt, wenn sie sich auch gänzlich in den verdinglichten Begriffen der bürgerlichen Betriebswirtschaftslehre bewegt. Das Schmalenbachsche Zeugnis ist wichtig, weil es uns den Maß-

3 *Das Kapital*, Bd. 1. Vgl. *MEW* 23, S. 389, passim.

stab an die Hand gibt, nach welchem die ökonomischen Einzelverhältnisse der verschiedenen führenden Großkonzerne der Interessengruppierungen während der Weltkrise in Deutschland bewertet werden können.

Die Trustbildung im Stahlverein im Jahre 1926 bewahrheitete das von Schmalenbach gezeichnete Bild in eklatanter Weise. Die Rationalisierung und die von ihr bewirkte Senkung der Arbeitskosten des Produkts waren hier durch Anwendung der verbundwirtschaftlichen Methoden erzielt worden, welche, von Amerika kommend, damals in fast allen Zweigen industrieller Großanlagen zum Zuge gelangten. In der Eisen- und Stahlindustrie nahmen sie freilich eine besonders starre Form an. Nicht nur wurden die verschiedenen Betriebsabteilungen wie Roheisenerzeugung, Stahlguß, Walzstraßen, Drahtzieherei, Röhrenwerke, Gießereien etc. so weit wie möglich nach Prinzipien der Fließarbeit organisiert; die verschiedenen Werksteile wurden auch ihrerseits wiederum miteinander zu einem Gesamtverbund verkettet durch die Ökonomie der Gichtgase. Diese im Oberteil der Hochöfen sich ansammelnden sehr heißen Gase waren früher sehr unvollkommen genutzt worden, aber schon 1905 oder 1906 hatte man in Amerika damit begonnen, sie in Rohrleitungen aufzufangen und als Heiz- und Energiequelle für andere Abteilungen zu verwenden. Während des Weltkrieges war diese Verwendung zum allgemeinen Rationalisierungsprinzip ausgebaut worden. Das Ergebnis war eine sehr erhebliche Einsparung von Feuerungsanlagen und -stoffen, aber auch eine Verkettung aller Werksabteilungen derart, daß sie nur noch als geschlossene Gesamtheit wie ein einziges riesenhaftes Uhrwerk produzieren konnten. Die Synchronometrie aller Teile war zu solcher Perfektion gebracht, daß die ungeheure Anlage von einem zentralen Schaltwerk durch zwei oder drei Oberingenieure überwacht und gesteuert werden konnte. Technik und Ökonomie waren in eins verschmolzen. Aber auch die fixen Kosten waren auf einen neuen Gipfelpunkt gestiegen – und hatten damit ein Hochmaß an Krisenanfälligkeit des Gesamtunternehmens erzeugt. Denn die Gesichtspunkte der ganzen Konstruktion waren allein solche der Produktionsökonomie, also der Produktivkräfte, die mit den marktökonomischen Produktionsverhältnissen verknüpft waren lediglich in Gestalt der Normierung der Produktionsanlagen auf eine bestimmte Kapazität für ihr Erzeugungsprogramm von Hunderten von Kartellnummern von Halbzeug. Diese Normierung hatte keine solidere Stütze als die eines blind gesetzten Postulats. Die Produktionsökonomie der Rationalisierung machte ihre Vorteile geltend unter der Voraussetzung einer befriedigenden Kapazitätsauslastung. In der Weltkrise, die nicht lange auf sich warten ließ, verwandelte sich der Segen dieser Rationalisierung bald in den Fluch der Irrationalität. Die bloße Erwähnung des Wortes Wissenschaft löste in einem Gespräch im Herbst 1931 bei dem stellvertretenden Generaldirektor des Stahlvereins, Ernst Poensgen, eine spontane Reaktion aus: »Laß mich mit der Wissenschaft in Ruhe! Wir sind mit der Wissenschaft gefüttert und überfüttert worden, wissenschaftliche Technik, wissenschaftliche Betriebsführung, wissenschaftliche Materialkunde, wissenschaftliche Marktforschung, wissenschaftliche Bilanzierung, und so weiter, und so fort. Und wohin hat all die Wissenschaft uns gebracht?«

Die wissenschaftliche Bilanzierung war eine Anspielung auf Schmalenbachs beratende Rolle bei der Installierung des Stahlvereins. Gerade damals kursierte eine Denkschrift des Betriebswirtschaftlers, in der die Widersprüche der bestehenden Ökonomie unverhohlen ausgesprochen wurden. Die Produktionsanlagen moderner Großunternehmungen seien durchrationalisierte Plangebilde, die ihre Rationalität nur entfalten könnten, sich zum Segen der Gesellschaft nur auszuwirken vermöchten, wenn sie in einer geplanten Gesamtwirtschaft existierten. Sie seien mit der Anarchie der Privat- und Marktwirtschaft so unvereinbar, daß in diesem Rahmen die Rationalität der Werke sich in gesellschaftliche Irrationalität verkehren müsse. Diese offen antikapitalistische Schlußfolgerung löste in den industriellen Kreisen Empörung, ja angesichts der drohenden Klassenspannungen geradezu Schrecken aus. Reichswirtschaftsminister Dietrich im Brüning-Kabinett wurde veranlaßt, das Schmalenbachsche Memorandum zu unterdrücken und einstampfen zu lassen.[4]

4 Es wäre von großem Interesse, wenn sich von dieser Denkschrift noch ein Exemplar auffinden ließe.

Die Irrationalität der geplanten Werke war handgreifliche Tatsache geworden. Wenn die Nachfrage groß und die Preise hoch waren, erzeugten die Anlagen die Produkte zu billigeren Kosten als je zuvor, denn dann liefen sie auf vollen Touren. Fiel die Nachfrage, so daß die Preise sanken, dann stiegen die Kosten je Produkteinheit in geometrischer Progression jenseits aller Kontrolle, wenn das Produktionsvolumen entsprechend der Nachfrage abnahm. Preise und Kosten bewegten sich umgekehrt proportional statt parallel zueinander. Als Spielraum für die Ab- oder Zunahme des Produktionsvolumens war überhaupt nur noch die Variierung des Produktionstempos geblieben. Aber diese stieß an harte Schranken nicht nur ökonomischer, sondern auch technologischer Natur. Beim Stahlverein belief sich das Mindestmaß des technisch möglichen Ausstoßes auf 66% oder 68% der als Norm gesetzten Kapazitätsauslastung, bei weiterer Verlangsamung kam die Maschinerie ins Stocken. Und nach der ökonomischen Seite hatte die tendenzielle Einengung der Volumenvariation auf Tempoveränderungen die Folge, daß auch das Lohnkonto zu einem nahezu fixen Teil der Produktionskosten wurde. Bereits in den Jahren der Hochkonjunktur hatte der Stahlverein kaum je die volle Norm seiner Kapazität erreicht, schon 80% wurde als sehr befriedigend erachtet; im Herbst 1931 entsprach der Auftragsbestand jedoch kaum mehr 40% der Kapazität, Anfang 1932 fiel er auf 20%, und diese 20% waren natürlich höchst unregelmäßig über das Fabrikationsprogramm verteilt. Bis dahin hatte man, entsprechend der Schmalenbachschen Darstellung, immer noch auf Lager gearbeitet, dadurch die Marktkonjunktur für diese Erzeugnisse weiter verschlechtert. Da aber die wirtschaftliche Gesamtlage immer noch keine Verbesserung, sondern nur weiteren Verfall zu versprechen schien, entschloß man sich zu der Verzweiflungslösung, die Werke alle vierzehn Tage umschichtig stillzulegen und wieder in Gang zu setzen, obwohl die relativ geringen Kosteneinsparungen während der vierzehn stillen Tage zum Teil aufgewogen wurden durch die Friktionsverluste beim Wiederanlaufen. Es bedarf nicht vieler Worte, um einsichtig zu machen, daß bei einem solchen Stand der Dinge Produktionsstätten dieser Art nicht nur keinen Profit machen, nicht nur nicht ihre Selbstkosten verdienen, sondern daß sie ihr eigenes Kapital verschlingen, wenn der Zustand anhält. Und die Feststellung muß gemacht werden, daß Werke des neuen produktionsökonomischen Typs, d. h. der strukturellen Vollvergesellschaftung der Arbeit, wenn sie nach privatkapitalistischen Maßstäben betrieben werden, unter *Produktionszwang* stehen. Solange sie nicht vollständig geschlossen und sozusagen verschrottet, ihre Kapitalien gänzlich abgeschrieben werden, müssen diese Werke produzieren, unabhängig davon, ob eine Marktnachfrage nach ihren Erzeugnissen verlangt oder nicht. Wenn keine Nachfrage echter Art, d. h. nach reproduktiven Werten, vorhanden ist, so muß eine andere Nachfrage, also eine nach nicht-reproduktiven Werten, geschaffen werden, um die Werke in Bewegung zu setzen. Nicht-reproduktive Werte sind Produkte, die weder direkt noch indirekt in die Erhaltung und Erneuerung menschlicher Arbeitskraft oder materieller Produktionsmittel eingehen; dazu gehören in erster Linie Rüstungsgüter, in zweiter Linie Luxusgüter, in dritter Linie Verschwendung wie überwiegend in der modernen Raumfahrt. Um Nachfrage dieser Art effektiv zu machen, bedarf es einer Staatsmacht, die die Bezahlung für solche Produktion der Bevölkerung aufzwingt. Wir haben es hier mit einer eindeutigen Alternative zum konkurrenzwirtschaftlichen Kapitalismus zu tun, d. h. zu einer Produktionsweise, deren privates Profitstreben den Marktregulativen unterworfen ist. Die Subsumtion unter diese Regulative ist Bedingung dafür, daß die Ökonomie der privaten Appropriation vereinbar ist mit der allgemeinen Reproduktion des gesellschaftlichen Lebens. Die Produktionsökonomie der fixen Kosten dagegen, um in den magischen Kategorien der Betriebswirtschaftslehre zu reden, ist resistent gegenüber den Marktregulativen und folgt Gesetzen, die überhaupt nicht in der Sphäre der Kapitalverwertung, sondern vielmehr im Arbeitsprozeß, genauer: im vollvergesellschafteten Arbeitsprozeß der kontinuierlichen Produktion und der Fließarbeit ihren Ursprung haben. Ich habe an anderer Stelle[5] auseinandergesetzt, daß im Wesen der Fließarbeit eine neuartige Kommensuration der Arbeit, und zwar der lebendigen Arbeit, ins Dasein gekommen ist, welche ökono-

5 (1973) S. meinen Beitrag in *Technologie und Kapital*, Ffm. 1973.

miebegründend ist und in dieser Eigenschaft in privativ-kontradiktorischem Gegensatz steht zu der Kommensuration der toten Arbeit, die Marx als das ökonomiebegründende Prinzip der Tauschäquivalenz oder des Tauschwerts nachgewiesen hat. Die neuartige Kommensuration der lebendigen Arbeit ist das spezifische Gesetz der Vollvergesellschaftung der Arbeit und bildet das eigentliche Geheimnis der »fixen Kosten«. Ohne daß ich diese Auffassungsweise hier im einzelnen begründen kann, mache ich von ihr Gebrauch, weil ich glaube, daß sie das Verständnis der hier in Rede stehenden Vorgänge in Deutschland in den 30er Jahren zu fördern vermag.

Die kapitalistische Ökonomie kann in der Krise Unternehmungen liquidieren, deren Werke hinter den gesellschaftlich notwendigen Durchschnittsanforderungen zurückbleiben. Sie kann nicht in der gleichen Weise mit Werken verfahren, die denselben Anforderungen nicht genügen, weil sie über sie hinausgewachsen sind und, weit über bloßen Profitmangel, das Privatkapital, das sich ihrer zu seinen Profitzwecken bedienen will, selbst mit Aufsaugung bedrohen, Werke also, die gemeinsam mit anderen in analoger Lage das gesamte Finanzkapital durch ihren Stillstand der Schrumpfung aussetzen. Da sich der Kapitalismus solcher Werke, die ihm in der Krise zu Verlustquellen werden, nicht mehr entledigen kann, darf er es zu keinen Krisen mehr kommen lassen. Der Kapitalismus muß im Gegenteil dem Produktionszwang stattgeben, mit dem er die Ökonomie dieser Werke begabt hat. Die kapitalistische Ökonomie ist also gezwungen, Werken, die ihm durch ihre Produktionsökonomie entwachsen sind, zu weiterer Entfaltung zu verhelfen, und dies in um so höherem Maße, je mehr Werke dieser Art zu den maßgebenden Elementen der gesellschaftlichen Gesamtproduktion werden und dem allgemeinen Konkurrenzkampf den Standard setzen. Tatsächlich haben Funktionsstörungen der marktwirtschaftlichen Art wie z. B. Währungs- und Krediteinbrüche nicht mehr die krisenerzeugende Wirkung, die sie früher hatten, als der Verwertungsmechanismus des Kapitals noch die Produktion regulierte, sie also im Fall ernstlicher Funktionsstörungen zur Einschränkung, wenn nicht zum zeitweisen Stillstand zwang. Unter den jetzigen Bedingungen haben solche Störungen eher die Wirkung, den Produktionszwang der ihnen entwachsenen Werke zu erhöhen. Es fragt sich bloß, zu welchen Resultaten diese Dialektik den Spätkapitalismus treiben wird. Unterm Gesichtspunkt dieser Frage haben Studien über die Ereignisse und inneren Geschehnisse zur Zeit der letzten Weltkrise aktuelle Bedeutung für uns. Die dem Kapitalismus entwachsende Produktionsökonomie war in den zwanziger Jahren zu einem substantiellen Faktor der Gesamtwirtschaft entwickelt worden und machte ihre unerprobten Wirkungen zum ersten Male fühlbar. Schmalenbach hatte mit den Schlußfolgerungen, die er in seinem Memorandum zog, vollkommen recht. Die Ökonomie der neuen durchgeplanten Produktionsriesen verlangt nach anderen Produktionsverhältnissen als denen des Privatkapitalismus. Hätte der Kapitalismus damals überwunden und beseitigt werden können, so wären diese Produktionsverhältnisse sozialistische geworden. Statt dessen blieben seine metakapitalistischen oder, sagen wir, sozialistoiden Elemente in die Bedingungen des Kapitalismus eingeschlossen. Die Entwicklungen, die sich daraus in Deutschland ergaben, lassen sich bis ins einzelne verfolgen. Die hier zur Veröffentlichung gelangenden Aufzeichnungen tragen in den Grenzen ihres Gesichtskreises zu diesem Studium bei. Sie sollten also als zusätzliche Urteilsquelle der Klärung der Hypothese dienstbar gemacht werden können, in welchem Maße und in welcher Weise die im Kapitalismus verbleibende, ihn transzendierende Ökonomie der modernen kontinuierlichen Produktionsmethoden Ursache des Umschlags in den Faschismus werden kann. Marx und Engels haben vorausgesagt, daß sich die tragenden materiellen Elemente einer sozialistischen Produktionsweise im Schoße des Kapitalismus heranbilden würden. Daraus kann sich die Geburt des Sozialismus oder aber auch die Mißgeburt des Faschismus ergeben.

4. Zur Interessenlage der deutschen Industrie in der Krise

a) Brüning-Lager und Harzburger Lager

Während der für die Bildung der Hitler-Gruppierung entscheidenden Jahre 1931 und 1932 war die deutsche Großindustrie deutlich in zwei Lager gespalten. Die eine Gruppe wurde damals gewöhnlich unter dem Namen der »Exportindustrien« zusammengefaßt, die andere faßte sich selbst unter dem Schlagwort der »Autarkie« zusammen. Wir werden sehen, daß diese Unterscheidung höchst ungenau und irreführend ist. Weder war die Industrie der einen Gruppe nur am Export interessiert noch die der anderen nur am »Binnenmarkt«; in Wirklichkeit hatten sie beide den internationalen Wirtschaftskampf im Sinne, aber mit verschiedenen Methoden und auf verschiedenen Wegen und, wie sich später zeigte, auch mit verschiedenem Produktionsinhalt. Jedenfalls war an ihrer Gegnerschaft kein Zweifel möglich, und solange wir uns von deren Gründen kein genaueres Bild geschaffen haben, bezeichnen wir sie am besten nach ihrem politischen Gegensatz als »Brüning-Lager« und »Harzburger Lager«. Einige Worte werden genügen, um die Bedeutung dieses politischen Gegensatzes in Erinnerung zu rufen.

Dem rechten Zentrumsmann Heinrich Brüning, bis dahin für die Öffentlichkeit ein politisch unbeschriebenes Blatt, war nach dem Rücktritt des Kabinetts Hermann Müller, der letzten parlamentarischen Koalitionsregierung, die Erbschaft der Weimarer Republik zugefallen. Er übernahm am 30. März 1930 die Aufgabe, Deutschland durch die Beben der schwersten aller bisherigen internationalen Wirtschaftskrisen hindurchzubringen. Die Krise hatte zwar schon im Oktober 1929 mit dem Zusammenbruch der Hausse-Spekulation an der New Yorker Börse begonnen, aber das ganze Jahr 1930 hindurch sah sie sich an wie eine bloße Wiederholung der mit dem Kapitalismus untrennbar verknüpften periodischen »Reinigungskrisen« mit dem üblichen Preis-, Lohn- und Kreditabbau: Bald würde der unterste Boden dieses Abbaus erreicht sein und die

Geschäftstätigkeit sich wieder beleben; die Wirtschaft würde den gewohnten neuen »Anlauf« nehmen und alles wieder »in Ordnung« sein. Aber nachdem der Abbau schon eine gehörige Strecke durchgemacht hatte und manche schon die Anzeichen einer neuen Stabilisierung sehen wollten, fing die Krise erst richtig an. Im April 1931 erfolgte der Zusammenbruch der Österreichischen Kredit-Anstalt Rothschilds, die einen der Ecksteine des auf Auslandsanleihen gegründeten Kreditsystems von Zentral- und Osteuropa gebildet hatte. Die Auslandsgläubiger, vor allem die amerikanischen, wurden von der Panik um ihre Guthaben erfaßt, die alle, soweit sie kündbar, d. h. kurzfristig waren, schleunigst zurückgezogen wurden. In wenigen Wochen verlor die Reichsbank 3 Milliarden RM an Gold und Auslandsdevisen. Am 7. Juni verkündete Präsident Hoover ein allgemeines Moratorium für die deutschen Reparationsverpflichtungen, womit zugleich auch die interalliierten Schuldenzahlungen an die Vereinigten Staaten zum Erliegen kamen. Doch nun setzten die Zusammenbrüche in der deutschen Wirtschaft selber ein. Der Bankrott der Norddeutschen Wollkämmerei in Bremen (Nordwolle) riß die Danat-Bank mit sich, eine der fünf großen Banken und das Hauptfinanzierungsinstitut der Schwerindustrie sowie des Stahlvereins; die Danat-Bank verlor in dem Bankrott mehr als ihr gesamtes Eigenkapital. Die Regierung mußte eingreifen und durch Staatsgarantien für die anderen Großbanken, insbesondere die Dresdner Bank, einer Ausdehnung des Vertrauensschwunds auf alle Banken begegnen. Doch die Wirkung dieser Vorkehrungen war allein auf den deutschen Innenbereich beschränkt, die deutschen Auslandsgläubiger waren damit nicht besänftigt. Im Juli wurde ein Moratorium für die gesamte kurzfristige deutsche Auslandsverschuldung notwendig, und mit diesem allgemeinen Stillhalte-Abkommen, das am 1. August in Kraft trat, wurde der ganze freie internationale Zahlungsverkehr Deutschlands und der übrigen europäischen Schuldnerländer unterbunden und der Kontrolle der Notenbanken unterworfen. Das Regime der Devisensperre hatte sich auf Europa niedergesenkt. Im Bereich der Gläubigerländer untereinander setzte sich die Krise fort, und mit der Loslösung des englischen Pfundes vom Goldstandard am 21. September kam das ganze Weltkreditsystem zum Erliegen. Man kann sagen, daß von da an bis zum Beginn des Zweiten Weltkrieges kein Kapitalverkehr zwischen verschiedenen Ländern mehr vor sich ging. Als 1937 ein Kapitalbetrag von 10 Mill. RM von Amerika nach Deutschland übertragen wurde, bedeutete dies eine Sensation, die in den Zeitungen groß berichtet wurde; sie blieb ein einmaliger Vorgang. Praktisch waren vom August 1931 an die Wirtschaft und der Handel jedes der Schuldnerländer auf das eigene Gebiet beschränkt, selbst die unentbehrlichsten Ein- und Ausfuhren mußten in mühseligen Kompensationsverfahren für die Waren oder Devisen einzeln Zug um Zug verhandelt werden, fast als ob ein internationaler Geldverkehr noch nie erdacht worden wäre. Man muß sich diese Verhältnisse vor Augen halten, um die Entwicklungen zu verstehen, die sie in einem hochindustrialisierten Land wie Deutschland für die verschiedenen Sektoren des Großkapitals zur Folge hatten.

b) Ein Anschauungsmodell für das Brüning-Lager

Wenden wir uns zunächst den Teilen zu, die zu den hauptsächlichsten Stützen des Brüning-Lagers gehörten, und nehmen wir den Siemens-Konzern als repräsentatives Beispiel. Gewiß, es gab andere Großkonzerne, die stärker in Erscheinung traten und in der öffentlichen Diskussion heftiger umkämpft waren. Die I.G. Farbenindustrie AG, die 1925 aus einer Fusion fast aller Firmen der Großchemie hervorgegangen war, stellte im Kabinett Brüning ihr eigenes Direktionsmitglied Professor Warmboldt als Wirtschaftsminister, und der Einfluß des Chemietrusts ging damals so weit, daß zu manchen staatlichen Maßnahmen, zumal wenn sie die Treibstoffwirtschaft betrafen, den Ministerialdirektoren und Dezernenten im Wirtschaftsministerium zwei Vorlagen zur Begutachtung vorlagen; die eine war die der Regierung selbst, die andere stammte aus dem Verwaltungsgebäude der I. G. Farben, und es hieß, daß die Ministerialdirektoren es im Zweifelsfall für angeraten hielten, sich für die Vorlage der I.G. zu entscheiden. Aber die I.G. Farben war ein derart vielschichtiger Komplex, mit so viel verschiedenen Produktionsbranchen und Arbeitsprozessen, gegensätzlichen Absatzinteressen und Han-

delsmethoden unter ihrem weiten Mantel, daß sich von einer eindeutigen partialen Interessenbestimmtheit des Trusts nicht sprechen läßt. Einigen ihrer Zweige war mit der Brüningschen Linie der Wirtschaftspolitik gedient, anderen mit der Politik des Dritten Reichs, wie später genugsam erwiesen wurde. Es war die Frage, welche seiner verschiedenen Interessenlinien in den Vordergrund traten. Die Machtstellung dieses Trusts war so überragend, daß jedes Regime, es sei denn ein kommunistisches, ihm seinen Tribut zu zahlen genötigt war. Und für die Direktion der I.G. Farben, ihren Generalrat, kam es darauf an, auf welchen ihrer vielen Füße sie in der einen oder in der anderen Frage ihr Gewicht verlegen sollte. – Die Interessenlage des Siemens-Konzerns ist für unsere Zwecke deshalb aufschlußreich, weil sie relativ eindeutig bestimmt war und mit der Politik der »Harzburger Front« und des Hitler-Reichs am wenigsten harmonieren konnte. Das fand ich aus eigener Erfahrung noch im Sommer 1935 bestätigt.
Wen es unter dem Hitler-Regime nach unverhohlener Kritik an den Nazis und der Regierung verlangte, der konnte in den Kreisen der Siemens-Direktion seine Freude erleben, vorausgesetzt, daß er die Leute zum Reden brachte; schwärzere Prognosen für die Hitlerwirtschaft waren auch im Pariser *Tagebuch* Dr. Schwarzschilds kaum zu finden. In knapp zweieinhalb Jahren war es der Hitler-Regierung mit ihrer Autarkiepolitik gelungen, die Weltstellung der deutschen Industrie zu ruinieren, so hieß es. Wie könne ein solches Unternehmen wie Siemens je allein vom deutschen Binnenmarkte leben? Diese Werke seien innerhalb von 60 Jahren aufgebaut worden, gestützt nicht etwa nur auf Deutschland, sondern auf den ganzen Weltmarkt. Und in der Tat ist ein Unternehmen wie Siemens ohne diese Breite der Absatzbasis nicht vorstellbar, nicht nur an bloßer Größe der Ausdehnung und Produktionskapazität, sondern nicht minder an Qualität der Produktion und an Geltung. Hitlers judenfeindliche Politik hatte aber schon damals der deutschen Industrie einen Weltboykott auf den Hals gezogen, und die Hauptkonkurrenten von Siemens, die British Stewart-Thompson-Houston, Erikson in Schweden, die General Electric und die ITT oder Bell in Amerika usw. hatten nicht gezögert, Nutzen aus der guten Gelegenheit zu schlagen und Siemens die kostbarsten Aufträge wegzuneh-

men. Einmal aus dem Weltmarkt verdrängt, war die verlorene Stellung bei der ungeheuren Verschärfung des internationalen Konkurrenzkampfes kaum wiederzugewinnen. Dazu kamen die Schwierigkeiten aus der allgemeinen, völlig von der Aufrüstung absorbierten Politik des Hitlerschen Regimes, vor allem in ihren Auswirkungen auf die Devisenprobleme. Die Ausfuhr war aufs äußerste erschwert, die Einfuhr von Rohmaterialien einseitig auf die Bedürfnisse der Eisen- und Stahlinteressen abgestellt. Die Reichsbank hielt die Hand so fest auf den schwindenden Devisenbeständen, daß es schwer wurde, die Agenturen und Vertretungen von Siemens in China, in Indien, in Ägypten, in Südamerika aufrechtzuerhalten. Die Schließung dieser Vertretungen aber, die tatsächlich nicht lange nach 1935 hier und da unvermeidlich wurde – etwa gleichzeitig übrigens mit der Liquidierung der I.G. Farben-Agenturen in Hongkong und Bombay und der Agfa-Agenturen in Südamerika –, schien manchen damals gleichbedeutend mit der Räumung dieser Märkte für alle absehbare Zukunft. Eine Politik, die solche Folgen hatte, war in den Augen der Siemens-Leitung nichts anderes als eine Politik des Selbstmords.

Um diesen Standpunkt voll zu würdigen, muß man sich klar sein über die spezifischen Bedingungen, unter denen deutsche Großkonzerne der Verarbeitungsindustrie den Kampf auf dem Weltmarkt zu führen hatten; man muß sich vor allem klar sein über die Erschwerung dieser Bedingungen infolge des verlorenen Krieges, verglichen mit der Zeit vor 1914. Der Kampf ging für Siemens nicht in der Hauptsache um den Absatz von elektrotechnischen Massenartikeln auf dem offenen Markt, auch nicht um den Verkauf von Radioapparaturen und -materialien, so wichtig dieser Geschäftszweig für die elektrotechnische Industrie in der Nachkriegszeit auch geworden war. Die wirklich wichtigen und ausschlaggebenden Kampfobjekte waren die großen Investitions- und Bauaufträge, die eine Regierung in China oder in Südamerika oder in Afrika für die Errichtung von Kraftwerksanlagen oder für die Elektrifizierung eines Eisenbahnnetzes, den Bau von elektrischen Straßenbahnen usw. ausschreibt. Wer den Auftrag für die Errichtung des Telefonsystems in Griechenland oder in Ägypten erhält, oder wer die Untergrundbahn in Buenos

Aires bauen wird – das sind die Probleme, auf die sich der Konkurrenzkampf der elektrotechnischen Großfirmen der imperialistischen Weltmächte zuspitzte. Auch waren solche Aufträge nicht nur für die führende elektrotechnische Firma wichtig, welche für die Gesamtausführung die Verantwortung übernahm. Solche Aufträge schlossen Bauten, Eisenkonstruktionen, Schienenwege, maschinelle Installationen aller Art in sich, die von Stahlwerken, Konstruktionsfirmen, Maschinenbauanstalten als Unterlieferanten ausgeführt wurden. Für umfassende Aufträge dieser Art bestand die Siemens Bau-Union, in der sich der Siemenskonzern – Siemens-Schuckert für die Starkstromtechnik und Siemens & Halske für die Schwachstromtechnik – mit anderen Großfirmen zusammengeschlossen hatte. Andere derartige Gesamtunternehmen oder »Konsortien«, z. B. für die Errichtung von Hafenanlagen, Bergwerken, Eisenbahnen etc., waren die Julius Berger AG oder die Otto Wolff Gruppe. Oder die I.G. Farben verbanden sich mit Siemens und anderen Firmen in der Bewerbung um die Errichtung eines Großwerks für die Erzeugung synthetischer Düngemittel in Oberägypten, zu deren Betrieb die Stauwerke des Nil als elektrische Kraftquelle benutzt werden sollten. Bei dem Kampf um solche Vorhaben leisteten also einige hervorragende Konzerne Pionierdienste für einen beträchtlichen Teil der deutschen Gesamtindustrie.

In dem internationalen Kampf um den Zuschlag von Objekten dieser Art, in dem der Wettbewerb gewöhnlich zwischen vier oder fünf Konzernen der führenden Industriemächte der Welt ging, spielte begreiflicherweise die Finanzierung der Vorhaben selbst eine beträchtliche Rolle. Und hier wirkten sich die Folgen des verlorenen Krieges für Deutschland erschwerend aus: es hatte seine Auslands-Kapitalien (von schätzungsweise 25-30 Mrd. Goldmark) eingebüßt. Was bedeutete das?

Die Regierungen, die Erschließungsaufträge der genannten Art ausschrieben, waren nur selten in der Lage, die erforderlichen Kapitalien aus eignen Mitteln aufzubringen. In der Regel waren sie auf Anleihen angewiesen, und zwar Anleihen, die auf den großen internationalen Finanzplätzen der Welt, in London, in New York, in Paris zur Zeichnung aufgelegt oder von Bankkonsortien aufgebracht wurden. Hierzu bedarf es der Unterstützung der Banken der Großmächte, welche dank ihrer Auslandsguthaben den Finanzmarkt für derartige Anleihen beherrschen. Nehmen wir z. B. den Fall China, damals einer der »interessantesten« Märkte der Welt für große zukünftige Investitionsaufträge. Wenn die chinesische Regierung zur Finanzierung solcher Aufträge Anleihen brauchte, wandte sie sich an das internationale »Vier-Banken-Konsortium« in Schanghai, an welchem alle großen Kapitalmächte der Welt beteiligt waren, England, die Vereinigten Staaten, Frankreich, Belgien, Japan usw. Für die Sicherstellung der Zins- und Rückzahlungen verpfändete dann die chinesische Regierung ihre Zolleinnahmen oder bestimmte Steueraufkommen an die finanzierenden Mächte. Vor 1914 gehörte zu den letzteren auch Deutschland, das beträchtliche Guthaben in diesem Schanghaier Konsortium besaß, Guthaben, die überdies jährlich aus dem deutschen Anteil an der internationalen Boxer-Entschädigung gespeist wurden. Nach 1918 wurde zusammen mit der Enteignung der deutschen Auslandsguthaben der deutsche Anteil an der Boxer-Entschädigung an Japan, Frankreich und Belgien aufgeteilt. In den Konkurrenzkämpfen der Nachkriegszeit konnte also Deutschland, d. h. die deutsche Industrie und die deutschen Banken, keinen Einfluß auf die Finanzierung von Investitionsaufträgen in China mehr ausüben, auch nicht in irgendeinem anderen in der »Erschließung« begriffenen Lande. Es versteht sich von selbst, daß die kreditgebenden Finanzmächte einen spürbaren Einfluß auf die Verteilung der Bau- und Lieferungsaufträge für das ausgeschriebene Vorhaben besitzen. Es ist durchaus üblich, daß, sagen wir, englische Banken, wenn sie bei der Aufbringung einer solchen Anleihe den maßgeblichen Anteil haben, darauf drängen, daß ein bestimmter Teil des Aufkommens für Aufträge an englische Industriefirmen verwandt wird. Dieses Vorrecht des »earmarking« büßte Deutschland durch die Kassierung seines Auslandskapitals nach dem Kriege ein – und mit ihm einen der entscheidenden Trümpfe im internationalen Kampf der imperialistischen Wirtschaftsgruppen überhaupt.

Es ist klar, daß eine Firma wie Siemens unter solchen Bedingungen für ihren Kampf auf dem Weltmarkt ein vitales Interesse an einem auskömmlichen Verhältnis mit den Mächten hatte, die den internationalen Finanzmarkt beherrschten. Die Leute in der Siemens-Direktion wußten sehr gut, warum sie Institutionen wie den Genfer Völkerbund und seine Wirtschafts- und Finanzkomitees nicht mit schnöder Verachtung behandelten. Sie waren auf internationale Zusammenarbeit mit den anderen Großmächten angewiesen. Vom Standpunkt ihrer Interessenlage gesehen, konnte Deutschland sich den Bruch mit Genf, den Hitler im Oktober 1933 herbeigeführt hatte, nicht leisten. Denn wenn es hart auf hart kam, war den anderen Mächten nichts leichter, als von der Kapitalseite so gut wie von der Marktseite die deutsche Produktion aus dem Weltmarkt auszuschließen, die deutsche Industrie wirtschaftlich kaputtzumachen und Deutschland die Wiederaufstiegschancen abzusperren. Auf diesen Wiederaufstieg, auf die Wiedererlangung der durch den Krieg verlorenen kapitalistischen Weltstellung Deutschlands, kam es diesen Leuten an. Aber eben zu diesem Zwecke wußten sie sich auf den Weg der internationalen Zusammenarbeit, also auf die Stresemannsche »Verständigungspolitik« mit den anderen Großmächten angewiesen.

Nicht also daß ein Konzern wie Siemens etwa weniger imperialistisch gewesen wäre als andere Teile des deutschen Großkapitals. Alles, was wir zur Charakterisierung seiner Weltmarktinteressen ausgeführt haben, betont im Gegenteil das Expansionsbedürfnis dieses Konzerns, seinen Heißhunger nach großen und immer größeren Teilen des Weltmarkts für seine Produktion. Nicht hierin also unterschied sich Siemens als charakteristischer Parteigänger der Brüning-Front von den großindustriellen Parteigängern der Harzburger Front. Der Unterschied war, daß Siemens stark genug war, den Kampf mit wirtschaftlichen Mitteln zu führen. Mit andern Worten, der Unterschied war einer der Methoden, aber darum nicht weniger weitreichend. Im Gegenteil.

Denn auf welche Weise gelang es Siemens, sich angesichts der eben geschilderten finanzkapitalistischen Benachteiligung im internationalen Großgeschäft zu halten? Diese Benachteiligung wettzumachen, gab es nur zwei Mittel: Preiswürdigkeit und wissenschaftliche Höchstleistung. Wir sagen mit Absicht Preiswürdigkeit, nicht Billigkeit. Der Siemens-Konzern rühmte sich beinahe eines Weltmonopols an Qualität seiner

Erzeugnisse. Wenn Siemens für ein Telephonsystem zwanzig Jahre Gebrauch garantieren konnte ohne größere Reparaturkosten, konnte der Bewerbungspreis doppelt so hoch sein wie das billigste Angebot und trotzdem noch der vorteilhaftere für das Bestellerland. Aber dann mußte die Qualität der Lieferung und Installation auch wirklich über jeden Tadel erhaben sein, und was dies an Anforderungen für die innere Organisation der Werke und das Leistungsniveau der Arbeiter in der Siemensproduktion in sich schloß, werden wir noch illustrieren.

Die Preiswürdigkeit von Angeboten auf dem Weltmarkt hängt nicht bloß von der Kosten- und Preispolitik der anbietenden Firma ab. Sie ist außerdem abhängig von der Währungspolitik und von der Höhe des allgemeinen nationalen Preisniveaus im Vergleich mit dem anderer Länder. Der Machtantritt der Hitlerregierung war gefolgt gewesen vom Abbruch der Deflationspolitik und von der Einleitung eines Arbeitsbeschaffungsprogramms, durch das 4 Mrd. RM zusätzliche Kredite in die Wirtschaft gepumpt werden sollten, um das deutsche Preisniveau kräftig zu heben. Die Wirkung ließ nicht lange auf sich warten. Schon im Frühjahr 1933 setzte eine Wiederbelebung sämtlicher Kartelle ein, die unter dem Mantel der ständischen »Neuordnung der Wirtschaft« die Forderung nach Zwangskartellen wahr zu machen suchten. Hand in Hand damit ging der Abbruch vieler Bemühungen um weitere Senkung der inneren Kosten durch Rationalisierung in den einzelnen Werken. Ähnliche Maßnahmen der Kreditexpansion zur Hebung des inneren Preisniveaus wurden zur selben Zeit auch in Amerika ergriffen unter Roosevelts »New Deal«. Der Unterschied war, daß Roosevelt diese »Reflation« eingeleitet hatte durch die Abwertung des Dollars. Die Erhöhung des inneren amerikanischen Preisniveaus schädigte deshalb die Konkurrenzfähigkeit des amerikanischen Außenhandels auf dem Weltmarkt nicht. Die zum englischen Währungsbereich gehörigen Konkurrenten von Siemens waren in derselben günstigen Lage; sie profitierten noch von der im September 1931 erfolgten Pfundabwertung. In Deutschland aber geschah die Erhöhung des Preisniveaus ohne solche währungspolitische Kompensation, ihre Auswirkung war daher katastrophal für die Konkurrenzfähigkeit des deutschen

Exports auf dem Weltmarkt. Die Hitlersche Kompensation bestand in systematischem Lohndruck. Die Millionen Arbeitslosen fanden ihre schrittweise Wiedereinstellung zu Lohnraten, die sich nicht oder kaum über die Sätze der Arbeitslosenunterstützung erhoben. »Massenkonjunktur, nicht Lohnkonjunktur!« hieß das in der Nazisprache und nach der Zerschlagung der Gewerkschaften. Die große Masse der finanziell schwachen Firmen in Deutschland begrüßte die Hitlersche »Belebungsweise« der Wirtschaft, weil sie dadurch endlich aus der mehr oder minder akuten Gefahr des Bankrotts herauskamen. Sie waren jenseits der Schwelle, an der langfristige Schädigungen gegenüber dem Augenblicksvorteil abgewägt werden können; ohnehin hatte Hitler ihnen ja versprochen, die deutsche Wirtschaft aus dem »Binnenmarkt« in die Höhe zu bringen. Eine Gefahr des Bankrotts war aber für eine Firma wie Siemens nie aufgetaucht, ihre finanzielle Intaktheit war auch unter dem stärksten Deflationsdruck nicht fraglich geworden. Ihr war an einer wirklichen Krisenbereinigung im orthodoxen Sinne und an einer Senkung des deutschen Kostenniveaus bis auf den Stand einer echten Konkurrenzfähigkeit gelegen. So machte ihr weitsichtiges Interesse sie zum Gegner der Hitlerschen Politik auch auf dem rein wirtschaftlichen Gebiet.

Wie stand es nun mit dem zweiten Faktor, auf den die Siemenswerke angewiesen waren, um nach der Einbuße des deutschen Auslandskapitals durch den verlorenen Krieg auf dem Weltmarkt konkurrenzfähig zu bleiben, nämlich dem hohen wissenschaftlichen Leistungsniveau? Daß moderne Elektrotechnik nicht ohne moderne Elektrophysik möglich ist, versteht sich von selbst. In der Nachkriegssituation aber hatte Siemens ganz besondere Gründe, auf ein Höchstmaß an Leistung der deutschen Wissenschaft bedacht zu sein. Zwischen den großen rivalisierenden elektrotechnischen Konzernen der Welt bestanden gegenseitige Lizenzabkommen, denen zufolge jeder Konzern die von allen übrigen patentierten Erfindungen verwenden konnte, dafür aber dem Patentträger eine Lizenzgebühr schuldete. Auf dieser Grundlage kam alles darauf an, so viele Patente wie möglich in praktischer Anwendung zu haben, für die die anderen Konzerne Lizenzgebühren bezahlten. Da dies natürlich auf alle Firmen gleichermaßen zutraf, fand ein heftiger Konkurrenzkampf um

die besten Patente statt, und für Siemens war es aus den angegebenen Gründen entscheidend, sich an der Spitze des wissenschaftlichen Fortschritts zu halten. Zu der fraglichen Zeit, Juni 1935, z. B. waren drahtlose Fernschreiber eine neue Erfindung, und Siemens sowohl wie die amerikanische G.E.C. hatten die beiden hauptsächlichen Patente angemeldet. Japan plante die Errichtung eines Fernschreibedienstes mit Formosa, und es war die Frage, ob die Japaner dem deutschen Patent vor dem amerikanischen den Vorzug geben würden. Wenn das der Fall war, kam es weniger darauf an, wer den eigentlichen Bauauftrag erhielt, da die Lizenz die maßgebliche Einnahmequelle für Siemens darstellen würde. Unter diesen Umständen war es nicht verwunderlich, daß Siemens an sein Forschungsinstitut in Siemensstadt womöglich noch größere Mittel wandte als vor dem Kriege, obwohl die Kapitalmittel soviel knapper geworden waren.
Hieraus kann man sich ein Bild machen, mit welchem Ingrimm die Leute bei Siemens die Zerstörungen mit ansahen, die das nationalsozialistische Regime mit seiner Rassenpolitik in der deutschen Wissenschaft anrichtete. Im Frühjahr 1933, als die antisemitische Kampagne losging, hatten die Engländer und Amerikaner in der Linkstraße in Berlin ein Büro aufgemacht, das sich mit der Engagierung der vertriebenen Wissenschaftler, zum Teil Professoren mitsamt den ganzen Laboratorien bis hinunter zum Laboratoriumsdiener, befaßte. Nicht daß etwa das gesamte Personal eines solchen Laboratoriums jüdisch war, der Professor war es, und vielleicht der eine oder andere seiner Assistenten, die anderen gingen freiwillig mit. Völlig neue Felder der Forschung, wie z. B. die Kolloidchemie unter Leitung von Professor Ehrlich, gingen der deutschen Produktion an die ausländische Konkurrenz verloren. Was verstanden die Nazis, diese Repräsentanten der Halbbildung, und ihr »Führer«, dieser vom Machtwahn befallene Dilettant, schon davon? Im Mai 1933 schickte die Kaiser-Wilhelm-Gesellschaft zur Förderung der deutschen Wissenschaft den alten Geheimrat Planck vor, um Hitler die Schäden dieser Politik vor Augen zu halten. Alles, was dieser auf die Vorstellungen Plancks zu antworten wußte, war dies: »Ja, was liegt denn schon daran, wenn Deutschland einmal für eine Generation keine führenden Physiker hat? Die Rassenreinheit

des deutschen Volkes liegt mir mehr am Herzen.« Nun, die Siemens-Leute, und sie nicht allein, wußten besser, was ihnen am Besitz führender Wissenschaftler gelegen war. Wir haben allerdings schon gesehen, daß es damals in Deutschland auch andere Großindustrielle gab, solche von Eisen und Stahl, die über den Wert der Wissenschaft ähnlich dachten wie Hitler.

Wir müssen noch einmal mit ein paar Worten auf die andere Hauptquelle der Konkurrenzfähigkeit deutscher Produktionsleistung zurückkommen: die deutsche »Qualitätsarbeit«. Daß zwischen dieser und der wissenschaftlichen Leistung der allerengste Zusammenhang besteht, wird für einen jeden auch ohne viel Erklärung klar sein. Gerade damals, im Frühsommer 1935, ereignete sich bei Siemens ein Vorfall, der die Bedeutung der Arbeitsqualität und -organisation ins rechte Licht rückt. Eines Tages im Mai wurde der Siemens-Direktion vom Auswärtigen Amt der Besuch einer japanischen Mission angekündigt, die im direkten Auftrag des japanischen Kaisers auf einer Weltreise begriffen und nach Berlin gekommen sei mit dem speziellen Wunsch einer gründlichen Besichtigung der Siemens-Werke. Das Auswärtige Amt fügte die Bitte um besonders rücksichtsvolle Beachtung der hohen Mission hinzu. Drei oder vier würdevolle Japaner präsentierten sich denn auch und eröffneten sich der erstaunten Siemens-Leitung mit dem folgenden Ansinnen. Es sei der kaiserlich japanischen Regierung in den Sinn gekommen, daß es nach den guten Erfolgen der japanischen Expansion in der Mandschurei und in Nordchina sowie im Zuge der fortgeschrittenen Industrialisierung des Landes an der Zeit sei, nunmehr in Japan selbst an die Errichtung einer elektrotechnischen Industrie zu gehen. Nicht an die Produktion kleiner Massenartikel sei gedacht – mit dieser habe man bereits auf dem südamerikanischen Markt sehr gute Erfahrungen gemacht –, sondern an eine Produktion auf hoher Stufenleiter und auf der vollen Höhe der modernen Starkstrom- sowohl wie der Schwachstromtechnik, kurzum an die Begründung von Werken im Stile, nun sagen wir, von Siemens. Japan fühle das Bedürfnis, sich auf diesem wichtigen Gebiet von der Auslandsabhängigkeit freizumachen. Auch verfüge es ja über viel billigere Arbeitskräfte als die andern Industrieländer und sei den großen zukunftsvollen Märkten Ostasiens so viel näher gelegen. Sogar im Verkehr mit Südamerika habe Japan wertvolle Frachtvorsprünge und gute Aussichten auf ein Eindringen ins dortige Geschäft. Mit diesem Ziele, die Absatzgebiete um den Pazifischen Ozean für die eigene japanische Produktion zu erobern, habe ihre Regierung diese jetzige Mission auf eine Besichtigungsreise um die Welt gesandt, um in alle vorbildlichen Werke der großen Elektrotechnik einen gründlichen Einblick zu nehmen und die japanische Regierung für das eigne Vorhaben entsprechend zu beraten.

All dies wurde mit dem freundlichsten Lächeln und der verbindlichsten Höflichkeit vorgebracht. Man kann sich denken, welcher Sturm in dem Empfangszimmer losbrach, sobald die Japaner sich mit der Bitte um baldigen Bescheid verabschiedet hatten. Aber nach beserer Überlegung überwog der Kalkül. Wenn man sie hier abweise, würden sie in Schweden, England oder Amerika schließlich doch zugelassen werden. Auf diese Weise könne man sie an ihrem Vorhaben nicht hindern. Im Gegenteil, die Gewährung eines gründlichen Einblicks sei vielleicht die weisere Politik.

So liefen also die Japaner, zusammen und getrennt, volle vierzehn Tage lang durch sämtliche Abteilungen der Werke in Siemensstadt, sogar durch Abteilungen, die sonst vor fremden Besuchern gewöhnlich geschlossen gehalten wurden. Und die Direktion behielt recht. Nachdem die vierzehn Tage um waren, sprachen die Japaner wieder in der Direktion vor. Sie hätten in der Tat den besten Nutzen daraus gezogen und jede Art der Arbeit genau studiert. Es war ihnen anzumerken, wie stark sie von dem Gesehenen beeindruckt waren, und niemand bezweifelte, daß sie die Wahrheit sprachen, als sie das Ergebnis ihrer Inspektion zusammenfaßten: sie würden ihre weitere Reise abbrechen und nach Japan zurückfahren, um ihrer Regierung von ihrem Vorhaben abzuraten, denn sie hätten sich davon überzeugt, daß ein solch hohes Niveau an technischer Fähigkeit, Disziplin und Gewissenhaftigkeit, wie sie es hier bei den Arbeitern der Siemenswerke angetroffen hätten, ihnen in Japan trotz aller kürzlichen Fortschritte noch für lange Zeit unerreichbar sei.[1]

1 (1973) Angesichts der heutigen japanischen Entwicklung gerade auf diesem Felde und der internationalen Diskussion darüber hat die hier berichtete Episode ihr besonderes Interesse.

Man kann sich denken, mit welcher Genugtuung und welchem Stolz Mitglieder der Direktion einem von solchen Erfahrungen berichteten. Zweifellos mit Recht. Die Spezialisierung der Arbeit bei Siemens konnte in der Welt ihresgleichen suchen. Die Arbeiter bei Siemens waren ganz überwiegend ausgesuchte Fachleute, sorgfältig angelernt und ausgebildet. In den schwierigeren Spezialabteilungen arbeitete niemand, der nicht zuvor durch eine dreijährige Ausbildungszeit auf Kosten der Firma hindurchgegangen war. Wieweit das reichte, mag das Beispiel einer Werkstätte illustrieren, die im Stockfinsteren arbeitete – der Grund: hier arbeiteten lauter blinde Frauen und Mädchen, weil nur Blinde das Fingerspitzengefühl auszubilden vermögen, das für die Fertigung eines ganz bestimmten Werkstücks erwünscht war. Einarbeitung und Bewährung bedeuteten für die meisten Leute bei Siemens die Zugehörigkeit auf Lebenszeit. Sie wohnten und lebten in Siemensstadt. Die Werksleitung war mit Sorgfalt darauf bedacht, ihren Arbeiterstamm zu erhalten. Im Gespräch mit Ingenieuren hörte man immer wieder die hohe Bewertung der Arbeitsorganisation heraus. Alles andere lasse sich zur Not ersetzen, die Maschinen, Apparate, Gebäude etc.; aber die Organisation der Arbeitsprozesse und die Schulung des Personals seien das kostbarste Kapital der Firma und das eigentliche Geheimnis der Überlegenheit ihrer Produktion. Sie sei das Ergebnis eines halben Jahrhunderts der Erfahrung, des sorgsamsten Studiums und unablässiger Verbesserungen.

Qualitätsarbeit dieser Art verlangt ein besonderes psychologisches Klima. Sie kann nur auf der Grundlage der Zuverlässigkeit aller inneren Verhältnisse gedeihen. Hier muß alles auf lange Dauer berechnet sein. Eine Herabminderung der Produktionskosten muß in der Hauptsache durch Verbesserung der Arbeitstechnik und Arbeitsorganisation erzielt werden. Dem Lohndruck sind enge Grenzen gesetzt. Für Arbeitskämpfe ist ein solcher Betrieb überempfindlich, und schon Reibungen mit der Werksleitung oder innerhalb der Belegschaft machen sich als Produktionsschäden bemerkbar. Alle Erfahrung beweist, daß ein als verhältnismäßig hoch angesehenes Lohnniveau hier das billigste ist.

Der Großteil der Siemensschen Arbeiterschaft war in den Freien Gewerkschaften organisiert, und die Werksleitung rühmte sich des guten Verhältnisses mit diesen, im wesentlichen ungetrübt durch alle Verhandlungen über Akkord- und Arbeitsdifferenzen. Die Bemühungen der Nazis um Gründungen von NSBO-Zellen waren hier von Anfang an auf geschlossene Ablehnung gestoßen. Die Werksleitung wollte mit ihnen nichts zu tun haben. Sie sah in ihnen einen schädlichen Störungsfaktor: »Bei uns haben die Nazis nichts zu suchen.« Und die Verwaltung handelte im Einvernehmen mit den gewerkschaftlichen Vertretern ihrer Arbeiter, um den Nazis das Eindringen in den Betrieb zu erschweren. Noch bis 1935 war dies gelungen, gegen Ende desselben Jahres aber erfolgte der Einbruch doch, und damit änderte sich das Klima und änderte sich der ganze Charakter der betrieblichen Arbeit. Die Solidarität der Belegschaft wurde systematisch unterhöhlt und zerbrochen als Vorbereitung für die Antreibermethoden und die verschärfte Aussaugung der Arbeitskraft, die die Nazis in weite Teile der Produktion hineinzutragen halfen. Aber dies gehört schon in das Kapitel der Wandlung der Siemenswerke des Weimarer Stils. Von da an hörte auch diese Firma auf, den aussichtslos gewordenen Kampf um den Weltmarkt mit wirtschaftlichen Mitteln fortzusetzen. Sie akzeptierte die Degradierung zur Rüstungsfirma des Dritten Reiches. Bis dahin hatte man die Rüstungsaufträge als Aushilfe für den mangelnden Geschäftsgang bewertet, als zeitweilige Lückenbüßer, die hauptsächlich unter dem Gesichtspunkt willkommen waren, daß sie es der Firma erleichterten, ihren Arbeiterstamm zu erhalten. Als vollwertiger Ersatz für die reguläre Produktion wurden sie keinen Augenblick betrachtet. Wie sollten sie auch? Was konnten innerdeutsche Rüstungsaufträge dazu tun, um den Konzern im Weltmarkt zu erhalten? Das war ein vorübergehender Notbehelf, der nicht dafür entschädigen konnte, daß Siemens sich in der Zwischenzeit für lange, ja vielleicht für immer aus dem Weltgeschäft, d. h. aus seiner wirklichen Existenzgrundlage, verdrängen lassen mußte. Kein Wunder also, daß im Sommer 1935 bei Siemensenthusiasten der schwarze Pessimismus herrschte, daß manche das Ende des Konzerns vorauszusehen glaubten.

Ein Unternehmen, das durch seine finanzielle, produktive und wissenschaftliche Leistungsfähigkeit stark genug war, den Konkurrenzkampf in der Welt mit wirtschaftlichen Mitteln zu bestehen, konnte sich selbstredend nicht für die Methoden des Krieges und der gewaltsamen Eroberung begeistern. Um so weniger, als für diese Methoden die deutsche Währung, der Außenhandel, die Staatsfinanzen, die gewaltigen deutschen Produktionsreserven, der soziale Fortschritt, kurz, alles aufs Spiel gesetzt wurde, worauf sich die innere Stabilität und internationale Stärke des Siemens-Konzerns stützen mußte. Die industriellen Triebkräfte der Katastrophen- und Desperadopolitik des Hitler-Regimes werden wir woanders suchen müssen, nicht im Siemens-Lager, noch auch bei Firmen von der Art wie Zeiss oder Leitz oder den Firmen des deutschen Maschinenbaus, oder in der Textilindustrie und den vielen andern Aktivposten der deutschen Verarbeitungsindustrie. Denn nicht, daß alle diese Firmen aus dem Rüstungsgeschäft etwa nicht profitierten, sondern daß sie auch ohne dasselbe hätten florieren können, ist das unterscheidende Moment.

c) MWT und Harzburger Front

Die Politik der antikapitalistischen Kräfte, auch die der Kommunistischen Partei, basierte auf der Annahme, daß auf kapitalistischer Grundlage die politische Macht letzten Endes den finanziell intakten Teilen des Monopolkapitals zufallen würde, zufallen müsse. Die Rede vom »bankrotten Kapitalismus«, die im kommunistischen Denken geläufig war, meinte – und meint es heute noch –, daß der Kapitalismus als Wirtschaftssystem liquidationsreif war, und nicht etwa, daß der Kapitalismus als bankrotte Ökonomie fortexistieren könnte, nämlich eine Existenz nach den Regeln des Bankrotts führen werde. Wenn man von keinen anderen Maßstäben der Ökonomie weiß als denen der marktökonomischen Kapitalverwertung, so muß eine gegenteilige Annahme in der Tat als Absurdität erscheinen. Entweder der Kapitalismus wird beseitigt, dann wird man eine neue Ökonomie haben, oder der Kapitalismus bleibt bestehen, dann bleibt auch die kapitalistische Ökonomie in Kraft. Tertium non datur. Aber daß es im Kapitalismus eine neue Ökonomie geben könne, die die kapitalistische Ökonomie in eine solche des Bankrotts verkehrt und in dieser Verkehrung weiterführt, diese Auffassung gab es nicht. Und doch wäre sie die einzige gewesen, die den Tatsachen und dem bevorstehenden Geschehen auf die dialektischen Schliche gekommen wäre.

Da in der Weltkrise gerade der internationale Verwertungszusammenhang des Kapitals zusammenbrach, wurden in allen Ländern vor allem die Interessen brachgelegt, die nach den Maßstäben dieses Zusammenhangs die hauptsächlichen Aktivposten jedes Landes waren. Der Siemenskonzern und die anderen Großfirmen von vergleichbarer finanzieller Stärke unterstützten die Brüning-Regierung in ihrem Bemühen, der Krise mit den traditionellen Mitteln der Deflation Herr zu werden. Ihr wirtschaftspolitisches Programm konnte kein anderes sein, als hoffnungsvoll zu warten, daß der internationale Kredit- und Handelsverkehr wieder in Schuß kam, und in der Zwischenzeit alles zu vermeiden, was den Heilungsprozeß erschweren und verzögern könnte. In einer Verzweiflungslage mit 5 bis 6 statistisch ausgewiesenen und mindestens 7 bis 8 Millionen tatsächlich Arbeitslosen war das ein politisch zunehmend untragbarer Kurs. Hinzu kam, daß Deutschland als Schuldnerland für eine erneute marktökonomische Prosperität auch auf einen erneuten ausländischen Kapitalzustrom angewiesen war, wofür, wie schon ausgeführt wurde, für absehbare Zeit kaum eine Aussicht bestand. Die Konstellation summierte sich in dem Fazit, daß *die ökonomisch intakten Teile der deutschen Wirtschaft politisch paralysiert waren und nur die ökonomisch paralysierten Teile politische Bewegungsfreiheit besaßen.* Und von dieser Bewegungsfreiheit wurde von allen defizitären Elementen nachhaltiger Gebrauch gemacht.

Zu diesen Elementen gehörte außer der Masse der »Ausgesteuerten« unter den Arbeitslosen sowie der Stehkragenproletarier und der Beamtenschaft vor allem der kleine und kleinere Mittelstand, der sich schon infolge des Vermögensschwunds der Nachkriegsinflation und jetzt durch den Aktiensturz an den Rand der Proletarisierung gestoßen fühlte. Der bäuerliche Mittelstand war zwar durch die Inflation vor allem seine Schulden losgeworden, aber seitdem eine Neuverschuldung im Gesamtbetrag von 11 Mrd. RM eingegangen (auf deren hypothekarischem Teil der Kredit der Sparkassen basierte). Daß die in ihrer Existenz unmittelbar gefährdeten Massen sich gegen die Regierung Brüning sammelten, ist nicht verwunderlich und konstituiert ein Phänomen, das sich von früheren Krisenerfahrungen höchstens durch die Quantität unterschied. Was der Erklärung bedarf, ist die Tatsache, daß in der besonderen Krise der dreißiger Jahre die »Fronde der faulen Debitoren«, wie der Spitzname für die Front der Nationalen Opposition in finanzkapitalistischen Kreisen lautete, die Rolle einer Alternative zur Brüning-Front sich nicht nur anmaßen, sondern ernstlich zu spielen drohen konnte. Das wäre ohne die Anwesenheit der Thyssen, Flick, Vögler, Schacht, Kirdorf und Borsig in Harzburg nicht der Fall gewesen. Daß sich unter diesen die hauptsächlichen Finanzierer Hitlers befanden, bezeichnet nicht nur den Oberflächenzusammenhang der politischen Szene. Als Symptom genommen, weist die Finanzierung Hitlers gerade von dieser Seite sehr genau auf die tieferen ökonomischen Kräfte hin, deren drängende Dynamik der Harzburger Front ihre spezifische »antikapitalistisch«-faschistische Richtung verlieh. Ihr ideologischer Antikapitalismus traf mit dem harten Kern zusammen, der in den modernen Produktivkräften durch ihren qualitativen Entwicklungssprung zur Verbundwirtschaft und Fließarbeit steckt und durch die gesellschaftlich unkontrollierte Naturgewalt ihrer produktionsökonomischen Logik das finanzkapitalistische Netz der Weltwirtschaft tatsächlich zu zerreißen geeignet war. Vermöge dieser im Stahlverein und in den Werken noch anderer Mitglieder des Düsseldorfer »Stahlhofs« verkörperten ökonomischen Dynamik stand der Brüning-Front in der Harzburger Front durchaus eine Alternative gegenüber, die sich nicht mit Spitznamen und Berufung auf die geheiligte kapitalistische Bilanzarithmetik abtun ließ.

Die Position der Eisen- und Stahlindustrie hatte noch dies Besondere, daß sie die Unabhängigkeit im Konkurrenzkampf eingebüßt hatte, die sie vor dem Kriege besaß. Sie war zu ihrer Größe und traditionellen Machtstellung im Zuge des Eisenbahnbaus, des Schiffbaus und der Rüstungen herangewachsen, und als die Unternehmerin dieser Aufgaben hatte sie die Initiative und sozusagen die federführende Stellung gehabt, von der sie an die übrigen Industriezweige die Unterlieferungen vergab. Dieses Verhältnis hatte sich

jetzt weitgehend umgekehrt. Führend waren in den zwanziger Jahren, wie wir gesehen haben, die großen Verarbeitungsindustrien geworden, die Elektroindustrie, die Großchemie, der schwere Maschinenbau wie MAN, die Demag etc., während die Eisen- und Stahlgewaltigen in die abhängige, untergeordnete Stellung gerückt waren. Das war sehr wenig nach ihrem Geschmack, und man braucht sich nur die dominierende Rolle vor Augen zu halten, in die sie in den ersten drei Jahren des Hitler-Regimes, nämlich bis zur I.G.-Farben-Hegemonie unterm Vierjahresplan vom Herbst 1936 an, aufrückten, um die Zielsetzungen zu erkennen, die den Herren vom »Stahlhof« bereits in der Harzburger Front im Sinne lagen. Nur eine entschlossene Politik der Aufrüstung konnte ihre »Ziele« zur Verwirklichung bringen, den produktionsökonomischen Beschäftigungszwang ihrer Werke von den beengenden Schranken der Marktökonomie emanzipieren und die Schleusen öffnen für eine aufs Ganze gehende Tätigkeit.
Hitler war mit seiner Rolle in Harzburg sehr unzufrieden. Er haßte es, sich von Hugenberg vorführen zu lassen und sich in seiner Abhängigkeit von den Großindustriellen zu erkennen zu geben. Er mußte auf seinen antikapitalistischen Appell bedacht sein, wenn auch gänzlich auf dem kapitalistischen Boden, aber so, daß immer beide Seiten des Widerspruchs zugegen waren, damit dort, wo alle rationale Überlegung abtrat, die Mystik seines Führertums wirksam werden konnte. Ich erinnere mich an eine Redaktionskonferenz der *Führerbriefe* zu einem späteren Zeitpunkt, wo gerade dieses Phänomen zur Sprache kam, weil Franz Reuter schockiert von einer Unterredung mit Schacht zurückkehrte, in der gerade dieser, an dem sein ganzes Vertrauen hing, an die Grenze des ratlosen Achselzuckens geraten, in den Ruf ausgebrochen war: »Der Führer wird's schon machen!« Das hatte Reuter um so tiefer betroffen, als er dasselbe bereits bei Schwerin-Krosigk, Hitlers Finanzminister, beobachtet hatte.
Die Sammlung der machtpolitischen Opposition gegen die Krisenpolitik der Brüning-Regierung, die Formierung einer angeblichen Alternative, setzte die Dinge in Bewegung. Die Abwendung von der Weltwirtschaft, auf deren rechtzeitige Erholung sich kein Vernünftiger mehr ernstliche Hoffnung machen konnte, nahm die Gestalt der Parole von der Autarkie

an. Bei Dr. Hahn rief diese Parole nur ein zugleich mitleidiges und ungeduldiges Lächeln hervor. Solange das Brüning-Lager und das Harzburger Lager sich in dieser Gegensätzlichkeit zueinander befanden, gab es keine Lösung, die einen Ausweg versprach. Was hieß »Weltwirtschaft«, was hieß »Autarkie«? Aus beiden mußte die Plattform geschaffen werden, auf der eine neue Gruppierung der Industrieinteressen stattfinden konnte, eine Gruppierung, die einer *Konzentration aller maßgeblichen Teile des deutschen Monopolkapitals* gleichkam. Dann ließ sich eine Regierung bilden, die die solide Macht in Deutschland vertrat und die hinter die fällige imperialistische Expansion Deutschlands die erforderliche Stoßkraft und die nötige Mobilisierung aller Ressourcen stellen konnte.

Für eine Initiative mit dieser Zielsetzung besaß der Mitteleuropäische Wirtschaftstag die geeignete Mitgliedschaft. Sie umfaßte beide Lager, den »Stahlhof« und den Bergbaulichen Verein sowohl wie das Kali-Syndikat und das Stickstoff-Syndikat, die I.G. Farben wie die Elektroindustrie, die Fahrzeugindustrie nicht weniger als den Maschinen- und Apparatebau, den ADAC und den VDMA, den Reichsverband der Deutschen Industrie und den Essener Zweckverband, den Deutschen Städtetag und, nicht zu vergessen, die Preußische Hauptlandwirtschaftskammer sowie die Großlandwirtschaft. Zwischen allen diesen einen akzeptablen Konsens herzustellen, erforderte freilich mehr als eine bloße Willenserklärung. Reale Konflikte mußten überbrückt, Grundlagen für neue Interessenverbindungen gefunden, Ausgleiche alteingesessener Gegensätze wie zwischen Industrie und Landwirtschaft, Großgrundbesitz und Bauernschaft, agrarischer Roh- und agrarischer Veredelungsproduktion mußten geschaffen, Über- und Unterordnungen manipuliert werden. Den Großteil dieser Initiativen hielt Max Hahn in den Händen; was sonst noch in derselben Richtung geschah, erfolgte vielfach auf seinen Anstoß und jedenfalls mit seiner Kenntnis. Er hatte vor seiner Übernahme des MWT seine Lehrzeit in der Essener Hauptstelle des Langnam-Vereins hinter sich gebracht und als Hauptmitarbeiter von Dr. Max Schlenker, deren Geschäftsführer, seine Talente entwickelt und seinen Blick fürs »Wesentliche« geschärft. Neben dem Geschäftsführer fiel freilich dem Vorsitzenden des MWT,

Freiherrn von Wilmowski, dem Schwager von Krupp v. Bohlen und Berliner Chef seiner Firma, ein Großteil der Aufgaben zu. Wenn eine industrielle Firma mehr als irgendeine andere zur zusammenfassenden Neugruppierung des deutschen Großkapitals mit dem Ziele imperialistischer Eroberungen beigetragen hat, dann die Firma Krupp, und zwar durch ihre Verbindung mit dem MWT. Die Krupp-Werke verdankten ihre Sonderstellung dem einzigartigen vertikalen Aufbau ihrer Betriebe von der bergbaulichen und schwerindustriellen Grundlage bis zur Spitze der großen verarbeitenden Produktion, bis zu Lokomotiven und Nähmaschinen. Außerdem hatten sie starke Exportinteressen, und schon wegen dieser Struktur stand die Firma Krupp im genauen Schnittpunkt aller entscheidenden Interessenantagonismen des deutschen industriellen Großkapitals. Was aber dieser Firma gerade in der Krisenlage die überragende führende Stellung verschaffte, war mehr als alles andere ihre souveräne finanzielle Unabhängigkeit. Die Fried. Krupp AG war mit allem ihrem ungeheuren Ausmaß ein reiner Familienkonzern. Den beiden Töchtern, Bertha und Dora, und ihren Männern, Krupp v. Bohlen und Freiherr v. Wilmowski, gehörte dieser Riesenkomplex von Anlagen und weltweiten Interessen wie zwei Bäckerstöchtern etwa ihr Backofen mit Laden, und der Privatbesitz war an niemanden verschuldet. Das heißt, es gab in der Welt kein Finanzinstitut, das dieser Firma hätte unbequem kommen, sie in die Enge oder zur Eile treiben können. Die Firma Krupp war in der Lage, abzuwägen und zu warten und sich am allerwenigsten von den Großbankerotteuren von der Harzburger Front hereinreißen zu lassen. Dazu kam natürlich ihre traditionelle Vertrauensstellung zum Führungsstab der Reichswehr und zum Auswärtigen Amt. Frhr. v. Wilmowski, der der Präsident des MWT war, hatte überdies noch die gerade für diese Stellung wünschenswerten guten Beziehungen zur Großlandwirtschaft durch sein früheres Amt als Landrat und dadurch, daß er zugleich auch Präsident des Reichskuratoriums für Technik in der Landwirtschaft war. Andererseits hatte er für die Scharfmacher von der Harzburger Front nicht die mindesten persönlichen Sympathien, und seine schärfste Abneigung galt Hitler, dem Hitlerismus und der Judenverfolgung. Später, im Dritten Reich, hat er sich persönlich für eine große Zahl von Opfern des Nazi-

terrors eingesetzt. Im letzten Jahr der Naziherrschaft ist er selbst ins Konzentrationslager gekommen. In wenigen anderen Fällen dürften subjektive Integrität und objektive Schuld so eng verquickt gewesen sein wie in dem v. Wilmowskis.
Denn daß etwa die imperialistische Gewaltpolitik erst auf die Installation des Hitlerfaschismus in der Macht zu warten gehabt hätte, bevor sie zum Zuge kam, ist ein Irrtum, der von seiten des Industriekapitals eh und je genährt wird, damals sowohl wie auch heute wieder. Tatsächlich aber wurde bereits im Oktober 1932, also etliche Monate, bevor der »Machteroberer« Hitler aus dem Bett geholt werden mußte, um Reichskanzler zu werden, ein gewaltpolitischer Vorstoß im Mitteleuroparaum vorgenommen, der in mehr als einer Hinsicht wert ist, beleuchtet zu werden.

d) Ein Südosteuropa-Memorandum

In der Zeitspanne zwischen dem Volta-Kongreß in Rom und einem römischen Besuch des ungarischen Ministers Gömbös im Oktober 1932 wurde Mussolini ein »inoffizielles« Memorandum überreicht, das von der MWT-Gruppe im Verein mit der Reichswehr und dem Auswärtigen Amt verfaßt war und das schon damals auf einen gewaltsamen Umsturz der mitteleuropäischen Staatenordnung abzielte. Dieser Vorstoß ist verhältnismäßig unbekannt geblieben, aber er ist so kennzeichnend für das dem Hitler-Regime zutreibende deutsche Monopolkapital, daß er heute wieder in Erinnerung gebracht zu werden verdient. Auch in diesem Fall stützen sich meine Angaben auf persönliche Kenntnis der Dokumente.
Zum klaren Verständnis der Situation erinnere man sich, daß der mitteleuropäischen Nachkriegsordnung damals tatsächlich Gefahr von der Staatskrise in Jugoslawien drohte. König Alexander hatte am 1. Dezember 1931 durch Staatsstreich die föderative Verfassung beseitigt und eine reaktionäre panserbische Königsdiktatur errichtet. Es entstand die stets verderbliche Situation der Beherrschung der entwickelteren Teile eines Landes durch seinen rückständigsten. Die gewaltsame Unterdrükkungspolitik beantworteten die Kroaten mit Aufstandsbewegungen, die vom Frühjahr 1932 bis fast zum Ende des Jahres

andauerten und von König Alexander mit unerhörter Grausamkeit niedergeschlagen wurden. Mussolini, der die dalmatinische Küste begehrte, unterstützte die Aufständischen und die Pavelić-Terroristen mit Waffen und Geld. Zu diesen Versuchen der Aufsprengung Jugoslawiens boten nun die Verfasser jenes Memorandums die tätige deutsche Mithilfe an und unterbreiteten dazu ein ausführliches Programm der deutsch-italienischen Interessenaufteilung in Mitteleuropa oder richtiger der deutsch-italienischen Aufteilung Mitteleuropas.
Jugoslawien sollte auf das frühere Serbien und Montenegro beschränkt und aus den abgesprengten Teilen sollte ein selbständiger kroatisch-slowenischer Staat gebildet werden. Seine Grenzen gegen Serbien sollten gemäß der alten Grenzscheide zwischen dem west- und oströmischen Reich den Flüssen Drina und Save entlang verlaufen. Ferner wurde eine entsprechende Aufsprengung Rumäniens durch künstlich geschürte Aufstandsbewegungen der Siebenbürger Deutschen und Ungarn vorgeschlagen, wodurch auch dieser Staat auf seinen Vorkriegsbestand als »Altrumänien« zurückgeführt werden und ein selbständiges Transsylvanien entstehen sollte. Ein Länderkomplex, bestehend aus Serbien, Altrumänien, Bulgarien, Albanien und nach Möglichkeit Griechenland, wurde als Interessengebiet Italiens anerkannt, in dem Mussolini seinen langerstrebten Balkanblock bilden konnte. Auf der anderen Seite sollte Italien in die Bildung einer österreichisch-deutschen Zollunion (die nicht als politischer Anschluß dargestellt wurde) unter ewiger Garantie der Brennergrenze einwilligen, außerdem aber sich am Schicksal der Tschechoslowakei und Polens (mit dem Italien in einer Art unerklärten Bündnisverhältnisses stand) als desinteressiert erklären. Damit war, gegenüber dem italienischen, der ausschließlich deutsche Interessenbereich umschrieben. Zwischen den beiden Interessenbereichen nun sollte aus Ungarn und den neuzuschaffenden Staaten Kroatien-Slowenien und Transsylvanien eine »Donau-Föderation« gebildet werden als gemeinsames deutsch-italienisches Interessengebiet, für das ein genaues System von gleichgewichtigen Handelskontingenten, Kapitalbeteiligungen, Zollpräferenzen usw. vorgesehen war.
Mussolini erklärte sich bereit, das Memorandum als Verhandlungsgrundlage zu akzeptieren. Auf deutscher Seite sagte man

sich – so wenigstens äußerte sich Dr. Max Hahn mir gegenüber –, daß Deutschland nach ein paar Jahren eines solchen zweiseitigen Regimes die Italiener mit Leichtigkeit »aus dem viel zu großen Schuh herauskippen« könne, wobei es also nicht so sehr darauf ankäme, was man ihnen jetzt verspreche. Der ganze Plan wurde übrigens dadurch hinfällig, daß die Franzosen und Engländer rechtzeitig davon Kenntnis erhielten. Wickham Steed in England (in der »Nineteenth Century Review«) und Edouard Herriot in Frankreich (ich weiß nicht in welchem Organ) zogen sie ans Licht und beraubten sie dadurch ihrer unmittelbar gefahrdrohenden Wirksamkeit. In Belgrad wurde von London und Paris auf eine Mäßigung der reaktionären panserbischen Schreckensherrschaft gedrängt. Aber die militärischen Umtriebe auf beiden Seiten der jugoslawischen Grenze dauerten noch lange an. Auf deutscher Seite lagen der Waffenschmuggel, der Kundschafterdienst, die Verteilung der Schmiergelder, die Verhandlungen mit politischen Parteien und Bandenführern in der Hand von Offizieren des Spionage-Abwehr-Dienstes der Reichswehr. Im MWT erhielten wir, bis tief ins Jahr 1933 hinein, ausführliche Tätigkeitsberichte darüber, gezeichnet von einem Hauptmann Hütter, und die Verbindungsleute von Pavelić gingen bei uns ein und aus. Das letzte Ergebnis dieser ganzen Wühlarbeit war die Ermordung von König Alexander in Marseille am 9. Oktober 1934 durch Pavelićs Leute.

Rückblickend stellt sich der außenpolitische Vorstoß von seiten des MWT vom Oktober 1932 als verfrüht dar. Es kommt aber darauf an, den Stellenwert dieses Vorstoßes zu verstehen, sowie den Grund, warum er verfrüht war. Es wurde schon unterstrichen, daß die zentrale Bestrebung des MWT auf die Herbeiführung der Interessenkonzentration gerichtet war, die für den imperialistischen Machtkampf um den Weltmarkt als unerläßliche innerdeutsche Vorbedingung erkannt worden war. Aber diese Vorbedingung war keine nur innerdeutsche. Die Mitteleuropapolitik des MWT war für diesen Machtkampf nur das vorbereitende Stadium, das die Schaffung des erweiterten Glacis im Auge hatte, das für den Hauptkampf die Ausgangsposition bilden sollte. Dies läßt den Stellenwert des Vorstoßes vom Oktober 1932 erkennen, noch nicht aber, warum er verfrüht war. Denn verfrüht war er keineswegs nur wegen der unzureichenden Mittel, die ihm zur Verfügung standen, um die Glaciseroberung mit gewaltpolitischen Mitteln durchzusetzen. Kennzeichnend nämlich für diesen Vorstoß und widersprüchlich an ihm war die Tatsache, daß er zeitlich zusammenfiel mit den wirtschaftspolitischen Bemühungen, die auf die innerdeutsche Interessenkonzentration als solche abzielten. Diese Bemühungen hatten gerade damals zu einem gewissen Kulminationspunkt geführt, waren aber noch nicht konsolidiert worden, so daß eine faschistische Diktatur sich darauf schon hätte errichten können, die die Glaciseroberung mit ausreichenden Mitteln durchzuführen vermochte. Aber auch das nicht sofort, sondern erst nach drei oder vier Jahren der intensivsten Aufrüstung. Der Vorstoß vom Oktober 1932 war verfrüht und verkehrt, weil er aus der logischen Reihe der Schritte herausfiel, die sein beabsichtigtes Ziel erst erreichbar machten. Der Gedanke Dr. Hahns war: wenn wir die Interessenkonzentration nicht vor der Mitteleuropaexpansion erreichen können, dann müssen wir diese Expansion, zu der sich die Gelegenheit gerade günstig anließ, vorwegnehmen, dann wird die Konzentration der antagonistischen Interessen schon hinterherkommen. Aber das eben erwies sich als Fehlrechnung. Die Interessenkonzentration konnte nicht als sekundärer Schritt erfolgen, sie mußte als der für alles weitere fundamentale Schritt in Angriff genommen und unter Dach gebracht werden. Was war aber der wesentliche Inhalt des Interessenantagonismus, der ausgeräumt oder wenigstens überbrückt werden mußte, bevor es zur Interessenkonzentration des deutschen Finanzkapitals kommen konnte? In dieser Frage liegt offenbar der Springpunkt der vorbereitenden Bemühungen zur faschistischen Diktatur. Der Antagonismus, der allen Konzentrationsbemühungen als paralysierender Sperrblock im Wege lag, war kein anderer als der tiefverwurzelte und der kapitalistischen Warenproduktion überhaupt eigentümliche Widerspruch zwischen Exportindustrie und Landwirtschaft. Dieser Gegensatz hatte schon in und seit der Capriviära die Crux der deutschen Handels- und Wirtschaftspolitik gebildet, erreichte aber in der Krise der dreißiger Jahre seine intraktabelste Zuspitzung. Die spezifische Rolle des MWT ist dadurch gekennzeichnet, daß von ihm die Initiative zur konstruktiven Überbrückung dieses Gegensatzes ausging.

5. Die Veränderung der Weltmarktstrategie und die Rolle der Agrarpolitik

a) Mitteleuropäische Großraumpolitik und Agrarkartellierung

Die Agrarpolitik ist eines der undurchsichtigsten Kapitel der Geschichte des Dritten Reiches, und man begegnet oft der Ansicht, daß der Reichsnährstand die ursprüngliche Hausmacht der Nazis und die Bauernpolitik von »Blut und Boden« ihr eigentliches Stammland gebildet haben. In Wahrheit steht es damit nicht anders als mit den übrigen großtönenden Programmen, die unter Hitlers Namen ins Werk gesetzt worden sind. Man erinnert sich noch des damals vielbelachten Pechs, das die Nazis hatten, genau am Vorabend von Hitlers Machteinsetzung eine Nummer der *Brennessel*, ihres politischen Witzblatts, mit einem besonders massiven Angriff auf die Großagrarier und die Osthilfe-Skandale herauszubringen, die der neue Reichskanzler in seiner ersten Amtshandlung am Morgen des 31. Januar zu beschlagnahmen gezwungen war. Danach hat es bis zum März gedauert, ehe die Nazis in der Regierung von »ihrem« Agrarprogramm Kenntnis erhielten. Das Wort »Reichsnährstand« mag von ihnen gestammt haben, darüber bin ich nicht informiert. Der Inhalt, der sich darin verbarg, trug bei seinen Urhebern den Namen »Agrarkartellierung«, und hierüber bin ich unterrichtet, zumal ich bei den Statistiken dazu selbst Hand angelegt habe. Das klingt nach den allmächtigen Drahtziehern in Gestalt des Monopolkapitals, das die Nazis zu seinen Zwecken als bloße Agenten benutzt hätte. Drahtzieher gab es in der Tat, aber daß diese die Macht gehabt hätten, die Dinge nach ihren Zwecken zu lenken, ist wiederum nicht mehr als eine Legende.
Der Umschlag in den Faschismus ist von höherer Mächtigkeit als die speziellen Interessenlagen und Programmbildungen der Kapitalgruppen, die ihn durch ihre Konzentration herbeigeführt haben. Die Entwicklung, die sie inaugurierten, läßt keine Rückkehr zu und kann in ihrem Zwangscharakter früher oder später durchaus über sie hinweggehen. Das schließt nicht

aus, daß die Richtung, in die sie getrieben werden, zeit- und teilweise mit derjenigen zusammenfällt, welche beabsichtigt und geplant war. Das trifft auch auf die Wirtschaftspolitik des MWT zu, und zwar in beiderlei Hinsicht, daß sie ein integrales Bestandstück zur Gründung der Diktatur bildete und daß sie im weiteren Verlauf selbst unter die Räder der Diktatur geriet.
Die Agrarkartellierung stellt eines der Kernstücke der vom MWT verfolgten Wirtschaftspolitik dar und besitzt Schlüsselbedeutung für den inneren Zusammenhang dieser Wirtschaftspolitik. Die Erfinder des Projekts waren die rheinisch-westfälische Schwerindustrie, genauer der Essener Langnam-Verein und seine Geschäftsführung, darunter Dr. Max Hahn, auf der einen Seite, und die ostdeutschen Großagrarier, genauer die Pommersche Landwirtschaftskammer mit Herrn von Knebel, ihrem Vorsitzenden, auf der anderen. Nach der Spaltung der Deutschen Volkspartei im Sommer 1929, womit die Abschwenkung auf einen neuen imperialistischen Kurs eigentlich begann, waren diese beiden Interessengruppen in mühselige Verhandlungen darüber eingetreten, wie man den zwischen ihnen akuten Interessengegensatz überbrücken könnte, um zu einem brauchbaren Wirtschaftsprogramm zu kommen. Die Notwendigkeit eines solchen Ausgleichs war außerordentlich dringend. Denn nach dem Ausbruch der Krise nahm der Interessengegensatz zwischen Industrie und Landwirtschaft die schärfsten Formen an und verhinderte die von allen führenden Sektoren der Großbourgeoisie als nötig erkannte *Konzentrationsbewegung*. Wie sich auf seiten der Industrie Schlüssel- und Verarbeitungsindustrie gegenüberstanden, so auf seiten der Landwirtschaft der Getreide und Kartoffel bauende Großgrundbesitz und die bäuerliche Vieh- und Veredelungswirtschaft. Ihre Interessenlage trieb die Schwerindustrie mit den Großagrariern und die Verarbeitungsindustrie mit der Veredelungswirtschaft zusammen, Harzburger Front gegen Brüning-Koalition. Aber in beiden Lagern klappte die Interessenverbindung nicht, und für beide Lager trieb die englische Pfundabwertung mit der Sterlingblock-Bildung und der Ottawa-Politik der imperialen Zollpräferenzen in der Folgezeit die Gegensätze auf die Spitze. Die deutsche Industrie erlitt die empfindlichsten Exporteinbußen, sowohl regional im britischen Commonwealth wie allgemein

preispolitisch, da sie die vom Pfundsturz in der vollen Breite des Weltmarkts bewirkte Preissenkung vom gleichbleibenden deutschen Kostenstande aus in ihrem Exportgeschäft mitmachen und entsprechende Verluste in Kauf nehmen mußte, wenn sie ihr Auslandsgeschäft nicht liquidieren wollte. Dieselbe internationale Preissenkung aber trieb die Landwirtschaft in einen hundertprozentigen Protektionismus und also sowohl zur Sperrung des deutschen Marktes für agrarische Importe wie zur Anstrebung von Preiserhöhungen für Lebensmittel, die der Lohnsenkung um allgemein 10% widersprachen und den Prozeß der industriellen Kostensenkung erschwerten bzw. mit politischen Spannungen belasteten, denen die parlamentarische Machtbasis der Bourgeoisie nicht gewachsen war. Mit Wut und Hohn begleitete damals die schwerindustrielle Presse den Landwirtschaftsminister v. Braun mit seinem Ministerialdirektor Walter auf seinen »Tomatenreisen« in die südosteuropäischen und die skandinavischen Länder, bei denen er sich vergebens bemühte, die agrarische Einfuhr aus diesen Ländern auf immer knappere Kontingente zu reduzieren, ohne daß diese Länder das gleiche mit ihren industriellen Einfuhren aus Deutschland täten. Angesichts der Währungskrise und der Schwierigkeiten im internationalen Zahlungsverkehr waren solche Rückwirkungen unausbleiblich. Tatsächlich hatte die deutsche Industrie seit 1932 das Rennen gegen England auf den skandinavischen Märkten verloren. Dasselbe drohte und folgte dann auch in Polen, den baltischen Randstaaten und, viel empfindlicher, in Holland, Dänemark, Belgien. Das waren so ziemlich alle wichtigen Export- und Kampfmärkte der deutschen Industrie, und es waren namentlich die Länder, denen gegenüber die deutsche Handelsbilanz in hohem Maße aktiv gewesen war. Jetzt neigte sie sich zum ersten Male seit vielen Jahrzehnten zum Gegenpol, was zwar nicht allein an der deutschen Agrarpolitik, sondern mindestens ebensosehr an dem währungs- und kostenpolitischen Konkurrenzvorsprung der englischen Industrie lag, aber von den Industriellen der Harzburger Front mit Vehemenz gegen die Brüning- und die Papen-Regierung ausgespielt wurde.

Was sollten diese Kabinette anderes tun, als zwischen den unausgeglichenen Gegensätzen ihrer Interessenglieder von einem

Widerspruch in den anderen zu taumeln und ihre Funktionäre bald über die Grenze ins Ausland zu schicken, bald sich in »Konklaven« einzuriegeln? Ließ man den Agrarprotektionismus fallen, so drohten 11 Milliarden RM landwirtschaftlicher hypothekarischer Neuverschuldung, die Hauptbasis des Sparkassen- und Versicherungswesens, verlorenzugehen und brach außerdem die Landwirtschaft als innerer Käufer, der »Binnenmarkt«, zusammen. Das wollte die Industrie noch weniger, hatte sie doch eben erst unter Führung Silverbergs die Industrieumlage für die Rettung der deutschen Landwirtschaft, die »Osthilfe«, aufgebracht. Dabei war die hinter Brüning und, wenn auch mit Einschränkungen, noch hinter Papen stehende Verarbeitungsindustrie selbstredend über die Exportverluste mindestens so betrübt wie die oppositionelle Schwerindustrie, und wenn der Wirtschaftsminister Warmboldt und sein Staatssekretär v. Trendelenburg zu Herrn v. Braun ins Zimmer traten, um die nächsten Schritte in der Handelspolitik zu erörtern, so kehrten sie daraus mit zornerregten Gesichtern zurück, oder es krachten die Türen, daß die neugierigen Ministerialbeamten verschüchtert über die angrenzenden Korridore huschten. Dennoch blieb man lieber zusammen, als daß man sich zu der Binnenmarkt-, Militär- und Rüstungspolitik der schwerindustriellen Bankrotteure von der Harzburger Front entschloß, die das Auslandsgeschäft der Verarbeitungsindustrie noch ganz anders kaputtzumachen drohten und die man vor allem nicht an die Staatsfinanzen und an die Banken heranlassen wollte.
Die Ratlosigkeit war vollkommen. Mit diesen Gegensätzen im eignen Lager war nicht einmal für die gemeinsamen Interessen etwas auszurichten, weil man die Machtbasis nicht zustande brachte, auf der die Lohndruckpolitik gegen die Gewerkschaften durchführbar gewesen wäre. Man konnte die politische und ökonomische Position der Arbeiterschaft nicht zerschmettern und blieb immer noch auf Verhandlungen angewiesen. Wurden aber nicht in kürzester Frist die Löhne geworfen, so wurde das Kapital geworfen, da ein großer Teil der Industrie durch die Krise zwischen die variablen Lohnkosten und die festen Kapitalkosten eingeklemmt saß und ohne Abwälzung der Verluste auf die Löhne an die Wand des Falliments gepreßt wurde. Selbst so finanzstarke Unternehmen

wie die I.G. Farbenindustrie begannen nervös zu werden. Die Hilfe von der Kapitalsseite, nämlich beschleunigte Auftauung des industriellen Debets durch staatliche Arbeitsbeschaffung, die v. Papen im September 1932 inaugurierte und für die bei der damals eingetretenen Stabilisierung der Depression der Augenblick an und für sich gegeben war, war nicht ohne diktatorische Beherrschung des Parlaments und der Presse, nicht ohne Kontrollgewalt über das Kreditsystem, die Warenmärkte und die Börse praktikabel, wenn man nicht das Inflationsrisiko laufen wollte. Man blieb auf einen engen Spielraum beschränkt, und die gebotene Vorsicht in der Durchführung brachte den staatlichen Krediteinsatz im voraus um seine Wirkung. Die Illustration dazu boten die Papenschen Steuergutscheine, die bald nach ihrer Ausgabe an der Börse unter ihren Ausgabewert fielen. Voraussetzung für eine massive staatliche Konjunkturinitiative war außerdem die Bereinigung der Staats- und noch mehr der Kommunalfinanzen, die aber ohne Verfassungs- und Verwaltungsreform des Reiches nicht zu leisten war, d. h. wiederum nicht ohne Diktatur und bürgerliche Konzentration.

Während die Papen-Regierung zunehmend aktionsunfähig wurde und ihre wichtigsten industriellen Stützen sich eine nach der anderen von ihr abwandten, war im August 1932 die wirtschaftspolitische Einigung zwischen Schwerindustrie und Großagrariern auf das Programm der »Agrarkartellierung« perfekt geworden. Um dieses Programm in seiner rechten Bedeutung zu verstehen, muß es in dem kriegspolitischen Rahmen gesehen werden, in den es sich gerade in diesem Zeitpunkt der Entwicklung einfügte. Die Agrarkartellierung wurde unter der weitergreifenden Parole der »Umlagerung des deutschen Außenhandels« verfochten. Auf diesen Boden gestellt, fand es auch sogleich die spontane Zustimmung der Reichswehrkreise.

Das Schwergewicht des deutschen Außenhandels, vor allem der Einfuhr, sollte von Übersee nach Europa verlagert werden. Denn wenn Deutschland für unentbehrliche Einfuhren auf ferne Überseegebiete angewiesen blieb: was sollte daraus im Kriegsfalle werden? Man verwies nachdrücklich auf die Notwendigkeit einer Mitteleuropa-Politik, um Deutschland mit einer ständigen Bezugsreserve an industriellen und agrarischen Rohstoffen in seiner näheren Umgebung zu versehen. Der Anbau von Ölsaaten in den unteren Donauländern wurde im Zuge dieser Politik durchgeführt, übrigens unter führender Beteiligung der I.G. Farben, die sich für diesen Zweig der Rohstoffversorgung im Kriegsfall ebenso verantwortlich zu fühlen schien wie für die Beschaffung synthetischer Rohstoffe, so daß man den Eindruck gewinnen konnte, als sei ihr die ganze Rohstoff-Frage durch Geheimvertrag von der Reichswehrführung übertragen worden. Im Februar 1935 veranstaltete die I.G. Farben für die Generalität ein Essen, das von der Suppe bis zur Süßspeise und den Getränken aus Sojabohnen hergestellt war. Zwischen I.G. Farben und MWT war in Mitteleuropafragen die Zusammenarbeit so eng, daß der MWT mitunter als bloße Agentur der I.G. Farben zu handeln schien.

Dennoch sind es nicht diese kriegswirtschaftlichen Zurüstungen im engeren Sinne gewesen, durch die der MWT seinen entscheidenden Beitrag zur Interessenkonzentration und damit zur Herbeiführung des Hitler-Regimes geleistet hat. Seine Sonderleistung lag in der Richtung der allgemeinen handels- und wirtschaftspolitischen Voraussetzungen solcher Kriegspolitik. Es wurde von der Tatsache ausgegangen, daß von einer Außenhandelsverlagerung nach Europa hin die Großlandwirtschaft weniger betroffen würde als die bäuerliche Landwirtschaft, und zwar deshalb, weil man den europäischen Ländern im Unterschied zu den überseeischen eine andere Art von Agrarprodukten als Gegenleistung für die deutsche Industrie-Ausfuhr abkaufen mußte. Die Überseeländer krankten hauptsächlich an unabsetzbaren Ausfuhrüberschüssen an agrarischen Rohprodukten, wie Getreide und Futtermitteln, die europäischen Länder dagegen an Überschüssen an landwirtschaftlichen Veredelungsprodukten, vor allem Molkereiprodukten und Gartenbauerzeugnissen. Das heißt, die Agrareinfuhr aus Übersee konkurrierte mehr mit den Produkten der Großagrarier, die aus den umliegenden europäischen Ländern mehr mit den Erzeugnissen der deutschen Bauernwirtschaft.

Bei der von den Großindustriellen des Langnam-Vereins betriebenen Außenhandelsverlagerung schädigte man also die Interessen der Bauernschaft, während sich der Gegensatz zu den Großagrariern milderte. Diesen konnte man volle Pro-

tektion für ihre Rohprodukte zubilligen, wodurch höchstens die deutsche Industrie-Ausfuhr nach Übersee belastet wurde, die im Kriegsfall sowieso verlorenginge. Aber für bäuerliche Agrarprodukte mußte sehr viel mehr Einfuhrspielraum in Deutschland geschaffen werden, als die Bauern selbst jemals freiwillig zugestehen würden. Um das Programm der imperialistischen Industriegruppierung durchzuführen, mußte den Bauern die Freiheit der Interessenvertretung genommen werden.
Durch die volle Befriedigung der großagrarischen Wünsche suchte die Industrie also ein Bündnis mit den Großgrundbesitzern gegen die Bauern. Man war bereit, den Großagrariern die Subsumtion der Einfuhr an den sie interessierenden Produkten unter das Maismonopol zuzusagen, d. h. absoluten Interessenschutz durch staatliches Außenhandelsmonopol. Dafür versprachen die Großagrarier den Großindustriellen ihre Mithilfe bei dem Versuch, der deutschen Bauernschaft das System der Agrarkartellierung aufzuerlegen. Die Erzeugung und die Verteilung der bäuerlichen Produkte sollte nach Methoden der industriellen Kartellpolitik zwangsweise organisiert werden. Jedem Bauern sollten Art und Menge seiner Produktion vorgeschrieben und der Absatz seiner Produkte auf staatliche Organe oder auf Zwangsgenossenschaften übertragen werden. Der Zweck war, den Bauern als Entschädigung für ihren Freiheitsverlust feste Preise für ihre Erzeugnisse garantieren zu können, und zwar Preise von genügender Höhe, um bei sorgfältiger Wirtschaftsweise eine Gewinnspanne zu ermöglichen. Dadurch wurde die Wirtschaftslage der Bauern gegen die ihnen nachteiligen Folgen der Einfuhrpolitik gesichert, und die Industrie hatte im Verein mit dem Großgrundbesitz das Ziel erreicht, den deutschen Agrarmarkt zum Instrument ihrer imperialistischen Interessen zu machen. Dies um so mehr, als von der Preisseite den europäischen Ausfuhrländern von agrarischen Veredelungsprodukten für diese auf dem deutschen Markt verlockendere Bedingungen angeboten werden konnten, als ihnen irgendwo anders, selbst auf dem englischen Markt, in Aussicht standen. Übrigens war verknüpft mit dem Programm der Agrarkartellierung als integraler Teil eine gewaltige Ausdehnung der Kühlhausanlagen im ganzen Reich vorgesehen. Denn um die Preise für die Agrarprodukte kontrollieren und auf stabiler Höhe halten zu

können, mußte dafür gesorgt werden, daß man das Angebot an diesen Produkten, gleichgültig ob deutschen oder importierten, unabhängig von ihrem saisonalen Anfall halten konnte.

Daß übrigens auch das Bündnis zwischen Großindustrie und Großlandwirtschaft nicht so harmonisch war, wie es sich ansah, versteht sich fast von selbst. Die Industriellen rechneten damit, daß die Großagrarier sich durch die Preisgabe der Bauern so sehr isolieren würden, daß auch sie schließlich nach der Pfeife der Industriellen tanzen mußten. Die Industrie beanspruchte für sich selber das Bestimmungsrecht darüber, wie die Produktionsquoten, die Einfuhrkontingente und die Preisbedingungen für die Landwirtschaft festzusetzen seien, und ihr ferneres Ziel war, dieser Bestimmung die ganze Landwirtschaft, auch die großagrarische, zu unterwerfen.

Die Urheber des Projekts der Agrarkartellierung straften jedenfalls die alte Auffassung Lüge, wonach der Agrarmarkt nicht organisierbar sei. Sie bewiesen, daß er nicht organisierbar sei nur für die Landwirte selbst, organisierbar dagegen für die Monopolkapitalisten, vorausgesetzt, daß ihnen die volle Staatsmacht zu Gebote stehe.

Mit diesem Programm hatte man eine Politik gefunden, die den verschiedenen imperialistischen Gruppen zur gemeinsamen Grundlage dienen konnte. Der Gegensatz zwischen Industrie und Landwirtschaft war, wenn auch nicht überbrückt, so doch lenkbar geworden, das Mitteleuropa-Programm und seine weitere Perspektive hatten so greifbare Form angenommen, daß nun auch die Konzerne der großen Verarbeitungs- und Exportindustrie sich der Schwerindustrie nähern oder doch zum mindesten den aktiven Kampf gegen die nun zum irreführenden Schlagwort reduzierte »Autarkiepolitik« aufgeben konnten. Mit dem Werkzeug der Agrarkartellierung als Grundlage konnte man jetzt in Ost- und Südosteuropa, ja ringsumher auf dem Festland eine Handelspolitik einleiten, durch die sich die anderen Länder zunehmend in wirtschaftliche Hörigkeit bringen und zum Ausbeutungsobjekt für das deutsche Monopolkapital machen ließen.

Diese Perspektive war eine der wenigen, wenn nicht die einzige, die sich den auf Expansion angewiesenen deutschen Industrien in der Krise darbot. Vom Weltmarkt her war eine genügend

schleunige und ergiebige Geschäftsankurbelung für das deutsche Kapital nicht zu erwarten, weil es erstens währungs- und kreditpolitisch eingekapselt war, zweitens für ein massives Exportgeschäft unter zu hohen Kostenbelastungen stand, drittens keine ihm als Kolonien reservierten Außenmärkte und auch kein nennenswertes Auslandskapital in fremden Marktgebieten zur Verfügung standen, und weil es viertens eine für seine Produktionskapazitäten zu schmale Binnenmarktsbasis hatte, um etwa mit der Dumpinggewalt der Amerikaner und Engländer oder Japaner mithalten zu können. Dieser letztere Punkt ist von besonderer Wichtigkeit.
Erfolgreiche Konkurrenzkämpfe auf dem Weltmarkt lassen sich beim heutigen Stande der Produktivkräfte in selbständiger kapitalistischer Stellung nur noch veranstalten, wenn man über ein sehr weiträumiges und aufnahmefähiges Hinterland als Binnenmarkt verfügt, auf dem man, dank monopolistischer Alleinherrschaft, den größeren Teil der Produktion zu Überpreisen absetzt, um den kleineren Teil zu Unterpreisen in den Weltmarkt zu pressen. Industrien, speziell Investitionsindustrien, mit kleinem Monopolmarkt und großer Exportabhängigkeit, d. h. großem Konkurrenzmarkt, gehen auf die Dauer kaputt oder geraten unter fremde Kapitalherrschaft.
Hier besteht eine bestimmte Gesetzmäßigkeit von absoluten Größenordnungen. Die Konkurrenzfähigkeit auf dem ungeschützten Exportfeld ist bei gegebenen oberen Preisgrenzen eine Funktion des mathematischen Produkts aus Profitrate je Produkt und Größe des Absatzvolumens auf dem geschützten Markt. Um die Exportfähigkeit zu steigern, wenn der Monopolpreis nicht mehr erhöht werden kann, bzw. um die Exportfähigkeit zu erhalten, wenn der optimale Monopolpreis in der Krise sinkt, muß daher entweder die Ausbeutungsrate an der Arbeitskraft oder das Volumen des geschützten Absatzes gesteigert werden, bzw. beides zugleich in gegeneinander je nach den Widerständen verschiebbarer Proportion. Dieses allgemeine Funktionsverhältnis bekommt sein absolutes Größenmaß an Lohnsenkung und territorialer Ausweitung des »Binnenmarkts« durch die optimale Kapazitätsstärke einer bestimmten Industrie auf bestimmtem Entwicklungsstand der Produktivkräfte, d. h. bestimmter Proportion zwischen konstantem und variablem Kapital. Das Interesse der deutschen

Investitionsindustrien an der Erweiterung ihres Monopolmarktes, d. h. praktisch an der deutschen »Mitteleuropa«-Politik, war nicht in der Hochkonjunktur bis 1929, sondern erst in der Krise akut, und es korrespondierte mit dem Lohndruckinteresse ihres aggressiven »Antimarxismus«. Der erste Vorstoß in der Richtung der Binnenmarktsexpansion erfolgte mit dem deutsch-österreichischen Zollunionsprojekt vom Mai 1931, und im Sommer desselben Jahres – in dem die Schwer- und Montanindustrie überdies das geschützte Volumen ihrer Reparationslieferungen verlor – geschah die Umgründung und entscheidende Aktivierung des »Mitteleuropäischen Wirtschaftstages« in Berlin, von der schon berichtet wurde.
In das Programm der Agrarkartellierung war die mitteleuropäische Binnenmarktexpansion von vornherein mit eingeschlossen. Die erste behutsame Ankündigung des weittragenden Projektes war in zwei Aufsätzen in *Rhein und Ruhr* im September 1932 erfolgt (gezeichnet von Dr. Max Schlenker und Herrn von Knebel, geschrieben von Dr. Max Hahn und Herrn v. Flügge). Durch die Agrarkartellierung konnte der gesamte, handelspolitisch zugunsten der Industrie verwendbare agrarische Einfuhrspielraum Deutschlands in einer Hand zentralisiert und gemäß einer zielbewußten außenpolitischen Strategie jeweils in der gewünschten Richtung eingesetzt werden. Das Mittel der Kontingentierung, und zwar der preisgeschützten und beliebig differenzierbaren Kontingentierung, erlaubte die Umgehung der Meistbegünstigungsklausel und daher ein viel wirksameres Vorgehen als der an Englands hartnäckigem Einspruch bis dahin gescheiterte Versuch der Einführung von Zollpräferenzen für die donauländischen Agrarüberschüsse. Der deutsche Plan ging auf die Ausbildung einer festen agrarisch-industriellen Ergänzungswirtschaft zwischen den Südostländern und Deutschland, innerhalb deren diese Agrarstaaten so stark an Deutschland gebunden wären, daß sie ohne Gefahr eines unmittelbaren wirtschaftlichen Kollaps aus ihr nicht wieder ausbrechen konnten. Für diese »Lebensrettung« wollte Deutschland als »Gegenleistung« das Monopol auf die Industrialisierung dieser Länder gewinnen, ihre Zollgrenzen gegenüber den Industriekonkurrenten schließen bzw. ihre teil- und zeitweise Öffnung teuer verkaufen können.
Voraussetzung dafür war die Sprengung des bisherigen Systems

der südosteuropäischen Industrialisierung. Dessen Basis war einerseits der meist über den Völkerbund geleitete Anleihestrom der westlichen Kapitalmächte – die von 1924 bis 1930 nach Südosteuropa geflossenen lang- und kurzfristigen Gelder beliefen sich auf 25 Milliarden Goldfrancs – und andererseits die Kooperation zwischen dem französischen Finanzkapital (vor allem der Banque de l'Union Parisienne von Schneider) und der tschechischen Investitions- und Exportindustrie. Diese und die von England und Rothschild über die Credit-Anstalt finanzierte österreichische Industrie machten an der aus jenen Anleihen bezahlten Industrialisierung das Geschäft, das die Deutschen gern machen wollten, und da jenes System sich politisch mit der Nachkriegsordnung Mitteleuropas und der Bündniskonstruktion der Kleinen Entente identifizierte, ging der deutsche Kampf um die Aneignung Südosteuropas als monopolistischen deutschen Binnenmarkt unter der Flagge des »Kampfes gegen Versailles« vor sich. Eine territoriale Aneignung Österreichs und der Tschechoslowakei wäre dazu an und für sich nicht nötig, nötig ist nur die Brechung der selbständigen bzw. auf französisches und englisches Finanzkapital gestützten Konkurrenzstellung der österreichischen und tschechischen Investitionsindustrie. Wenn Krupp die Skodawerke und die Brünner Waffenfabrik, der Stahlverein die Witkowitzer Werke und die Gute Hoffnungshütte oder die Demag die Kolben-Danek schlucken und eine entsprechende Unterwerfung der österreichischen Industrieposition unter die deutsche Kontrolle eintreten würde, wäre die industriepolitische Monopolstellung Deutschlands nicht nur für ganz Südosteuropa, sondern für einen guten Teil des Nahen Ostens standfest begründet. Unter Vorwegnahme dieser Ausdehnung des ursprünglichen Programms auf den Nahen Osten wurde im Mai 1934 in Berlin der »Deutsche Orient-Verein« gegründet, der in engster Gemeinschaft mit dem Mitteleuropäischen Wirtschaftstag arbeitete und gleichsam dessen Verlängerung nach dem Nahen Osten darstellte. Der neue Verein hatte seine zwei Räume in derselben Wohnung wie der MWT am Schöneberger Ufer 39; sein Geschäftsführer war, wie oben schon gesagt, Dr. Fritz Hesse vom DNB, und ich machte den Informationsdienst.

Die große Crux der deutschen Expansionspolitik aber ist der

Mangel an ausreichendem Kapital, um die Märkte, in die die Industrie zu liefern wünscht, erst einmal zu finanzieren. Man kann wohl die französisch-tschechische und die englisch-österreichische Kooperation ablösen, aber man kann nichts oder nur sehr wenig an die Stelle der 25 Milliarden Goldfrancs westeuropäischer Finanzkredite setzen, von denen die südosteuropäischen Investitionen, also die Industrialisierung dieser Länder, ermöglicht und die hypothetischen deutschen Lieferungen profitabel bezahlt zu werden hätten.

Zu den auf dem Boden der Agrarkartellierung sich eröffnenden »Lösungs«-Wegen brachte 1931 Schacht noch die interessante Nuance hinzu, daß man versuchen könnte, aus Verhandlungen mit amerikanischen Bankengruppen die Etablierung Deutschlands zum Generaltreuhänder für die Placierung und die Bedienung aller im Donau- und Balkanraum investierten und vor allem künftig zu investierenden Anleihen der Kapitalmächte herauszuholen. Das Schlagwort lautete »Parallelschaltung des Kapital- mit dem Warenstrom«, so nämlich, daß Deutschland mit dem Anleihekapital der anderen, grad als ob es sein eigenes gewesen wäre, zur Finanzierung seiner industriellen Erschließungsarbeit im Südosten schalten könnte, also eine Politik des gepumpten Kapitalexports. Der Zins- und Amortisationsdienst hat stets daran gekrankt, daß die Kapitalgeberländer für Südosteuropa nicht die Ausfuhr von dort absorbieren konnten, während es für Deutschland umgekehrt lag. Kraft seiner Einfuhrkapazität aus dem Südosten sollte, dem Plane Schachts zufolge, Deutschland den Anleihedienst für das gepumpte Exportkapital zugunsten der Geber desselben garantieren, also als deren »honest broker« agieren. Der Plan – er war auf eine Umgehung Frankreichs abgestellt – mag in der einen oder andern Form noch einmal wieder eine Rolle spielen[11], zumal Schacht schon damals bei einer Englandreise die Zustimmung seines Freundes Montagu Norman, des Gouverneurs der Bank von England, dafür gewann. In jenen Jahren blieb es für alle diese Kooperationspläne bei ihrer Utopie, zur Realisierung kam nur die gewaltsame Entwicklung.

b) Ökonomische Interessenkonzentration und faschistische Diktatur

Allerdings kam bei der Agrarkartellierung alles darauf an, in wessen Sinne, und d. h. von wem, sie praktisch durchgeführt würde. Denn sie konnte ebensogut zur Abriegelung wie zur Steigerung der ausländischen Einfuhr ausschlagen, je nachdem, wie die jeweilige Kontingentierung der Erzeugung und Einfuhr gehandhabt wurde. Die Industrie hatte darum von vornherein Wert darauf gelegt, daß sie die Kontrolle der Agrarkartellierung und ihrer Anwendung ausüben müßte. Für sie bestand der eigentliche Sinn des Projektes in der politischen Entmündigung der Landwirtschaft – der Großlandwirtschaft war für eine spätere Zeit dasselbe Schicksal zugedacht – und ihrer direkten Unterwerfung unter die Industrieherrschaft. Marxistisch gesprochen, ging es um ein verändertes Aufteilungsverhältnis des Mehrwertes zwischen der industriellen und der agrarischen Bourgeoisie – und, worauf aber hier nicht eingegangen werden kann, dem Bank- und dem Handelskapital – zugunsten des großen Industriekapitals. Die Frage der Kontrolle über die Durchführung der geplanten Agrarpolitik war deshalb auch der Punkt, um den in der weiteren Entwicklung der Kampf entbrannte. In jenen ersten Aufsätzen in *Rhein und Ruhr* hatte man wohlweislich die Krallen in die samtene Formel eingewickelt, daß es im Interesse beider Teile gelegen sei, wenn »die Industrie auf dem schwierigen Gebiet der Kartellierung der Landwirtschaft ihre wertvolle Erfahrung zur Verfügung stelle«.

In den Ausgleichsverhandlungen um die Agrarkartellierung hatte die führende Rolle bei Krupp, bzw. bei dessen Schwager, dem Berliner Vertreter der Firma, Freiherrn v. Wilmowski, gelegen. Als Landrat a. D. war er die geeignete Figur, gegenüber den Agrariern den Statisten der unparteiischen Ehrenhaftigkeit zu machen, während er gleichzeitig als Präsident des »Reichskuratoriums für Technik in der Landwirtschaft« zum Wohle seiner Firma die zentrale Verbindungsstelle zwischen dem Stahlwerksverband bzw. den landwirtschaftlichen Maschinenfabriken (darunter Krupp) und dem agrarischen Binnenmarkt innehatte. Auf der andren Seite hielt Krupp die nötige Verbindung mit der Reichswehr wie den nötigen

Abstand von der Harzburger Front. Die Reichswehr begrüßte an dem Projekt der Agrarkartellierung insbesondere auch die Erhaltung des Großgrundbesitzes, von dem man sich nach den letzten Kriegserfahrungen im Blockadefall die größeren Überschüsse und Lieferungen für die städtische Bevölkerung versprach als von der kleinen und mittleren Bauernwirtschaft (was nicht ausschließt, daß die Reichswehr unter strategischen Gesichtspunkten in den östlichen Grenzgebieten zur Stärkung des deutschen »Bevölkerungswalles« eine »gesunde Bauernsiedlung« begünstigte, namentlich in Ostpreußen); ebenso war der Reichswehr die Autarkisierung für Brotgetreide willkommen, kombiniert mit dem Ausbau der Donauländer zur deutschen Futtermittelbasis.
Zur Harzburger Front und zu den Nazis hielten sowohl die Reichswehr als auch Krupp bis zum letzten Augenblick Distanz, nicht weil man weniger auf die Aufrüstung erpicht war als etwa Herr Thyssen, sondern weil man weniger bankerott war. Thyssen hätte in seiner damaligen Lage die Inflation, die außenpolitische Isolierung Deutschlands, jedes Risiko und Abenteuer mit Achselzucken angenommen, wenn nur endlich die Kanonenbestellungen in Gang kämen; ebenso Hitler, um endlich an die Staatskassen heranzukommen, und nicht anders die übrigen Verzweiflungskandidaten je nach spezieller Kondition. Krupp hingegen hatte langen Atem und gar keine Neigung, seine kostbarsten Hoffnungen durch eine unberechenbare Politik aufs Spiel zu setzen. Er und die Reichswehr hatten den Kopf noch frei genug, um zu wissen, was zu einer massiven Wiederaufrüstung gegen alle Auslandsbindungen gehörte. Übrigens hatten sie im stillen bereits damit begonnen, denn das Reichsbudget von 1932/33 betrug in Wahrheit nicht 6,7 sondern über 8 Mrd. RM, und die Rüstungsausgaben darin waren 2½ statt, wie ausgewiesen, 1 Mrd. RM. Auf die sehr viel umfassendere Produktions- und Interessenstruktur der Krupp-Werke, verglichen mit der der reinen Schwerindustrie, wurde bereits hingewiesen. Die Interessenlage ist daher ungleich komplizierter als die von Industriellen, deren Horizont im wesentlichen durch die Kartellquoten für einige hundert Nummern normierten Walz- und Halbzeugs abgesteckt ist. Auch arbeiteten damals noch fünf Sechstel der Produktionskapazität der Krupp-Werke für zivilen Bedarf. All dies

zusammen mit der einzigartigen finanziellen Unabhängigkeit prädestinierte daher Krupp zur Vermittlerrolle zwischen der Schwerindustrie, soweit sie hinter der Harzburger Front stand, und ihren schärfsten Finanz- und Marktkonkurrenten, wie der I.G. Farben (mit ihrem Rheinstahlwerk und dem Gegensatz zwischen synthetischer und Montanchemie) oder der Braunkohlenelektrizität (gegen Steinkohlenelektrizität) oder der Elektrotechnik (als vorgeschobenster Großexportindustrie). Krupp (und genauso der Reichswehr) war es um eine möglichst breite Basis der Konzentration zu tun.

Der Fall der I.G. Farben bedarf einer besonderen Berücksichtigung. Die Einschätzung ihrer Haltung wird dadurch so kompliziert, daß sie die vielseitigsten, verschiedenartigsten und sogar widersprechendsten Interessen innerhalb ihres weiten Mantels vereinigte. Man vergleiche bloß die Erfahrungsbereiche der beiden Vorsitzenden ihres Generalrats in der fraglichen Zeitspanne, Carl Duisbergs bis September 1932 und Carl Boschs, seines Nachfolgers. Der vorwiegend pharmazeutische Bereich von Bayer, Leverkusen, an dem der erstere mit mehr als 350 Patenten und als Haupteigentümer beteiligt war, hatte einen Absatz von Konsumwaren, der durch Agenturen in den verschiedenen Ländern über den ganzen Erdkreis hinweg an Engroshändler und Einzelapotheken, Hospitäler und Ärzte vermittelt wurde. Das war ein Markt von der typischen Struktur des Konkurrenzkapitalismus und einer liberalistischen Denkweise. Von ähnlicher Art war der Geschäftsbereich der Agfa. Beide waren aufs ärgste betroffen, als sie im Zuge der Aufrüstung aus Gründen der Devisenknappheit 1935 und 1936 ihre Agenturen in Südamerika und Ostasien schließen mußten. »Diesen Marktverlust werden wir bei den ungeheuer verschärften Konkurrenzkämpfen unserer Tage nie wieder aufholen!«, war ihre Argumentationsweise. Also diese Zweige der I.G. Farben verstanden sich mit Siemens und vielen Elektrointeressen auf der Ebene des Brüning-Lagers. Die ganze Zielsetzung und Strategie der Agrarkartellierung lagen außerhalb ihres Horizonts. Carl Bosch dagegen war der Mann von Oppau und von der Stickstoffchemie, deren Hauptproduktion in Sprengstoffen und künstlichen Düngemitteln bestand und einen Absatz überwiegend an staatliche Kontrahenten verlangte. Das traf in den 30er Jahren nicht zum wenigsten auch für die Düngemittel zu, die in ungeheuren Mengen an die Länder mit notleidenden Agrarwirtschaften geliefert wurden, wo die Regierungen sie auf dem Subventionswege an die sanierungsbedürftigen Farmer verteilten. Diese donauländischen oder südamerikanischen oder asiatischen Regierungen konnten diese Düngemittel auch nicht direkt bezahlen, sondern brauchten lang- oder mittelfristige Kredite. All das waren Verhandlungen im großen und im staatlichen Verkehr, worin lauter politische Umstände eine Rolle spielten. Noch anders lag es mit den Treibstoffinteressen, die gerade in den Jahren 1931 und 32 eine ganz vorrangige Rolle spielten. Im November 1929 hatte die I.G. mit der Standard Oil of New Jersey, also dem Rockefeller Trust, jenen einzigartigen Kartellvertrag abgeschlossen, worin beide Teile einander die Weltmarktrechte zuerkannten, Rockefeller der I.G. für alle synthetischen Produkte und umgekehrt für die aus der Natur stammenden. Die Deutschen hatten die Amerikaner glauben gemacht, daß ihre Benzin- und ihre Bunasynthese schon zu dem Punkt gediehen war, wo sie die bisherigen amerikanischen und britischen Weltmonopole aufs unmittelbarste bedrohen konnten. Dieser Kartellvertrag ist einer der erstaunlichsten seiner Art, nicht nur seines Inhalts und Umfangs wegen, sondern dadurch, daß er bis in die geheimsten Winkel ans helle Licht der Öffentlichkeit gezogen worden ist in dem Monsterprozeß, den die amerikanische Regierung 1943 gegen den Rockefeller Trust anstrengte, als sich herausstellte, daß dieser nach der japanischen Eroberung sämtlicher südostasiatischer Gummiplantagen die militärpolitisch brennend nötig gewordene synthetische Gummiherstellung sabotierte, so daß tatsächlich die amerikanische Kriegsführung betroffen wurde. Aber nicht minder überraschend und peinlich wirkte derselbe Vertrag sich für die Deutschen aus. Zwar stimmte es, daß, wie sie den Amerikanern unterbreitet hatten, die Benzinsynthese sowohl nach dem Bergiusverfahren wie nach dem Schwelverfahren sich nach mehrjährigen Arbeiten und vielfach wiederholten Versuchen als machbar erwiesen hatte. Auch war ein Versuchswerk erbaut worden, um die industrielle Herstellung zu praktizieren, und auch da hatten sich die synthetischen Verfahrensweisen voll bestätigt, wenn auch zu unerwartet hohen Kosten. Der ganze deutsche Automobilverkehr trug durch hohe Benzinsteuern zur Finanzierung dieser

I.G.-Projekte bei. 1931/32 wurde das für die Benzinsynthese im großen erbaute Leunawerk fertig; es hatte rund 500 Millionen RM gekostet. Als nun aber in diesem Werk die Benzinsynthese auf voller Mengenstufe angelassen wurde, erzeugte sie ein Produkt, das mit Benzin keine Ähnlichkeit hatte und als Treibstoff oder auch zu sonstigen erkennbaren Zwecken keine Verwendbarkeit besaß. Die Dialektik schien ihre Zauberhand ins Spiel gesteckt zu haben und die Quantität in eine veränderte Qualität umgeschlagen zu sein. Tatsächlich fand man später heraus, daß das erschreckende Ergebnis nur die Folge davon war, daß man die Randbedingungen der Benzinsynthese im großen erst mangelhaft beherrschte. Aber 1932 entzog das vorliegende Ergebnis allen Kalkulationen und weitgespannten Plänen der I.G. Farben den Boden. Es war meines Wissens der erste Fall, worin die in und seit dem Zweiten Weltkrieg als die spezifischen Probleme und Risiken von »Forschung und Entwicklung« bekannt gewordenen Erfahrungen im großen Maßstab durchgeschlagen haben. Und der Ausweg in diesem ersten Fall war derselbe wie in allen späteren von großer Dimension, nämlich daß die Kosten des Risikos von F. und E. auf den Staat, d. h. die Steuerzahler, abgewälzt werden und der Staat nach getaner Arbeit das gesicherte Resultat an die private Firma zur Gewinnung gewaltiger Exportprofite zurückgibt: Die Erfahrung im Leunawerk veranlaßte die I.G. Farben, sich an der Bildung der Hitler-Diktatur zu beteiligen.
In den ersten Tagen des Dezember 1932 kam Max Hahn eines Morgens triumphierend ins Büro. »Dr. Sohn, die I.G. hat unsere Politik der Agrarkartellierung akzeptiert!« Diese Tatsache war in einer Rede Carl Boschs vor dem Generalrat seiner Firma zum Ausdruck gekommen. Damit brach auch eine Säule der erst vierzehn Tage vorher gebildeten Schleicher-Regierung weg. Die Gewinnung der I.G. Farben für die Politik des MWT, d. h. für eine Politik des Imperialismus auf einer wirtschaftspolitisch praktikablen Basis, bedeutete, daß man aus den Regierungsprovisorien herauskommen und an die Formierung einer tragfähigen Diktatur der Interessenkonzentration des gesamten oder nahezu gesamten Finanzkapitals heranschreiten konnte. Daß die »Regierung der nationalen Einheit« gerade im Laufe des Januar 1933 und gerade mit Hitler und Papen zustande kam, hat mit dem zufälligen

Machtgeschiebe der im Vorder- oder Hintergrund agierenden Personen zu tun, das im engstirnigen Begriff als »die Politik« gilt. Notwendig war, daß diese Regierung den Charakter einer faschistischen Diktatur besaß und der ganzen Natur ihrer ökonomischen Basis gemäß haben mußte. Wir werden uns mit der Klassenstruktur des Nazifaschismus und der Hitler-Diktatur noch eigens zu beschäftigen haben. Hier mag der Hinweis genügen, daß ohne die Nazis die Zerschlagung der organisierten Arbeiterbewegung, also der Kommunisten, der Gewerkschaften und der Sozialdemokratie, ebenso unmöglich war wie die Ausräumung der auf demokratischer Basis fußenden Partikulargewalten der Länder, Gemeinden und niederen Kapitalsgruppen in Stadt und Land. Die ganze Bewegung, die nachher unter den Namen der »Gleichschaltung« fiel, diente nicht nur der Herstellung einer eindeutigen Befehlsgewalt von oben nach unten, sondern ebenso der inneren Kosten-, Finanz- und Marktbereinigung, die unter dem für Deutschland unerhört verschärften äußeren Konkurrenzdruck eine Vorbedingung für die ökonomische Zielsetzung dieser Regierung der Kapitalskonzentration war.

In der ursprünglichen Façon der Hitler-Regierung sollte die Personalunion Hugenbergs für Wirtschafts- und Agrarministerium die Kontrollhoheit der Industrie über die Landwirtschaft und ihre Kartellierung sichern. Nicht nur seit Caprivi, sondern seit der Reichsgründung 1871 war dies das erste Mal, daß Industrie und Landwirtschaft in einem Ministerposten vereint worden waren. Diese Personalunion hatte also in der Tat eine demonstrative Bedeutung für die Industriepolitik der Agrarkartellierung, und dem Fallenlassen von Hugenberg aus der Konzentrationsregierung der »nationalen Einheit« kam also eine mehr als bloß personale und formelle Bedeutung zu. Aber der schwerfällige und übergründliche Mann, der darauf bestand, in seinem Ministerium jedes Gesetz und jede Verordnung des Agrarressorts persönlich auszuarbeiten und zu paraphieren, war der nach den Märzwahlen und dem Eintritt von Goebbels in die Regierung sich überstürzenden politischen Entwicklung der Dinge nicht gewachsen. Er wurde von den Nazis überrannt, und weil er mit seinen Gesetzeswerken stets hinter dem gebotenen Augenblick herhinkte, nahmen die Dinge gerade den Verlauf, den er verhindern sollte und wollte. Die Agrarinteressen und ihr Autarkismus verdrängten die Industrieinteressen und ihre Exportpolitik. Daher wurde schon im April von der Industrie – nicht etwa von den Nazis, wie es sich von außen her ansah – in den *Deutschen Führerbriefen* die Parole ausgegeben, »auf Hugenberg zu schießen«. Am 26. Juni 1933 trat er zurück, wohlgemerkt, nicht bevor er mit dem deutsch-holländischen Handelsvertrag das weiterhin gültig gebliebene Muster der neuen Handelspolitik, nämlich industrielle Exportvergünstigungen gegen variable Mengen- und feste Preiskontingente der Agrareinfuhr, unter Dach und Fach gebracht hatte. Auch mit der ersten Fettverordnung und seinen Vorarbeiten für das landwirtschaftliche Entschuldungsgesetz schien er das Technische der geplanten Politik hinreichend auf den Weg gebracht zu haben, damit man nun die Fortführung in sachlich unqualifizierte, aber, wie man dachte, politisch aktivere und geeignetere Hände legen konnte. Daß die Wahl seines Nachfolgers gerade auf den völlig unbekannten Darré fiel, hatte verschiedene Gründe. Einmal war er Nazi und hatte dadurch im Unterschied zu Hugenberg von der Partei eher Unterstützung als Renitenz zu erwarten. Zweitens glaubte der alte Reusch von der Gutehoffnungshütte aus persönlichen Gründen für den Mann bürgen zu können. Darré hatte nämlich in früheren Jahren auf seinem ersten Posten bei der Königsberger Landwirtschaftskammer Schiebungen in Polenroggen gemacht und war herausgeflogen; Reusch hatte ihn aus Gefallen an seinen kuriosen Ideen über den »neuen Adel aus Blut und Boden« – bei so trefflicher Übereinstimmung mit der Praxis – aufgefangen und als seinen Protegé in die Nassauische Hauptlandwirtschaftskammer gerettet, von wo Darré unter abermaliger Mitwirkung Reuschs seinen Ministerposten in Berlin bezog. Wohlweislich hatte aber Reusch die inkulpierende Akte über die Schiebungen Darrés in seinem persönlichen Tresor aufbewahrt und glaubte deshalb, für akzeptables Benehmen seines Schützlings gutsagen zu können. Drittens endlich genoß Darré bei den Industriellen, die ihn kennengelernt hatten, den Ruf ebenso großer Unkenntnis von landwirtschaftlichen Dingen wie hervorragender Dummheit im allgemeinen, so daß man von ihm erwarten durfte, daß er sich, ohne viel davon zu merken, zum fügsamen Werkzeug der Industrie machen ließe. »Der Kerl ist so dumm«, erklärte mir

Dr. Hahn damals wörtlich, »daß er unsere Politik machen und gar nicht wissen wird, was er tut.« Kurzum, Darré war das Ideal von einem Nazi. Dementsprechend kam die Industrie mit ihm denn auch vom Regen in die Traufe.

Es handelt sich nicht bloß darum, daß die faschistische Diktatur auf diese besondere Art von Dummheit und Ignoranz eine Prämie auszahlte. Dieses mehr psychologische Faktum hat vielmehr selbst seinen tieferen Grund. Für den Umschlag in die staatliche Gewaltmethode der absoluten Mehrwertproduktion mußte die Großbourgeoisie zugleich mit der politischen Eigenorganisation des Proletariats die bisherige, zur relativen Mehrwertproduktion gehörige Massenbasis ihrer Herrschaft, vorab Gewerkschaften und Sozialdemokratie, zerschlagen und sie durch eine andere, eben die nationalsozialistische Massenbasis ersetzen. Aber das Verhältnis der Bourgeoisie zu dieser neuen Massenbasis ist ein grundsätzlich anderes als zu der früheren. Sozialdemokratie und führende Spitzengruppen des Finanzkapitals gehörten zusammen als die Gegenpole innerhalb desselben ökonomischen Regimes, eben des Regimes der fortschreitenden relativen Mehrwertproduktion. In der faschistischen Diktatur ist das Proletariat als Klasse von jeder Teilnahme an der Macht ausgeschlossen, dafür aber steht die Bourgeoisie in unentwegter Auseinandersetzung mit ihrer eigenen Zwangslage, deren objektive und blinde Gewalt sich in der Parteidiktatur ihrer faschistischen Klassengarde verkörpert. Die Faschistengarde der Bourgeoisie ist keineswegs ausschließlich deren gehorsam dienendes Werkzeug zur politischen Entmachtung des Proletariats. Sie ist vielmehr dieses Werkzeug nur, indem sie ihrerseits auf dem Buckel der Bourgeoisie im Sattel sitzt und diese ihre eigene Bahn reitet. Und dies nicht etwa, weil die Nazis durch die SA-Horden der ersten anderthalb Jahre, d. h. bis zum 30. Juni 1934, und seitdem durch die Gestapo mit der SS, durch die Parteiämter und durch die Verwaltungshierarchie der Bourgeoisie an effektiven Machtmitteln überlegen wären und ihre Herren also wie die Janitscharen ihren Sultan tyrannisierten. Die Machtmittel der regulären Armee, über die die Bourgeoisie potentiell verfügt, würden jederzeit zur kampflosen Liquidation der Nazimacht ausreichen. Aber die allen Machtmitteln der Bourgeoisie überlegene Herrschaftsbasis der

Partei ist die Verfangenheit der Bourgeoisie in die Widersprüche ihrer eigenen Interessenlage, darein nämlich, daß bei der faschistischen Ausbeutungsmethode die kapitalistische Profitbildung zugleich kapitalistischer Verlustprozeß und der Verlustprozeß Profitbildung ist. Die faschistische Diktatur der Bourgeoisie erzeugt als ihren unentwegten Schatten die Opposition der Bourgeoisie gegen diese Dikatatur, mit wechselnder Rollenverteilung des Pro und Contra auf ihre verschiedenen Sektionen, ja mit gleichzeitigem Pro und Contra in den verschiedenen Sparten derselben Bilanz. Andererseits ist diese Opposition nicht mehr als der Schatten zur faschistischen Klassenherrschaft der Bourgeoisie. Als selbständige Kraft angesehen, erweist sie sich sofort in ihrer politischen Ohnmacht, denn jede wirkliche Aktion gegen die Instanzen der Diktatur, ein tatsächlicher Gebrauch der Machtmittel der Armee gegen die Partei, verbietet ihr dasselbe Profit- und Klasseninteresse, das ihr die Oppositionsreflexe eingibt. Denn was wäre der Sinn einer bourgeoisen Opposition, wenn sie durch ihren Sieg ans Handeln käme? Doch nur die Wiederherstellung der vom Faschismus aufgehobenen Maßstäbe einer reellen Rentabilität und echten Profitbildung, also die Rückkehr zu den Regeln des ökonomischen Konkurrenzkampfs und zu den Methoden der relativen Mehrwertproduktion. Es wäre der selbstmörderische Versuch zur Wiederherstellung der Bedingungen, deren Unerfüllbarkeit schon am Absprung in den Faschismus schuld war und die seither um das ganze Ausmaß unerfüllbarer geworden sind, in dem der Faschismus die Disproportionen der Ausgangslage hemmungslos vervielfacht hat. Die Bourgeoisie geriete mit jedem erfolgreichen Oppositionsschritt unmittelbar in eine vollständige ökonomische Bewegungsunfähigkeit und an den Rand ihrer Klassenherrschaft, müßte somit zu ihrer Rettung augenblicks eine Diktatur von genau derselben Art wieder herbeiführen, gegen welche ihrer Opposition das Malheur eines Erfolgs zugestoßen wäre. Die diktatorische Macht der Nazis ist die blinde der Unabänderlichkeit und der inneren Widersprüche der eingeschlagenen faschistischen Bahn. Von bürgerlicher Seite würde ihre Machtstellung nur in dem, bloß als Gedankenexperiment konstruierten, Fall bedroht sein, daß vom Ausland her (oder vom Himmel herunter) das gesamte finanzielle und ökonomische Defizit des deutschen Kapitalismus gedeckt, jene Widersprüche also aufgehoben und die Lage der deutschen Bourgeoisie renormalisiert würden, denn dann wäre die Faschistenpartei nicht bloß entbehrlich, sie müßte sogar im Interesse dieser Renormalisierung schleunigst beseitigt werden. Da somit die Partei ihre Macht gar nicht aus eigener Kraft oder vermöge irgendeiner eigenen politischen Konzeption und Linie, sondern allein von Gnaden der Zwangslage besitzt, in der die Bourgeoisie zwischen der Profit- und der Verlustrechnung ihres Klasseninteresses eingeklemmt ist, wächst die Macht der Partei mit der bloßen Verschärfung dieser Lage. Sie könnte in ihrem Sinne gar nicht klüger handeln, als ein Maximum an Ignoranz und Dummheit es ihr eingibt. Je mehr von dem Porzellan der Bourgeoisie kaputtgeht, um so besser geht es der Partei, um so unlösbarer ist die Bourgeoisie an ihre Schutzgarde gebunden und um so lautloser muß sie einen Hebel ihrer ökonomischen Macht nach dem anderen an die Partei abtreten. Das Faschistentuch ist schwarz von der Tinte, in der die Bourgeoisie sitzt.

c) Der Reichsnährstand und die Entmündigung der bäuerlichen Landwirtschaft

Je weniger Darré von der Landwirtschaft und vom Sinn ihrer Kartellierung begriff, um so prompter begriffen er und seine Parteifreunde die Chance der Machterweiterung, die ihnen mit diesem Ministerium zu ihrem persönlichen Vorteil und dem der Partei in die Hand fiel. Es war die einzige ökonomische Position, in die sie sich einnisten konnten, da die Arbeiterschaft ihnen feindlich und Industrie, Banken und Handel ihnen verschlossen blieben. Daß seine Auftraggeber eine Steigerung der Agrarpreise nicht brauchen konnten, weil sie dem Lohndruck entgegengewirkt hätte, kümmerte Darré ebensowenig wie, daß er die Autarkietendenzen der Landwirtschaft zügeln und nicht schüren sollte. Je mehr er die Bauern mit guten Preisen und mit Steigerung und Sicherung ihres Absatzes lockte, um so totalitärer konnte er die Kartellierung durchführen und die Bauernwirtschaft ins Netz der Kontrolle und

Beherrschung durch den Reichsnährstand einspinnen, der für drei Jahre die wirtschaftliche Hausmacht der Nazis wurde. Er tat zwar, was er sollte, aber er tat es um einen Preis, den seine industriellen Auftraggeber nicht berechnet hatten.

Nach denselben Regeln behandelte er die Erbhofgesetzgebung und richtete mit ihr ernstlichen, nicht so bald wiedergutzumachenden Schaden an. Die Erbhofgesetzgebung, oder was sich hinter dem Qualm dieses Titels verbirgt, gehört an und für sich zur Agrarkartellierung wie der Griff zur Klinge. War der Sinn der Kartellierung die Fesselung der Landwirtschaft von der Marktseite her, so der Sinn der Erbhofregelung die dazugehörige Bindung der landwirtschaftlichen Kapital- und Kreditbasis. Die Landwirtschaft, speziell die bäuerliche, sollte insgesamt aus der freien Marktwirtschaft herausgenommen werden, um den führenden Interessen des Industriekapitals an der Akkumulation auf der Basis absoluter Mehrwertproduktion als Mittel und Prellbock zu dienen. Oberster Grundsatz war die feste Begrenzung des Gesamtbetrages der Arbeitskosten der deutschen Produktion, d. h. der Rate des Massenkonsums oder, marxistisch gesprochen, die Fixierung der »notwendigen Arbeitszeit«. Die aufzusaugenden sechs Millionen Arbeitslosen hatten sich mit den zwölf Millionen Beschäftigten in die bisherige Einkommenssumme – genau gesagt: Netto-Realeinkommenssumme – zu teilen, ohne daß diese stieg. Folglich mußte das Mengen- und Preisvolumen der Agrarproduktion und des Agrarabsatzes stabilisiert werden. Und zu dieser Stabilisierung war wiederum die Stabilisierung des in der Agrarwirtschaft arbeitenden Kapitalwerts und folglich die Anpassung ihres gesamten Kreditvolumens und Schuldendienstes an das Ertragsvolumen Voraussetzung, was seinerseits wieder die Stabilisierung der Eigentumsverhältnisse, also Verbot des freien Kaufs und Verkaufs und der freien Erbteilung des bäuerlichen Grundbesitzes, erforderte.

Den weit vorgearbeiteten Entwurf zu dieser Erbhofregelung fand Darré zusammen mit den übrigen Stücken der »nationalsozialistischen« Agrarpolitik in den Schubladen von Hugenberg vor. Er stammte von dem Verwaltungsjuristen Nicolai, der politisch zum »Stahlhelm« gehörte und im Frühjahr 1933 durch einen Verkehrsunfall ums Leben kam. Wie Darré die Erbhofregelung durchführte, wurde das bäuerliche Grundkapital in Deutschland in solchem Umfang immobilisiert, daß der Großteil der Betriebe keinen Realkredit mehr aufnehmen kann und zur Beschaffung der nötigsten Betriebsmittel auf die Verpfändung der Ernten angewiesen ist. Die Folge ist eine weitgehende Unterbindung des technischen Fortschritts in der deutschen Bauernwirtschaft. Wird es dem Regime dennoch unbequem, daß sie stationär bleibt, so muß es mit Staatskredit einspringen. In diesem Herbst, 1937, hat Göring der Landwirtschaft eine Dotierung mit Staatskredit in Höhe von 1 Milliarde RM während der nächsten vier Jahre, d. h. von 250 Millionen jährlich, angekündigt, was man mit den ungeheuren Kreditspeisungen der industriellen Produktion und mit den 11 Milliarden hypothekarischer Neuverschuldung der Landwirtschaft in den Jahren 1924-1929 vergleichen muß, um die relative so gut wie die absolute Benachteiligung der Agrarsphäre durch den deutschen Industriefaschismus richtig einzuschätzen. So kümmerlich das Volumen auch ist: selbst für dieses Wenige ist die Landwirtschaft, obwohl aus dem faschistischen Konjunkturbetrieb ausgegliedert, dennoch eben durch diese Ausgliederung jetzt gleichfalls auf die inflatorische Kreditpumpe des Staats für ihre Investitionen angewiesen, d. h. von der Kapitalseite her gänzlich in den Klauen der industriefaschistischen Staatsgewalt. Ihr Fortschritt aus eigenen Kräften ist auf die Intensivierungen durch Leistungssteigerung auf gegebenem Investitionsstand eingeschränkt, auf Intensivierungen, die wenig kosten und die eine verschärfte Ausbeutung der landwirtschaftlichen Arbeit durch die Industrie bedeuten. Die Mittel, mit denen sie erzwungen wird, sind wesentlich terroristischer Art, d. h. denen analog, mit denen auch zur Mehrwertproduktion in der Industriesphäre ein Teil des fehlenden Kapitals durch Brachialgewalt ersetzt wird. Aber die Kreditabschnürung ist erst die eine der Zangenbacken der faschistischen Ausbeutung der Landwirtschaft; die andere klemmt sich ihr von der Arbeitsseite her ins Fleisch.

Bekanntlich ist die ökonomische Lebensfähigkeit der kleinen und mittleren deutschen Bauernwirtschaft unlöslich mit ihrem Charakter als Familienbetrieb verknüpft; d. h. damit, daß die arbeitsfähigen Kinder durch die Eltern und zum eigenen Nutzen der Eltern ausgebeutet wurden. Durch die Erbhofregelung sind nun die nachgeborenen Kinder zugunsten des einen

»Anerben« von der Erbschaft am Hof, sowohl in der Form der sachlichen wie der hypothekarischen Erbteilung desselben, ausgeschlossen, mit der Folge, daß sie den Hof verlassen und als unterbezahlte Arbeitskräfte zur Ausbeutung durch die Eltern ausfallen. Soweit sie auf dem Hof bleiben, beanspruchen sie als Entschädigung für die Enterbung wenigstens eine erhöhte und akkumulierbare, d. h. in Geld ausgezahlte Entlohnung und stellen sich für den Hofbesitzer ebenso teuer, wo nicht teurer als fremde Arbeitskräfte. Außerdem ist das für sie nur eine ungeduldig erlittene Wartezeit bis zur möglichst baldigen Abwanderung in die Stadt, wo ihre Ausbeutung der Industrie anheimfällt. Das außerordentliche Anwachsen der Landflucht aus den bäuerlichen Gebieten ist nicht, wie die Nazis behaupten, die Folge der attraktiven Industriekonjunktur in der Stadt, sondern die direkte Auswirkung der Erbhofgesetzgebung und eher umgekehrt eine zusätzliche und vorgeplante Bedingung, aus der die Industriekonjunktur der absoluten Mehrwertbildung gespeist wird. Der Prozeß, in dem nicht zufällig die Methoden des Frühkapitalismus wieder modern werden, hat innerhalb des Industriefaschismus seine genaue Gesetzmäßigkeit, wie freilich auch seine ebenso notwendigen Widersprüche, die sich darin äußern, daß der Faschismus zur Erntezeit in der Stadt die nötigen Arbeitskräfte zwangsmobilisieren und aufs Land schaffen muß, damit die Landwirtschaft die ihr zugedachte Rolle der Minimalernährung der Bevölkerung für die faschistische Ausbeutungsmaschine erfüllen kann. Die Landwirtschaft ist nicht mehr in der Lage, ihre Arbeitskosten aufzubringen, der Staat stellt ihr, als Ersatz für ihre Kinder, Landjahrmädchen und »freiwillige« Erntehelfer aus dem Reichsarbeitsdienst und der Studentenschaft für eine verschwindend geringe Naturalleistung und im übrigen auf eignes Spesenkonto zur Verfügung.

Es ist dies nur ein einziger Punkt aus der Reihe der Unstimmigkeiten der Agrarpolitik, und auch Darré ist von Anfang an doch weit weniger der Prügel als der Esel des deutschen Industriefaschismus gewesen. Die Widersprüche seiner Agrarpolitik sind nicht von ihm erfunden, sondern ihm vom industriellen Betriebszentrum des Systems bloß auferlegt. Gerade weil der Industriefaschismus die bäuerliche Landwirtschaft, freilich nicht die Großagrarier, politisch entmündigt und sie sich als passives Objekt unterwirft, lasten sich die Widersprüche der Achse auf dieses Nebengebiet mit der Wirkung von lauter sachlichen Unsinnigkeiten ab. Die Landwirtschaft ist die Schuttabladestelle der industriefaschistischen Wirtschaftspolitik, und was bei dieser durch den Antagonismus ihrer führenden Kräfte zu Bruch kommt, liegt an der agrarischen Hintertür als Scherbenhaufen mit dem Anschein von bloß zufälligen Mißgeschicken aus kläglicher Tölpelei herum. Nach der Seite, daß der Industriefaschismus notwendig auf absoluter Mehrwertproduktion bei hoher Industrieentwicklung beruht, verlangt er eine geknebelte Landwirtschaft, stationäre Agrarproduktion und einen kartellierten, je nach den industriellen Konjunktur- und Profitbedürfnissen regulierbaren Agrarmarkt. Nach der Seite, daß der Industriefaschismus, weil auf absoluter Mehrwertproduktion bei defizitärer Kapitalbilanz beruhend, inflatorisch und militaristisch ist, braucht er ebenso notwendig die währungspolitische Isolierung und die kriegswirtschaftliche Autarkisierung, daher das genaue Gegenteil einer stationären Agrarproduktion, nämlich ein Höchstmaß an landwirtschaftlicher Produktionssteigerung und Beweglichkeit der Absatz- und Preisverhältnisse. Diese Beweglichkeit aber ist wiederum unvereinbar mit der Manipulierbarkeit des Inflationspotentials. Ebenso verlangt die militaristische Expansionsrichtung der ganzen Entwicklung gleichzeitig mit der Autarkisierung auch die Aussparung von agrarischem Einfuhrspielraum zur handelspolitischen Fundierung der Expansion. Die Rüstungsproduktion verlangt ein Maximum an Arbeitskräften für die Industrie, also Ausschöpfung des landwirtschaftlichen Arbeiterreservoirs, die wiederum der Generalstab nicht billigt. Und diese Widersprüche im großen vervielfältigen sich in jedem Detail. Das Werkzeug der nationalsozialistischen Agrarpolitik, der Reichsnährstand, ist daher von vornherein ein Werkzeug zu diametral entgegengesetzten Zwecken; welche Maßnahme er auch immer in irgendeiner Frage trifft, er trifft sie allemal verkehrt. Richtig ist das, was die jeweils politisch stärkere Gruppe wünscht, und da die Gruppen sich abwechseln, wechselt ständig auch die agrarpolitische Richtung, soweit wenigstens herauszufinden ist, welcher von den widerstreitenden Wünschen der stärksten Gruppe der stärkere ist.

So hatte Darré in den ersten drei Jahren gedacht, daß er das Richtige täte, wenn er die Autarkie betriebe und eine entsprechende Preispolitik. Darüber war die Industrie wütend, oder richtiger, sie freute sich, daß es an der Autarkie an allen Enden fehlte, und ersehnte den Tag, an dem der Unsinn dieser Autarkie durch die Gewalt der Tatsachen liquidiert werden müßte. Den Militärs im Kriegsministerium war es hingegen überwiegend umgekehrt zumute. Als dann im September 1935 der Tag kam, an dem die Butter und die Eier in den Läden fehlten und der Nahrungsmittelmangel begann, waren nicht nur die Militärs wütend, sondern auch und gerade die Industriellen, weil nun der agrarische Devisenanspruch ihnen von der Rohstoffversorgung abging. Selbst die Haupttugend von Darré, seine Dummheit, verwandelte sich in ihren Augen plötzlich in ein Laster, dem die SS in seinem Ministerium durch eine vierzehntägige Haussuchung auf den Grund zu kommen suchte. Man fand, wie zu erwarten war, nichts, und Darré kam wieder zu Ehren, wenn auch nicht mehr zu voller Autorität. Von anderer, nämlich industrieller Seite wurde er, und mit ihm Göring, ja der Führer selbst, darüber aufgeklärt, wie ihm aus dem heiteren Himmel der zunehmenden Autarkie diese unangenehme Überraschung des plötzlichen Fett- und Eiermangels hatte hereinbrechen können. Er hatte nicht gemerkt, daß seine Steigerung der Autarkie, nämlich das Auskommen mit verringerten Einfuhrmengen, darin bestanden hatte, daß die normalen Vorratsreserven des Fett- und Eiermarktes bis auf den letzten Rest aufgegessen worden waren. Die zunehmende Autarkie war ein zunehmendes Defizit der deutschen Ernährungsbilanz gewesen. Der deutsche Gesamtbedarf an Speisefetten ist jährlich nach den Zahlen von 1932 1,6 Mill. t groß, bestehend aus rund ⅖ Butter, ⅖ Margarine und ⅕ Schweineschmalz und -speck. Zwischen Produktion bzw. Einfuhr und Endverbrauch hält der Fettmarkt – mit der komplizierteste, den es in der modernen Volkswirtschaft gibt – normalerweise eine laufende Vorratsreserve in Höhe eines dreimonatigen Gesamtverbrauchs, also rund 400 000 t. Nun war das Aufkommen aus Produktion und Einfuhr 1933 um etwa 35 000 t hinter dem Bedarf zurückgeblieben, 1934 um rund 120 000 t und 1935 um rd. 250 000 t, so daß der Markt im Herbst 1935 trocken war. Ganz das gleiche war mit den laufenden Sechswochenreserven des Eiermarktes geschehen. Als Darré sich von diesen peinlichen Resultaten überzeugt hatte, war es peinlicherweise gerade Schacht, dem er es gestehen mußte, um seine dringliche und sofortige Forderung von 200 Millionen Mark Devisen zu begründen. Da man den Bezugsländern bereits rund 500 Millionen Mark auf Clearingkonto schuldig war, mußten es überdies Bardevisen sein, weil die Dänen, Holländer usw. gegen Verrechnung nicht mehr liefern wollten. Schacht bewilligte Darré die allernötigste Abschlagszahlung und belehrte ihn darüber, daß die freilich in jedem Herbst, wenn auch nicht annähernd in der geforderten Höhe üblichen agrarischen Mehreinfuhren von den früheren Verwaltungen stets schon im Juni auf wenige Millionen genau vorausberechnet worden seien. Dazu gäbe es Elastizitätskoeffizienten und einen Stab von Spezialisten, der sich auf ihren Gebrauch verstehe. Danach seien solche Überraschungen unbegreiflich, und eine Mobilisierung von Devisen in derartiger Höhe und von heute auf morgen sei in Anbetracht der absolut vordringlichen Rüstungsansprüche ganz undiskutierbar. Daß Darré die Marktberechnungen auf Grund der Elastizitätskoeffizienten als »liberalistischen Unfug« längst abgestellt und die dafür zuständigen Spezialisten als überflüssig eingespart hatte, wurde erst später bekannt, gehört aber auch nur ins Spezialkapitel nationalsozialistischer Inkompetenz.

In dem Streit Darrés und Schachts um die zu kurze Devisendecke erlebte nun der ganze Antagonismus zwischen Industrie und Landwirtschaft seinen vollen Wiederausbruch. Er hatte in der Agrarkartellierung durch den Staat begraben werden sollen und brachte nun den Staat selbst mit sich in Widerspruch. In den Personen Darrés und Schachts standen Reichsernährungs- und Wehrwirtschaftsverwaltung gegeneinander, und da der Konflikt den ganzen Betrieb des Totalitätsgeschäfts lahmzulegen drohte, beschwor Schacht dessen Mythos: Er appellierte um eine höchste Entscheidung an den Führer. Er glaubte seiner Sache sicher zu sein. Aber der Führer erwies sich derart an die letzten Dinge der großen Wehrpolitik verloren, daß er sich die Störung durch so niedere Fragen verbat; dafür waren schließlich die Ressortdiener da, daß sie solchen Dreck unter sich ins reine brächten. Erst als Schacht ihn aufs dringlichste zum dritten Male anging, gab er Göring den Auftrag, die

beiden an einen Tisch zu setzen und ihm über den Ausgang ihrer direkten Aussprache Bericht zu erstatten, – ein typischer Fall Hitlerscher Staatskunst, sowohl was den Dreh wie was seinen Ausgang betraf. Das Tête-à-tête fand Mitte Oktober 1935 im Luftfahrtministerium statt und verlief von seiten Darrés in der Tonart der persönlichen Stänkerei, gegen die Schacht die sachlichen Gesichtspunkte geltend zu machen versuchte, vergeblich. Zu seiner und – man kann wohl sagen – zur Überraschung aller Mitbeteiligten fiel die Entscheidung zugunsten Darrés aus, der von Göring die Hälfte seiner ursprünglichen, auf Kürzung vorberechneten Forderung zugesprochen erhielt, nämlich für die Zeit von November 35 bis März 36 monatlich 20, im ganzen also 100 Millionen RM Bardevisen. Selbst in den ärgsten Unsinnigkeiten, z. B. in der einseitigen Abstellung der Fettversorgung auf Butter statt auf Margarine, bekam Darré gegen Schacht recht. Das Rätsel dieser Entscheidung klärte sich erst im April 1936 auf, als Darrés Schonzeit abgelaufen war und Göring den überfälligen Sieg der Industrie- und Rüstungsinteressen nun zugleich zu seinem Sieg über Schacht ausmünzte, nämlich seine akzidentelle Schiedsrichterrolle vom Oktober in seine permanente und offizielle Devisendiktatur verwandelte. Im Herbst 1936 konnte er seine wirtschaftspolitische Laufbahn mit der Bestellung zum obersten Beauftragten für die Durchführung des »zweiten Vierjahresplanes« krönen.
Hitlers Stellung in der Entwicklung beruht darauf, daß er sie nicht stört. Er sieht im Dunkeln und hört im Leeren und ist durch diese absolute Durchlässigkeit das ideale Medium der Exekution. Er herrscht, indem er nicht regiert, der Dialektik vielmehr jeden Spielraum läßt, sich mit der Gewalt der Tatsachen seiner Werkzeuge zu bedienen. Mit der Diktatur Görings im Namen des Vierjahresplans stellte sich die Personalunion zwischen dem Agrar- und dem Industrieressort wieder her, die am Anfang des Regimes durch Hugenberg verkörpert gewesen war. Aber es steht damit wie mit dem tatsächlichen Verlauf im Dritten Reiche überhaupt: die jetzt wiederhergestellte Personalunion entspricht und widerspricht zugleich den ursprünglichen Intentionen. Darré ist endgültig in die Kulisse abgeschoben, und die in den Auswucherungen des Reichsnährstandes noch einmal wieder lebendig geworde-

nen Agrarinteressen sind um ihren letzten Schein von politischer Selbständigkeit gebracht. Göring hält den Bauern die unverhüllte Knute vor die Nase, wie es Hugenberg hatte tun sollen, aber nicht hatte tun können. Nur hat das jetzt nicht mehr denselben Sinn für die Industrie. Während sie sich damals die Landwirtschaft subsumieren wollte, um sie in den Dienst ihrer Export- und Expansionsinteressen zu stellen, sieht die Industrie sich jetzt selbst der Notwendigkeit subsumiert, umgekehrt durch ihre Exporttätigkeit die deutsche Ernährungslage zu retten. Und statt daß die Landwirtschaft gezwungen werden soll, sich mit der Drosselung ihrer Produktions- und Marktentwicklung zufrieden zu geben, ergeben sich die Schwierigkeiten eben aus der inzwischen eingetretenen Drosselung. Im Herbst 1935 war die Nahrungsmittelkrise noch partiell, im wesentlichen auf den Mangel an Fetten und Eiern beschränkt. Im Herbst 1936 aber ist sie bereits zur totalen Unterversorgung geworden, zur Knappheit in allen Sektoren der Ernährung. Diese Ausbreitungstendenz des Mangels von einen Abschnitt übers ganze Gebiet der Ernährung wohnt jeder wirklichen Lebensmittelkrise inne, weil die verschiedenen Lebensmittel im Nahrungsmittelbedarf vertretbar sind, so daß sich die Knappheit an Fett und Eiern in einem Mehrkonsum an Fleisch, die Knappheit an Fleisch in einem Mehrverbrauch an Brot, die Knappheit an Fett und Eiern und Fleisch und Brot in einem gehäuften Mehrkonsum an Fisch, Gemüse, Obst, Zucker etc. zu kompensieren trachtet und daher den von einer Ecke her entstandenen Mangel automatisch über das ganze Feld fortwälzt, wenn der Prozeß nicht durch ein entsprechendes Mehrangebot an irgendeinem Auswahlpunkt zum Halten gebracht wird. Ein solcher Ausgleich ist aber, in ausreichendem Umfang wenigstens, in Deutschland nicht vorhanden, so daß die Nahrungsmittelknappheit, einmal total geworden, die Tendenz hat, sich auf voller Breite im Jahresturnus fortschreitend zu verschärfen.
Freilich hat das, solange der Mangel nur die Erträge, noch nicht die Ertragsquellen betrifft, nicht sogleich schon katastrophale Bedeutung, weil wegen desselben Substitutionszusammenhanges eine einzige glückliche Getreideernte auch für die gesamte Ernährungslage wieder sehr viel ausgleichen könnte. Die strukturelle Schwäche der deutschen Landwirtschaft ist

jedoch das Loch in ihrer Futtermittelbilanz. Auf der begrenzten Fläche des Reichsgebiets läßt sich nur entweder die Selbstversorgung in den menschlichen Nahrungsmitteln oder die in den Futtermitteln, nicht aber beides zugleich erreichen, vor allem dann nicht, wenn die bebaubare Fläche durch militärische Ansprüche noch verkürzt oder durch den Anbau von Faser- und Ölpflanzen oder durch Schafzucht zusätzlich verknappt wird. Die Autarkietendenzen sind aber einseitig auf die Produktionssteigerung der menschlichen Nahrungsmittel konzentriert worden, in der Hoffnung, daß man sich die nötige Futtermittelbasis in den südosteuropäischen Ländern angliedern würde. Diese Hoffnung hat sich bis jetzt nicht ausreichend erfüllt, während in der Zwischenzeit die abnehmenden Getreideernten innerhalb Deutschlands die Futtermittelkrise so verschärft haben, daß im Jahre 1937 der deutsche Viehbestand und damit zum ersten Male die Ertragsquelle der agrarischen Veredelungswirtschaft, ihr Kapitalstock, von einer Dezimierung bedroht ist. Ob diese Grenze zwischen der bisherigen bloßen Ertragskrise und einem ernstlichen Kapitalverzehr im Agrarbereich überschritten werden wird, ist allerdings fraglich. Denn so groß erscheint der Ausgleichsspielraum der deutschen Außenhandelsbilanz immer noch, daß er ausreicht, um einer derart einschneidenden Schädigung auszuweichen. Um so schärfer aber werden die Ansprüche an die Exporttätigkeit der Industrie und also die Akzente der seit 1933 vollzogenen Umkehrung im Kausalnexus zwischen Industriekonjunktur und Agrarwirtschaft.

d) Rüstungsökonomie und Vierjahresplan

Es kann hier leider nur in den allerkürzesten Zügen angedeutet werden, welche Entwicklung dem Übergang zum »zweiten Vierjahresplan« und der Göringschen Wirtschaftsdiktatur auf der industriellen Seite zugrunde liegt. Dieser Plan ist, seinem Inhalt nach, nichts als eine Zusammenfassung, Systematisierung und Erweiterung von Projekten, die längst vor seiner Proklamation, nämlich seit 1934, im Wehrwirtschaftsamt beim Wehrministerium in die Wege geleitet oder vorgesehen worden waren. Sie umfaßten die Rohstoffersatz-

fragen so gut wie die Standortverlagerungen der Rüstungswerke und »kriegswichtigen« Betriebe ins Landesinnere wie die ganze Vorsorge für die wirtschaftliche Mobilmachung im Kriegsfall, von der Einteilung der Wirtschaftsbezirke nach den Wehrkreisen über die Gliederung der Werke nach ihrer kriegswirtschaftlichen Wichtigkeit oder Umstellbarkeit und die Verteilung der Arbeitskräfte zwischen Kriegs- und Produktionsdienst bis zu den Terrormaßnahmen gegen Sabotage-, Streik- und Revolutionsgefahr in den kriegswichtigen Produktionsbetrieben. Das war alles bis 1935 in den Grundzügen vom Wehrwirtschaftsstab des Kriegsministeriums und vom Generalstab weitgehend ausgearbeitet und festgelegt, bevor man einen »Vierjahresplan« daraus machte. Auch institutionell ist das Göringsche Direktorium im Luftfahrtministerium als solches nur der erweiterte, verselbständigte, aus dem Kriegsministerium herausgewachsene und den Sachbereich der bisher zivilen Wirtschaftsressorts aufsaugende Stab des ehemaligen Kriegswirtschaftsamts, dessen Leiter Oberst Thomas in enger Zusammenarbeit mit dem General Kaamann vom Heeresverpflegungsamt gewesen war. Ihm fiel die Bearbeitung der gesamten wirtschaftlichen Probleme der Aufrüstung zu, und da diese Fragen mehr als alle übrigen in die Tätigkeit, Investitions- und Profitgestaltung der Privatwirtschaft eingriffen, wurde dieses Amt sehr bald schon das eigentliche Wirtschaftsministerium des Landes.
Seine Bedeutung für die Industrieinteressen hob sich noch dadurch, daß es die Zusammenarbeit mit der Bürokratie der anderen Ministerien konsequent vermied und dafür unmittelbar mit den Industriellen, Großkaufleuten und Agrariern selbst zusammenarbeitete. Es war gleichzeitig das ökonomisch wichtigste und das politisch unabhängigste, nämlich den Parteieinflüssen nahezu völlig entzogene Amt, über dessen inneren Instanzenzug bis zur Heeresleitung und von da zu Hitler und zum Parteiminister Heß die Privatinteressen der Industrie sich geltend machen konnten, an der ganzen Zwischenhierarchie der Partei, der Verwaltung und der Ministerialbürokratie vorbei. Der Thomas-Stab war mit einem Wort das wirkliche Verbindungsglied zwischen der Großbourgeoisie und dem faschistischen Diktaturapparat. Er war infolgedessen auch der Brennpunkt der Spannungen zwischen dem Parteiapparat, d. h. Gestapo und

SS, und der Bourgeoisie. Sein enges Zusammenarbeiten mit Schacht ist für diesen bis zum Aufstieg der Göringdiktatur die eigentliche Machtstütze gewesen. Seitdem das Kriegswirtschaftsamt aus seinem Reservatbereich im Windschutz des Kriegsministeriums herausgeholt, zum Vierjahresplan-Direktorium aufgebläht und verwässert, in die Öffentlichkeit gestellt und der Diktatur Görings untergeordnet worden ist, seine berühmten Obersten als Generäle ins Luftfahrtministerium übergesiedelt sind und das ökonomische Regiment der Bourgeoisie in unaufhaltbare Symbiose mit der Partei, der Gestapo und der Staatsbürokratie geraten ist, verfiel auch die Stellung Schachts unrettbar der Kassierung. Der Aufstieg der ökonomischen Göring-Diktatur ist die bisher bedeutsamste Phase des Prozesses, in welchem, wie wir früher sagten, die Hebel der ökonomischen Kommandogewalt des Industriefaschismus aus den Händen der Bourgeoisie in die ihrer eigenen faschistischen Funktionäre übergehen. Und zugleich ist eben dies der Prozeß, in welchem sich die ursprüngliche Personalunion der Wirtschaftsressorts in Gestalt der Göring-Diktatur wiederhergestellt hat. Das heißt, diese Wiederherstellung der ökonomischen Einheitsdiktatur im Dienste des Industriefaschismus ist nicht allein mit der erneuten Subsumtion der Agrar- unter die Industrieinteressen, sondern sie ist mit der gleichzeitigen Subsumtion dieser Industrieinteressen unter die faschistische Staatsdiktatur der Partei verbunden.

Dieser politischen Gewichtsverschiebung, durch die die faschistische Diktatur im Sinne ihres eignen Prinzips sich vollendet, liegt als ökonomische Ursache die Tatsache zugrunde, daß im Verlauf der ersten vier Jahre des Regimes die gesamte deutsche Industrie in das Gesetz der absoluten Investitionskonjunktur auf der Basis ihres Kapitalverlustprozesses und der absoluten Mehrwertproduktion hineingezogen und nun von ihrer Interessenlage aus zwangsmäßig und unwiderruflich darauf festgelegt ist. Der Hauptinhalt des ersten »Vierjahresplans« war die Verfütterung der noch auf echter Kapitalgrundlage mobilisierbaren Aktiva der deutschen Gesamtwirtschaft an die defizitäre Schwer- und Montan-, Bau- und Betonindustrie, die BMW und Borsig und Konsorten. Deren Defizit wurde zugeschüttet und aus einem reißenden Loch in einen wachsenden Berg des Profits verwandelt, indem man zunächst ihre vorhandenen Kapazitäten mit allerhand Arbeitsbeschaffung wieder auf Touren brachte und ihnen dann durch massenhaften Neubau von Rüstungswerkstätten bei ihnen selbst oder bei ihren Produktionsnachbarn eine ungeheure Produktionskonjunktur mit gewaltiger Kapazitätsausdehnung bescherte. Das heißt, in den ersten vier Jahren rentierte sich der Faschismus zunächst einmal sozusagen der Treue halber für die, die ihn in den Sattel gehoben hatten. Die andern Industrien, die auch die Basis zu einer echten Konjunkturfähigkeit hatten, waren insoweit die Geschädigten, als ihnen diese Basis durch die Inflationskonjunktur jener Initiatoren des Regimes und deren Konsequenzen verschüttet wurde. Sowohl ihr äußerer wie ihr innerer Absatzraum bisherigen Stils zog sich zusammen, und in dem Maße, wie ihr Anlagekapital durch Umstellungen oder Neubauten zu Rüstungszwecken sich strukturell veränderte und im Portefeuille ihres Betriebskapitals die Inflationswerte sich mehrten, drehte die Magnetnadel des Profits sich auch bei ihnen langsamer oder schneller zum Pol der faschistischen Binnenkonjunktur herum. Mit dem Übergang vom »ersten« zum »zweiten Vierjahresplan« traten sie, also die Elektroindustrie, die Chemie, die Textilindustrie, die Braunkohle, die Zellstoff-, Kautschuk-, Buntmetall-, Lebensmittelindustrie etc., ins Aktionszentrum dieser Konjunktur und laufen nun, wie vorher nur die Originaldefizitäre, für ihren Profitprozeß auf dem Gleis des – nach ihren früheren Maßstäben – Kapitalverlusts. Der ökonomische Zwangscharakter der faschistischen Entwicklung hat sich für die Totalität des deutschen Industriekapitals realisiert, daher auch die politische Gefangenschaft der Bourgeoisie in ihrer faschistischen Diktatur.

Daß gleichzeitig der rüstungsindustrielle Vorrang von der Montanindustrie zur Großchemie überging, entsprach der materiellen Stufenfolge der Aufrüstung unter den Bedingungen der verschärften Devisenknappheit und dem daraus resultierenden Bedarf nach der Treibstoff- und überhaupt der Rohstoffsynthese. Freilich am Mangel an Stahl und Kupfer ließ sich auf diese Weise nicht vorbeikommen, und da kein Privatkapital die vollkommen unrentable Auswertung der armen Erzvorkommen innerhalb Deutschlands übernehmen mochte, wurden dazu mit Staatsmitteln die Hermann-Göring-Werke für Erz-

bergbau und Eisenhütten gegründet. So kann man die Ära Schacht mit der Hegemonie der Montaninteressen und die Göring-Ära mit der Vormachtstellung der I.G. Farben assoziieren.
Im übrigen hat sich die Außenhandelssituation für Deutschland von 1937 an nicht weiter verschlechtert, sondern im Gegenteil merklich verbessert. Zum einen haben sich die Preise der deutschen Industrieprodukte, nach offiziellem Markkurs mit denen der andren Industrieländer verglichen, noch nicht in solchem Maße erhöht, daß die Ausfuhr abgedrosselt wäre. Es ist zwar eine Spanne da, die durch Exportförderung überbrückt werden muß, und dieser auf die Ausfuhr draufbezahlte Zuschuß betrug 1935 rund 24% und 1936 rund 23% des statistischen Ausfuhrwertes, entsprach also einer etwa 25%igen Markdevalvation. Aber 1937 war der Zuschuß erheblich niedriger, erstens weil der konjunkturelle Anstieg des Weltpreisniveaus für Fertigwaren der deutschen Entwicklung entgegenkam. Zum andern gibt sein Vorsprung im Aufrüstungsprozeß Deutschland auch mengenmäßig die größere Lieferfähigkeit vor seinen Konkurrenten. Diese erleichterte Exportsituation erlaubt zur Zeit nicht nur eine Deckung der dringlichsten Versorgungslücken in der Ernährungsbilanz, sondern sogar eine gewisse Erweiterung des Konsumtionsspielraums. Die Konsumtionsindustrien verzeichnen seit Ende 1936 in Deutschland einen geringen Anstieg ihrer Produktions- und Absatzziffern. Innerhalb dieser Elastizitätsmargen sind aber im ganzen bisher die Mehrkosten der Aufrüstung und der Umstrukturierung der deutschen Industrieproduktion unterm »zweiten Vierjahresplan« durch die Senkung der Konsumtionsrate, also des Reallohnniveaus, getragen worden – jedoch nur unter großen Spannungen, und die Verlustabrechnung für ihre faschistische Profitkonjunktur rückt zunehmend der Bourgeoisie selbst ans Vermögen heran.
Die faschistische Konjunktur muß als absolute Mehrwertproduktion von der Erzeugung von Waren leben, die nicht zum Markt zurückkommen und für ihre Verwertung von einer gesteigerten konsumtiven Kaufkraft abhängig wären. Der »erste Vierjahresplan« wurde dieser Bedingung gerecht, indem er die Wirtschaft für eine Investitionskonjunktur zu militäri-

schem Endzweck in Bewegung setzte; der »zweite Vierjahresplan« gibt ihr mit einer Investitionskonjunktur zu tun, deren Endprodukt sich im Konsum an die Stelle eines anderen setzt, das inzwischen ausfällt. Betrachten wir erst das eine, danach das andere. Dabei ist im Sinn zu behalten, daß die beiden Phasen sich nicht in der säuberlichen Folge voneinander absetzen, wie die Vierjahreschronologie es vortäuscht, daß sie vielmehr gleich Kettenringen ineinandergreifen, und ferner ist immer zu unterstellen, daß der faschistische Konjunkturprozeß von sich aus kein Ende zuläßt, sondern von einem Kettenglied zum nächsten treibt, weil an diese Kette die Klassenherrschaft der Bourgeoisie und der Kapitalismus selbst geschmiedet sind. Nur weil das Ganze der Kette kriegswirtschaftlichen Charakter hat, können einzelne Glieder in ihr relativ konsumtionswirtschaftlichen Charakter haben.
Nehmen wir den »ersten Vierjahresplan« nach seinem sachlichen Gehalt, also der beginnenden Anlage einer für einen allgemeinen Krieg ausreichenden Rüstungs- und Kriegsindustrie Deutschlands mit allem, was das an industriellen Neubauten, Umstellungen, Standortverlagerungen usw. einschließt. Hinzu kommt am Ende der Aufrüstung die Eindeckung des Reichs mit dem für die ersten Wochen der Kriegführung zum augenblicklichen Einsatz nötigen fertigen Kriegsmaterial, von den Gewehrpatronen bis zu den Kriegsschiffen und dem Festungsbau. So ungeheuer der fertig gelagerte Materialstock für die Taktik des vernichtenden Überraschungsangriffs auch immer sein mag, das Hauptgewicht der Aufrüstung liegt beim Aufbau des industriellen Produktionsapparats für die Herstellung dieses Materials und später, im Kriege selbst, bei seiner laufenden und mit wachsender Beschleunigung betriebenen Produktionstätigkeit. Solange die Wirtschaft mit dem Aufbau dieses Produktionsapparats beschäftigt ist, kommt das auf eine große Investitionskonjunktur hinaus, ähnlich derjenigen der Rationalisierung zehn Jahre früher, und gibt der Produktion durch alle ihre Stufen hindurch zu tun. Wie steht es aber, wenn dieser Aufbau abgeschlossen ist? Dann fällt erstens die Beschäftigung aus, die seine Erstellung gewährt hat, und zweitens stehen die »rüstungsindustriellen Reservekapazitäten« – wie der Generalstabsausdruck lautet – der Rüstungsproduktion da und verlangen ihrerseits nach Betätigung. Nur ein Teil von ihnen ist

auch für anderweitige Produktionszwecke brauchbar, die Mehrzahl einseitig auf Material zu ausschließlich militärischer Verwendung spezialisiert. Eine Umstellung kommt nicht in Frage, weil sie ja eben aufgebaut worden sind, um für den Augenblick des Kriegsausbruchs in voller Funktionsfähigkeit bereitzustehen. Nehmen wir selbst an, daß sie bis zum Zeitpunkt ihrer Fertigstellung voll amortisiert worden sind – und diese Unterstellung trifft für Deutschland ganz überwiegend zu –, so kostet dennoch ihre bloße Unterhaltung fortlaufend Geld. Außerdem aber verlangt die Funktionsfähigkeit, daß die Räder sich drehen. Mit der Möglichkeit hat man sich daher zugleich den Zwang zur Rüstungsproduktion aufgebaut. Für wen soll sie aber betätigt werden? Der Bedarf des eigenen Staates ist begrenzt. Ist sein Friedensbedarf an Rüstungsmaterial einmal angesammelt, so beschränkt sich seine weitere Bestellungstätigkeit auf den laufenden Ersatz und die Erneuerung des Veralteten. Gewiß ist das Tempo des Veraltens auf keinem Gebiet der heutigen Technik so beschleunigt wie auf diesem; die Erneuerungsquote ist daher groß. Aber nur die wenigsten Fortschritte der Kriegstechnik erfordern gleich den vollen Um- und Neubau der betreffenden Produktionsanlagen. Die Richtung, in die der Produktionszwang der fertigen »Reservekapazitäten« oder, wie man in England sagt, der fertigen »Schattenindustrien« drängt, ist der Export. Der Produktionszwang ist zu mindestens 50% Exportzwang. So ist in Deutschland auch von vornherein gerechnet worden. Schon gleich zu Beginn der massiven Aufrüstung, also ab Anfang 1934, ist von Schacht vorgesehen worden, daß die Rüstungsindustrie, wenn sie einmal fertig ist, durch ihren Export das an Devisen wieder hereinbringen soll, was ihr Aufbau verschlungen hat. Deshalb legte er entscheidenden Wert darauf, daß das bestellte Rüstungsmaterial vom Staat so hoch bezahlt werde, daß der Preis die Amortisierung der Anlagen mitenthalte, damit die deutsche Rüstungsindustrie auf optimalem Kostenstande in ihren Exportkampf ginge und ihren zeitlichen Vorsprung voll ausnutzen könne. Mit diesem Standpunkt geriet Schacht zwar in Konflikt mit Schwerin-Krosigk, aber er setzte sich durch. Tatsächlich kehrt nach Fertigstellung der Rüstungsindustrie das Verhältnis sich um: was sich durch Export bezahlt macht, braucht nicht vom Staat bezahlt zu werden. In der 1936 vom Berliner Institut für Konjunkturforschung herausgegebenen Untersuchung über »Industrielle Mobilmachung« heißt es geradezu: »Im ganzen kann in den Exportländern die Kapazität [im Sinne des industriellen Kriegspotentials – S.R.] bis um ein Drittel höher gehalten werden, als dies ohne Kriegsmaterialexport der Fall ist.« (S. 37)

Allgemein gilt somit: die Größe des industriellen Kriegspotentials, das ein moderner Staat sich leisten und, vor allem, welches er nach seiner Fertigstellung durchhalten kann, hängt ab von der Größe seines Exportspielraums für Kriegsmaterial. Hat er wie England ein ganzes Commonwealth oder wie Frankreich ein ganzes Bündnissystem oder wie Amerika einen ganzen Kontinent mit Rüstungsmaterial zu beliefern, so kann er ein größeres Potential auf längere Zeit friedlich durchhalten, als wenn er keine solche festen Kunden hat, sondern Außenkriege anstiften muß, um sich den Absatz erst zu schaffen. Und auch das ist *sein* Absatz nur so lange, als er mit seiner Aufrüstung im Vorsprung ist und schon nach außen liefern kann, während die anderen noch im Aufbau stecken und das Bereitschaftsarsenal der eigenen Armee noch nicht angefüllt ist. Sind sie damit fertig, so kehrt auch bei ihnen die Produktionsfront ihres Kriegspotentials sich nach außen und drängt auf Rüstungsexport und auf Krieg. Die Kriegsgefahr wird in dem Maße in der Welt akut und allgemein, in welchem die Rüstungsstaaten einer nach dem andern diese Wendung vollziehen und dann die konkurrierenden Produktions- und Absatzansprüche von Kapazitäten aufeinanderprallen, die zusammen um ein Vielfaches größer sind, als ein Friedensbedarf sein kann, um ihnen zu entsprechen. Es kommt hinzu, daß die Rüstungen zum wichtigsten Bestandstück der Krisenprophylaktik der Kapitalmächte geworden sind und die Entwicklung sich auch für diese in die Bahn hinüberneigt, die die kapitalschwachen Industriestaaten schon einen Krisenzyklus früher eingeschlagen haben. Sie sind, mit Roosevelt zu sprechen, von der Krankheit des Faschismus längst angesteckt, und daß ihre Rüstungen Rüstungen zur Verteidigung des Friedens seien, ist ein frommes Märchen. Sie sind Rüstungen zur Verteidigung der »prosperity«, des Profits und des Kapitalismus, der in den Demokratien, nur mit etwas mehr Spielraum, auf dem gleichen Weg zur kriegerischen Endkrise begriffen ist wie bei faschistischen Staaten. In der Zwischenzeit drängt das deutsche Kriegspotential in dem Maße, als es fertig wird, mit seinem Exportdruck nach allen Seiten. Über die Bedienung des spanischen und des chinesischen Kriegsmarktes hinaus richtet er sich vor allem nach Südosteuropa, um in Jugoslawien und Rumänien, Ungarn und Österreich, Bulgarien und Griechenland die Franzosen und anderen bisherigen Schutzmächte aus dem Kriegslieferungsgeschäft zu verdrängen. Die Valuta der Donau- und Balkanstaaten ist zwar nicht viel wert, aber hier kommt nun wieder das alte Austauschprogramm von Industrieausfuhr gegen Agrareinfuhr auf der Basis der Agrarkartellierung zur Geltung. Der »zweite Vierjahresplan« hat der Rohstoff- neben der Agrareinfuhr noch erhöhte Bedeutung gegeben und das Programm auf die Einbeziehung des Südostens in die deutsche Autarkie erweitert. Die Mitteleuropa-Expansion Deutschlands geht nicht nur fort, sondern es sind heute Antriebe in ihr wirksam, die die früheren Motive nur noch als untergeordnete Momente in sich enthalten.

Gemildert wird die Wendung der deutschen Aufrüstung in den Exportzwang durch die zögernde und ungleichzeitige Fertigstellung des industriellen Kriegspotentials, die sich mit der Durchführung des »zweiten Vierjahresplans« überschneidet. Indem dieser Plan den ersten mit einer neuen Beschäftigungskonjunktur ablöst oder ergänzt, fängt er die Produktionsstockung ab, die sonst auf die Fertigstellung des Kriegspotentials mit dem ganzen, politisch untragbaren Zubehör von Arbeitslosigkeit, Kredit- und Finanzklemme und Massenliquidationen hätte folgen müssen und folgen würde, wenn die faschistische Konjunkturentwicklung wie vordem die Rationalisierungskonjunktur noch den zyklischen Regeln unterläge. Tatsächlich unterliegt sie aber den entgegengesetzten Regeln, nämlich der Tendenz einer Ausweitung des Produktionsvolumens bis an die letzten Grenzen der Produktionsreserven an Arbeitskräften, Materialien, Kapazitäten und Kredit, ja bis über diese Grenzen hinaus. An sie stoßend und gezwungen, sie fortgesetzt auszuweiten, besteht die Tätigkeit, in die der faschistische Konjunkturprozeß unter dem Titel des »zweiten Vierjahresplans« eingetreten ist, darin, die fehlenden Materialien fast um jeden Preis zu beschaffen, die Arbeitskraftreserven auszupressen und zu steigern, die Kapazitäten zu vermehren und die Umdrehungen der Kreditpumpe zu beschleunigen. Dabei ist es ein bloßer Schein, daß für den Mangel, an den man stößt, und für die Abhilfe, die er erfordert, das Maß ein absolutes wäre. Das Maß für die Grenzen und für die Maßnahmen zu ihrer Überbrückung progrediert gewiß im Prozeß der Produktionsausweitung mit, die Grenzüberwindung selbst aber erzeugt sich ihre Grenzen, und zwar im Sinne ihrer fortschreitenden relativen Verengerung – so in der Materialersatzproduktion. Die Spanne, die nach dem Maß eines gegebenen Augenblicks zu überbrücken ist, ist die zwischen Bedarf und Einfuhrmarge, d. h. aber zwischen Bedarf und Exportkapazität. Betrage der Bedarf in Werteinheiten 200, die Exportkapazität, aus deren Erlös er gedeckt werden müßte, aber nur 100, so scheint das Erfordernis an Ersatzproduktion an der Differenz von 100 sein definitives Maß zu haben. Die Durchführung dieser Ersatzproduktion hat aber ihrerseits die Wirkung, daß sie die Exportkapazität vermindert. So hat die Umstellung der deutschen Textilindustrie auf Kunstfasern, womit die Rohstoffersatzwirtschaft schon ab 1934 begann, die Exportfähigkeit der Textilindustrie, von der Qualitäts- wie von der Kostenseite, so geschwächt, daß dieser Zweig von einer ehedem stark aktiven zu einer passiven Devisenbilanz gebracht worden ist. Ebenso geht es mit der Kautschukindustrie, der Lederindustrie, ja in Zukunft, wenn zur »Verbesserung« der deutschen Außenhandelsbilanz die Erzbasis der Eisen- und Stahlindustrie autarkisiert wird, mit der Exportkapazität der deutschen Stahl- und Eisenverarbeitung, d. h. mit dem Maschinen-, Werkzeug-, Motoren- und Apparatebau, etwa dem halben deutschen Exportvolumen. Und so wie durch die Schwächung der Exportkapazität ist der autarkisierende Versuch, die Grenzen auszuweiten, auch durch die Steigerung des Bedarfs ein Verengerungsprozeß der Grenzen. Denn der Aufbau der neuen Kapazitäten der Ersatzstoffproduktion verlangt ja zunächst einmal Materialien, bevor er solche produziert. Die Dialektik der Politik des »zweiten Vierjahresplans« ist somit die der Drosselungstendenz durch Produktionsausweitung und der Ausweitungstendenz durch Drosselung. Sie erzeugt in dem Kessel eine wachsende Spannung und mit der Spannung einen wachsenden Druck auf die Wände – von der Versorgungsbasis wie vom Resultat der Produktion her. Je dringender der innere Bedarf und je knapper die ökonomische Beschaffungsmöglichkeit von außen wird, d. h. je weniger man das, was man braucht, bezahlen kann, um so schärfer wird das Bedürfnis, sich das, was man nicht kaufen kann, zu rauben. Wenn man sich kein Kupfer-, Eisen-, Blei-, Zinkerz, Erdöl und Bauxit aus fremden Wirtschafts- und Währungsgebieten mehr kaufen kann und doch mit dem Prozeß, der den Bedarf erzeugt, weil er Zwangscharakter hat, nicht innehalten kann, dann wird es auch mehr und mehr zum Zwang, die Gruben und Quellen jener Materien dort, wo man sie in Südosteuropa in Reichweite vor der Tür hat, für das eigene Wirtschafts- und Währungsgebiet zu annektieren. Was geschieht andererseits mit dem Fertigprodukt der Erzeugungs- und Verarbeitungskapazitäten der Ersatzmaterien in dem Maße, als diese Kapazitäten fertig werden? Sollte deren Produkt im innerdeutschen Markt seine Verwendung finden, so müßte, damit dieser Markt die Verzinsung und Amortisation der Anlagen und den Profit ihrer Verwertung tragen kann, seine konsumtive Kaufkraft zunehmen, es müßte also das Reallohnniveau und sein Anteil am Volksrealeinkommen steigen. Geschieht das aber, so würde das Fundament der ganzen faschistischen Produktions- und Profitkonjunktur, die absolute Mehrwertproduktion, und ihr Charakter als absolute Investitionskonjunktur durchbrochen. Das faschistische System des defizitären Profitkapitalismus hätte seine Bestandsfähigkeit nach den reellen Maßen der relativen Mehrwertproduktion zu erweisen, aus denen es hat ausbrechen müssen, um fortzuleben. Die Folge wäre der innere Zusammenbruch, entweder in Gestalt einer Deflationskrise von gänzlich unvorstellbarem Ausmaß oder aber durch den Umschlag der kreditären in die monetäre Inflation und so ebenfalls durch die radikale Liquidierung des seit 1933 betriebenen Akkumulationsprozesses. Die faschistische Konjunktur ist auf der Basis aufgebaut, daß das Endprodukt, das erzeugt wird, nicht in den inneren Markt zurückkehren darf. Es hat seine Schuldigkeit getan damit, daß es produziert worden ist, danach muß es in Arsenale eingeschlossen oder über die Grenzen hinausgeschafft werden, damit es nicht das ganze Bauwerk des Faschismus in die Luft sprengt. Der »zweite Vierjahresplan« oder das Regime Göring/I.G. Farben produziert genau wie der »erste Vierjahresplan« und das Regime Schacht/Krupp bloß gestaute Expansionsdynamik, nur daß es an dem Nachteil krankt, diesmal in gebrauchsfähiger Gestalt zu erscheinen. Man wird es exportieren und draußen Käufer dafür finden müssen, und da das schwierig ist für Waren, die sowohl teuer als auch schlecht sind, wird man vermutlich solange wie möglich bei der bisherigen Praxis bleiben, den Rest an guter Qualität dem Ausland und das neue Ersatzprodukt dem eigenen Volke anzubieten. Damit ist freilich die Kostendifferenz für die deutsche Gesamtwirtschaft noch nicht überbrückt. Daher wird man sich den Weg durch diesen beklemmenden Engpaß wohl dadurch erleichtern, daß man ihm mit den Mitteln der Devalvation entgegenwirkt, wenn man nicht durch direkte Raubzüge in die Nachbarländer aus den beklemmenden Schranken ausbricht.

6. Der Charakter der faschistischen Konjunktur

Die tatsächliche Entwicklung ist richtig beschrieben, wenn man sie als den Sieg aller Passivposten der deutschen Wirtschaft über ihre Aktivposten bezeichnet. Deutschland ist in der Kurve des beginnenden Wiederaufschwungs aus dem Krisentief von 1932 durch das Übergewicht seiner defizitären Elemente aus der bisherigen Bahn herausgeschleudert und in einen Kapitalismus mit umgekehrten Profitvorzeichen geworfen worden. Aber so wenig diese Entwicklung ein bloßer Kollaps und ein zufälliges Malheur gewesen ist, so wenig haben seine Gründe allein in Deutschland gelegen. Hätten die führenden, den ökonomischen Konkurrenzkampf für Deutschland tragenden Investitionsindustrien bequem Zeit gehabt, auf die Wiederbelebung ihrer Konjunktur zu warten, sie hätte sie, als sie kam, schwerlich zu großer Fahrt von der Sandbank abgehoben und die deutsche Gesamtwirtschaft, an deren ertragheischenden Hypotheken gemessen, kaum auf ihre konjunkturelle Rechnung gebracht. Die englische Prosperität seit 1932 und die amerikanische ab 1933, von denen allein eine quasi »weltwirtschaftliche« Wiederbelebung, wenn auch nur relativ schwachen Ausmaßes, ausging, haben sich beide, und zwar gänzlich unabhängig von dem Gang der Dinge in Deutschland, als imperiale Binnenkonjunkturen der Sterling- und der Dollar-Ära entwickelt, ohne primäre Ausstrahlung von Investitionskredit in die übrige Welt.[1] Nur durch indirekte Wirkungen und von der Warenseite haben sie die anderen Gebiete, soweit deren Währungslage dafür durchlässig war, mit aktiviert, sie aber für die Finanzierung dieses sekundären Konjunkturauftriebs weitgehend sich selbst überlassen. Nicht auf der wiederhergestellten Basis des universellen Geld- und Kapitalverkehrs, sondern nach den Maßen der zersprungenen Währungsdecke haben jene Prosperitäten sich gleichzeitig, aber getrennt und nach sehr verschiedenen Methoden der Finanzierung entwickelt,

1 Dafür können sehr illustrative Zahlen beigebracht werden (vgl. z. B. Arndt, *The economic lessons of the 1930's*).

und so scheint es, als ob hier grundsätzlich das Analoge wie bei den Binnenkonjunkturen faschistischer Observanz geschehen ist, nur daß jene in ihren Produktionsaufschwung eine starke eigne Kapitalpotenz auf privatem oder staatlichem Wege einzusetzen hatten, diese hingegen das ihnen fehlende Kapital durch seine staatliche Zwangsfiktion ersetzten. Die oberste Tatsache, unter die alles übrige zu subsumieren ist, ist die, daß die einseitig in den Händen der drei großen Demokratien monopolisierte Weltreserve an Investitionskapital ihre ökonomische Funktion seit 1931 nicht mehr international erfüllt.

Diese Funktion aber besteht darin, den Akkumulationsprozeß des Kapitals nach den Regeln der Produktion des relativen Mehrwerts zu ermöglichen. Um auf gegebener Höhe des Lohnniveaus, also der Konsumtionsmasse, den Stock an Produktionsmitteln zu vermehren, also die Akkumulationsmasse zu vergrößern, gibt es bei kapitalistischer Produktionsweise kein anderes Mittel als den Einsatz von vorhandenen Kapitalreserven zu Investitionszwecken. Steht solches Kapital nicht oder nicht genügend zur Verfügung, so ist die weitere Akkumulationstätigkeit nur unter Senkung der Konsumtionsrate, also durch einen Rückfall in die Methoden der Produktion des absoluten Mehrwerts möglich. Hier ersetzt die Brachialgewalt ihrer staatlichen Macht das fehlende Kapital der Bourgeoisie. Es ist hier nicht unsere Aufgabe, in der Geschichte nachzusehen, wie nach der Zeit der »ursprünglichen Akkumulation« mit ihrer gewaltsamen Depossedierung der Massen auf der einen und Kapitalanhäufung durch Raub auf der andren Seite die Methoden der absoluten Mehrwertproduktion in dem Maße denen der relativen wichen, als in der mittleren Periode des Kapitalismus die Kapitalreserven in der Hand der Bourgeoisie anwuchsen. Sicher ist, daß, wenn die in der Welt verfügbaren Kapitalreserven einseitig bei der Bourgeoisie bestimmter Länder konzentriert sind und von hier aus ihre Funktion als Investitionsmittel höchstens noch in ihrem eignen Währungsgebiet, für die anderen Industriestaaten aber nicht mehr erfüllen, diese Industriestaaten, sofern in ihnen trotzdem der Kapitalismus fortbesteht, keine relative, sondern nur noch absolute Mehrwertproduktion betreiben können. Dies ist in Deutschland, in Italien und, cum grano salis, in Japan geschehen und macht eben den Übergang dieser Länder zum »Faschismus« aus.

In der *Sozialistischen Warte* vom 15. Juni 1937 (12. Jahrgang Nr. 12) hat Fritz Kempf unter Zugrundelegung der amtlichen deutschen Statistik nachgerechnet, daß die deutsche Arbeiterklasse, einschließlich der Angestellten und Beamten, als ganze im Jahre 1936 höchstens das gleiche Realeinkommen zu verzehren gehabt hat wie im Krisenjahr 1932, obgleich die Zahl der Beschäftigten 1932 nur 12,5 Millionen, 1936 dagegen 17 Millionen betrug und die Steigerung der in der Industrie geleisteten Arbeitsstunden um 84% nicht sehr weit von einer Verdoppelung entfernt war. Zwar stellte sich das reine Lohn- und Gehaltseinkommen in den beiden Vergleichsjahren auf 26 und 34,5 Mrd. RM. Berücksichtigt man jedoch auf der einen Seite alle übrigen Bezüge und Vergünstigungen, also die Arbeitslosenbezüge, Sozialversicherungsleistungen, Mieterermäßigungen, Winterhilfe, Fettverbilligung vor 1933, auf der anderen Seite alle Abzüge und Abgaben, d. h. die Steuerabzüge, Sozialabgaben und Zwangsspenden nach 1933, so stellt sich das für die Konsumtion verbleibende nominale Gesamteinkommen auf 29,4 Mrd. RM im Jahre 1932 und auf 35 Mrd. RM 1936. Die Steigerung betrug somit 19%, die Kempf mit Recht durch die Preissteigerung und die Qualitätsverschlechterung des Massenkonsums für mindestens aufgewogen annimmt. Dabei ist die im Rahmen gleicher Stundenlöhne in Deutschland seit 1932 allgemein stark gestiegene Intensität der Arbeitsleistung durch Verschärfung des Tempos außer Betracht gelassen. – In Italien verhält es sich grundsätzlich nicht anders. In Japan dagegen geht es darum, an der noch kaum verlassenen absoluten Mehrwertproduktion der kapitalistischen Frühzeit gewaltsam festzuhalten und die Schranken der relativen Überbevölkerung, an die sie stößt, durch militärische Expansion immer wieder hinauszuschieben. Die Kapitalakkumulation und die Verelendung der Landwirtschaft sind in Japan an und für sich weit genug fortgeschritten, um zur relativen Mehrwertproduktion die Möglichkeit zu geben, aber die japanische Kapitalkraft ist nicht groß genug, um auf dieser Basis den internationalen Konkurrenzkampf ohne Abhängigkeit von einer fremden Kapitalmacht (d. h. von England) und mit dem in Anbetracht der inneren Spannungen gebotenen Erfolgstempo zu bestehen.
Daß eine auf der Basis solcher absoluter Mehrwertproduktion

betriebene Kapitalakkumulation nicht länger ökonomisch produktive Investitionsgüter, sondern nur mehr aus jeder Beziehung auf einen konsumtiven Bedarf herausfallende Produkte, nämlich Kriegsmaterialien, hervorbringen darf, liegt in der Definition der Sache. Das Endprodukt der erweiterten Akkumulation darf nicht auf den Markt zurückfallen, da es sonst auch eine erweiterte Konsumtionskraft erfordern würde, um verwertet zu werden. Der Umbruch in das faschistische System der absoluten Mehrwertproduktion fällt daher zusammen mit dem Übergang vom Konkurrenzkampf mit ökonomischen Mitteln, dessen Anforderungen die Bourgeoisie des betreffenden Landes nicht mehr gewachsen war, zum Konkurrenzkampf mit militärischen Mitteln. Nach innen wie nach außen setzt dieses System die Brachialgewalt an die Stelle der ökonomischen Kapitalsfunktion und bringt damit das Kapital wieder auf den Nenner seines Ursprungs, seine Akkumulation auf den der sog. »ursprünglichen«.
Man hört selbst von marxistischer Seite noch oft die Ansicht, daß die militärische Gewaltexpansion, also die »Schwertpolitik«, für das Kapital auf seiner jetzigen Entwicklungsstufe nicht rationell sei, daher auch von der Bourgeoisie der faschistischen Staaten nicht auf die Dauer mitgemacht werden könne. Das ist mit allen daran geknüpften Hoffnungen, zum mindesten für die (relativ) kapitalschwachen, eben heute faschistischen Industriestaaten eine Illusion. Gerade der heutige Stand des kapitalistischen Konkurrenzkampfes begünstigt die Gewaltmethoden weit mehr, als es die vorausgegangene Phase tat, in der es noch wesentlich auf die Durchdringung der kapitalistischen Außengebiete für den Absatz von Konsumwaren ankam. Konsumwaren lassen sich, wie die Japaner in China erfahren haben, breiten Volksmassen im beginnenden Prozeß einer nationalen Eigenindustrialisierung allerdings nicht mehr mit Gewaltmitteln aufzwingen; die junge Bourgeoisie setzt dem Druck ihre eigene konkurrierende Produktionsentfaltung entgegen. Über große Investitionen dagegen, die vorgenommen werden sollen, liegt die Entscheidung bei wenigen staatlichen Zentralstellen, deren Willen sich durchaus gewaltsam bestimmen läßt, wenn man über sie mit kriegerischen Mitteln die brachiale Macht gewinnt. Die Finanzierungsfrage für die Investitionspolitik ist

freilich damit noch nicht gelöst. Aber die Investitionsanleihen der großen Kapitalmächte, ob nun die englischen oder amerikanischen China-Anleihen oder die Völkerbundanleihen an die Donau- und Balkanstaaten, sind für ihren Dienst allesamt auf die öffentlichen Finanzen der Schuldnerstaaten fundiert, und diese Finanzquellen an Steuern und Zöllen lassen sich gleichfalls durch die gewaltsame Machtgewinnung über diese Staaten unter direktes Dispositionskommando einer militärischen Industriemacht bringen. Das ist nützlich und rationell, erstens um die konkurrierenden Kapitalgroßmächte vom Stützpunkt ihrer Finanzherrschaft her aus ihrer Vormachtstellung zu drängen, wie die Japaner das heute durch die Okkupation der chinesischen Seezollverwaltung tun, zweitens um die junge nationale Eigenindustrie des beherrschten Landes zu ersticken oder zu beerben, drittens um die Investitionspolitik dieses Landes, also die Verwendung seiner Finanzeinnahmen, zu regieren, viertens um die Bau- und Lieferungsaufträge dazu für die Industrie des Erobererstaates zu monopolisieren, fünftens um das beherrschte Land mit den militärischen und polizeilichen Mitteln seiner nominell eigenen Zentralbehörden in die Ausbeutungsschraube zu nehmen, seine Verwaltung zu rationalisieren, seine Finanzeinnahmen zu steigern und, kurzum, hier dieselben Methoden der absoluten Mehrwertproduktion zu praktizieren, die man bei sich zu Hause ausgebildet hat. Auf solcher Basis läßt sich auch die Finanzierungsfrage lösen, wenn man das Ausbeutungsobjekt in die eigene Währungshoheit einbezieht. Freilich darf man nicht mit derart rückständigen Objekten wie der Mandschurei oder gar wie Abessinien beginnen. Die Methode setzt, um sich zu rentieren, Länder voraus, die sich schon in der Eigenindustrialisierung befinden, daher eine halbwegs geordnete Polizei-, Rechts- und Finanzverwaltung und eine vorgebildete moderne Klassenteilung haben, so wie die jetzt von den Japanern eroberten nordchinesischen Provinzen oder wie erst recht die Donau- und Balkanstaaten. Es ist gar keine Frage, daß Deutschland im Rahmen seiner faschistischen Wirtschaftsmethoden eine sehr profitable Ausbeutungs- und recht rationelle Erschließungspolitik im »Südostraum« betreiben könnte, wenn es die militärische Kommandogewalt über diese Staaten gewonnen hätte, und diese Ersetzung der Handelspolitik durch die »Schwertpolitik« wird dadurch um nichts unrationeller, daß auf der anderen Seite das Finanzkapital in den Händen der westlichen Demokratien für die Erfüllung dieser Aufgaben nach traditionellen ökonomischen Methoden versagt. Denn dieses Versagen ist der springende Punkt.

Warum versagt das Finanzkapital ökonomisch? Diese schwerwiegende Frage in ihrer vollen Reichweite aufzunehmen, kann selbstredend hier nicht unsere Absicht sein. Nur auf einige Momente soll hingewiesen werden, die uns für sie von Bedeutung scheinen. Mehr als ein Marxist hat schon damals zur Erklärung des Faschismus das Argument der Akkumulationshemmungen speziell in den alten Industrien herangezogen, von denen der Umbruch in die faschistische Methode der absoluten Mehrwertproduktion, mindestens in Deutschland, fraglos getragen worden ist. Man muß sich indes über den Begriff der »Akkumulationshemmung« verständigen. Was in Deutschland bei den alten Industrien, also vor allem bei der Eisen- und Stahlindustrie und beim Steinkohlenbergbau, vorlag, ist die widerspruchsvolle Tatsache, daß sie während der Investitionskonjunktur der Vorjahre einerseits eine unerhört weitgehende technische und ökonomische Rationalisierung ihrer Werke und Konzentration der Unternehmungen vorgenommen, also einen neuen Riesenschritt in der Entwicklung ihrer Produktivkräfte vollzogen hatten und sich dabei andererseits ständig in defizitärer Kapitalbilanz und relativer Unterbeschäftigung befanden. Ja, es war diese defizitäre Ertragslage, die diese Werke im Konkurrenzkampf zur Rationalisierung getrieben hatte, indem sie zum Wettlauf um die größere Senkung der Arbeitskosten je Stück gezwungen waren. Ähnlich war es in großen Teilen der deutschen Landwirtschaft. Nach der sachlichen Seite liegt also keine Akkumulationshemmung, sondern eher ein Überakkumulationszwang, nämlich die Durchbrechung der von der Ertragsseite her gegebenen Schranken, vor, und gerade diese Überschneidung der Entwicklungslinien schuf den zum Faschismus treibenden Trend. Als die Investitionskonjunktur und die Reparationslieferungen abbrachen und die deutsche Industrie sich vor der Frage nach den ihr aus alleiniger Kraft erreichbaren Absatzchancen in der Welt fand, standen ungeheure Produktionskapazitäten da, die, auf viel zu hohen fixen Kapitalkosten fußend und an ein viel zu hoch, zum Teil bei 60% gelegenes Auslastungsminimum als kritischer Rentabilitätsgrenze gebunden, nach Auftragsmasse suchten. Bei sinkenden Preisen stieg ihr Auslastungsanspruch, und da ihm die Krise die Erfüllung aus gleichem Grunde vorenthielt, drohten die Anlagen samt der Danatbank auch die Kapitalgrundlagen der rentablen Industriewirtschaft unabsehbar in ihr Defizit hineinzureißen. Der Umbruch in die faschistische »Lösung« hat genau nur den von diesen, über die ökonomische Funktionsfähigkeit der kapitalistischen Produktionsverhältnisse hinaus entwickelten Produktivkräften ausgeübten Zwang befolgt, hat diesen Überkapazitäten die Staatsfinanzen und den Privatkredit in den Rachen geworfen und sie durch die inflatorische Binnenkonjunktur mit Produktion um der Produktion willen, nämlich Produktion von nicht-reproduktiven Werten, mit ökonomisch leerlaufender Rüstungsproduktion gefüttert, gemästet und mästet und vergrößert sie fort, die Widersprüche, die das Gesetz der Entstehung und spezifischen Dynamik des Faschismus sind, in die explosive Dimension hineinsteigernd.

Da das Proletariat in den Nachkriegskrisen die zweimal gegebene Chance verpaßt hat, die kapitalistischen Prduktionsverhältnisse an der Schwelle ihres akuten Widerspruchs zu dem erreichten Stand der Produktivkräfte revolutionär zu beseitigen und den Widerspruch vernünftig zu lösen, hat die Bourgeoisie seine Dialektik blind vollziehen müssen. Die von ihr ins Werk gesetzte Rüstungskonjunktur ist die kapitalistische Investitionskonjunktur *in absoluto*. Ihr Gegenstand ist viel mehr noch als die Lagerproduktion unkonsumierbarer Produkte der Aufbau der industriellen Kapazitäten, die erst im Kriegsfall ihren Produktionszweck voll erfüllen sollen. Es ist die Beschäftigung des kapitalistischen Produktionsmittelapparats mit seiner Umstellung und seinem Neubau zu militärischen Endzwecken, eine Konjunktur, deren Auftragskette innerhalb des Kreises der Investitionsindustrien, freilich aller Stufen, verläuft, ohne grundsätzlich in die Konsumtionssphäre zu transzendieren. Diese schrumpft oder bleibt höchstens konstant. Mit diesem ökonomisch absurden Charakter verkörpert sie indes nur die letzte Vollendung der durch die wachsend höhere organische Zusammensetzung des Kapitals bedingten Tendenz, daß das spezifische Konjunkturgewicht des

Investitionsgeschäfts von Zyklus zu Zyklus schwerer und das des endkonsumtiven Absatzes leichter und leichter wurde. Diese Gewichtsverschiebung hat sich in rapider Steigerung der Proportion verwirklicht. Die konjunkturelle Bedeutung der Konsumtionsentwicklung ist darauf zurückzuführen, daß sie von einer Investitionskonjunktur zur nächsten den minimal nötigen Anstoß und die maximal nötige Ausrede weitergibt. Aber schon die Rationalisierungsprosperität von 1924 bis 1929 hatte dem Effekt nach den Typus der reinen Investitionskonjunktur fast verwirklicht, da der in ihr erbaute Produktionsmittelapparat im Augenblick seiner Fertigstellung, als er zu seinem konsumtiven Endzweck eigentlich zu arbeiten hätte beginnen sollen, mit seinem potentiellen Angebot ins Leere stieß und die allgemeine Krise vorfand. Der Faschismus hat dem damals in der Tat gestellten Problem der »Endkrise« durch den Absprung von der relativen zur absoluten Mehrwertproduktion die Wendung gegeben, daß auch noch diese letzte funktionelle Bindung der Produktionstätigkeit des Kapitals an den konsumtiven Endbedarf durchschnitten und im Hohlraum der Endkrise selbst die absolute Investitionskonjunktur mit schrankenloser Ausdehnungstendenz nach übereinander sich türmenden »Vierjahresplänen« entfesselt worden ist. Der Kapitalismus hat sich in seiner Endkrise verfangen und ist in den Prozeß geraten, daß er seine eigene Ökonomie auf den Kopf stellt, indem seine Widersprüche ihn nach den Gesetzen seiner ökonomischen Endkrise zu seiner kriegerischen weitertreiben.

Zum statistischen Beleg für die seit 1933 in Deutschland betriebene absolute Investitionskonjunktur genügen wenige Zahlen. Die deutschen Gesamtinvestitionen entwickelten sich durch die letzten zehn Jahre in diesen Beträgen (Milliarden RM):

1928	1932	1933	1934	1935	1936	1937
13,8	3,9	5,1	8,3	11,2	13,5	15,5-16,0

Die innere Verteilung der Investitionen auf die verschiedenen Wirtschaftsgruppen zeigt zwischen den Konjunkturen von 1928 und von 1936 die entscheidenden Unterschiede:

Dabei ist in den Sparten »Industrie«, »Landwirtschaft« und »sonstige Gruppen« noch ein großer Teil gleichfalls staatlicher Investitionen enthalten, wie die frühere Angabe des Sta-

	1928		1936	
	Mill. RM.	in %	Mill. RM.	in %
Öff. Verwaltung	2664	19,3	7400	55,0
Wohnungsbau	2829	20,5	1900	14,0
Elektr., Gas, Wasser	1021	7,4	450	3,3
Landwirtschaft	952	6,9	900	6,7
Industrie	2636	19,1	2000	14,8
Handwk., Handel u. sonstige Gruppen	3698	26,8	850	6,2
	13800	100,0	13500	100,0

tistischen Reichsamts beweist, wonach bereits 1934 der Anteil der öffentlichen Hand an der Investitionstätigkeit 70% betrug. Diese Investitionen des Staats haben inzwischen ihre privaten Früchte getragen, aus denen heute in der Industrie auch privatim in die private Tasche investiert werden kann und unterm Regime des »zweiten Vierteljahresplans« auch investiert werden soll. Im Ergebnis dieser Entwicklung liegt der Produktionsindex der Konsumtionsindustrien Ende 1937 um 4,6% über dem von 1928, dagegen der Index für die Produktonsmittelindustrien um 33% über seinem Stand von 1928. Seit 1933 hat die Produktionsmittelerzeugung sich fast verdreifacht, die Konsumgütererzeugung sich indes gerade um das Drittel vermehrt, um das etwa der Geldwert, in dem diese Vermehrung sich ausdrückt, an Kaufkraft für Konsumgüter verloren hat.

Die Tendenz zur Entwicklung auf die absolute Investitionskonjunktur hin ist auch keineswegs allein auf die kapitalarmen Industriestaaten beschränkt. Bei der englischen Prosperität liegt eine Ungleichzeitigkeit vor, denn sie hatte zum Gegenstand, den in den andren Industriestaaten bis 1929 stattgefundenen Rationalisierungsprozeß nachzuholen. Der Rest ist Rüstungskonjunktur. In Amerika wurde die Krise 1933 nur auf dem Wege der staatlichen Zwangsmobilisierung des privaten Kapitals überwunden, durch die inflatorische Vorwegnahme seiner Betätigung, und es scheint nicht, daß die amerikanische Prosperität diese Staatsinitiative entbehren könne. Wenn umgekehrt das Privatkapital der Roosevelt-Administration auch diese Schattenfolge verweigert, tritt auch in Amerika die Alternative zwischen dem Eintritt in die Krise oder dem Absprung in eine absolute, rein staatsinflatorische Investitionskonjunktur ein. Tatsächlich ist aber diese Alternative sowohl in England wie in Amerika bereits entschieden. Man will sich in beiden Ländern für die erwartete Krise nicht mehr auf den Mechanismus ihrer ökonomischen Überwindung von der Seite der konsumtiven Bedarfsnachfrage verlassen, sondern will sie durch Rüstungsproduktion und aufgesparte öffentliche Arbeiten abfangen. Derselbe Prozeß wie in Deutschland ist auch hier im Gange, nur daß er sich, dank der mächtigen Kapitalreserven, langsamer und in gleitenden Etappen vollzieht. Doch wirkt die vom Faschismus ausgehende Kriegsgefahr synchronisierend.

Der Grund für dieses wachsende ökonomische Versagen des Kapitals vor seiner sinngemäßen Investitionsaufgabe ist selbstredend nicht ein Mangel an möglicher ökonomischer Betätigung überhaupt. Auch die Industrialisierung der Rohstoffländer (und gerade sie) hat diese Möglichkeiten nur gesteigert. Aber zu einer ausreichenden Ausnutzung der ungeheuren investitionsindustriellen Produktionskapazitäten der alten Länder zu ökonomisch produktiven Zwecken, d. h. nach den Regeln der relativen Mehrwertproduktion, wären Investitionen von solchem Ausmaß und von solcher Art notwendig, daß sie den Profithorizont des privaten Kapitals gänzlich übersteigen. Das banale Argument von Pazifisten, wieviel Segen man für die Menschheit doch stiften könnte, wenn man die heute für Rüstungszwecke aufgewandten Milliarden zu ökonomisch produktiven Aufgaben investieren würde, daß es dann weder Arbeitslosigkeit noch Hunger noch Krisen zu geben brauchte, legt gerade die unüberbrückbar gewordene Kluft zwischen den Profitinteressen des Privatkapitals und den Ansprüchen der von ihm entwickelten Produktivkräfte der vergesellschafteten Arbeit bloß. Nicht der Kriegsdruck hindert das Kapital an der Erfüllung »segensreicher« Aufgaben, sondern seine Unfähigkeit zu diesen Aufgaben erzeugt seine Kriegsbetätigung, die zunehmend die einzige ist, zu der die Bourgeoisie die Produktivkräfte noch in Beschäftigung und ihr Kapital noch zur Verwertung bringen kann.

Je höher die organische Zusammensetzung des Kapitals steigt, um so länger werden die Kreditfristen und um so niedriger die Zinssätze der Investitionen, die erforderlich wären, um den gegebenen Produktionsanlagen ökonomisch produktive Betätigung zu verschaffen. Aber um so heftiger und massiver werden gleichzeitig die Spannungen und Gegensätze im kapitalistischen Konkurrenzkampf und die Anarchie der Produktionsverhältnisse, so daß das kapitalistische System in zunehmender Kontradiktion die Bedingungen zur Erfüllung der Erfordernisse vernichtet, die es selbst erzeugt. Der Tendenz zur Verlängerung der postulierten Investitionsfristen und zur Ermäßigung der postulierten Investitionskosten steht die tatsächliche Tendenz zur effektiven Verkürzung dieser Fristen und effektiven Steigerung der Zins- und Risikosätze gegenüber. Die erforderlichen Investitionen werden von der Seite der Kapitalkosten her unmöglich gemacht oder können sich, soweit sie dennoch geschehen, nicht rentieren. Je höher der Arbeitsprozeß des Kapitals sich organisiert, um so spekulativer werden die Verwertungschancen des Kapitals; wie auf dem Pol der Produktivkräfte die Rationalität und Planmäßigkeit sich konzentriert, so auf dem Pol der Eigentumsverhältnisse die Anarchie des Zufalls. Die Rolle des Zeitfaktors für die Investition ist nicht die einzige, aber eine zentrale Ausdrucksform dieser Diskrepanz. Dabei sind die postulierten Anlagefristen und -sätze bei den verschiedenen Investitionsindustrien verschieden, so daß diese in verschiedenem Ausmaß von dem Absterben der reproduktiven Betätigung ihrer Kapazitäten betroffen werden. Um z. B. die heute gegebenen Produktionskapazitäten der Eisen- und Stahlindustrie zu ökonomisch reproduktiven Zwecken voll auszunutzen, wären Bauprojekte erforderlich, die ganze Länder umgestalten würden und sich erst in Generationen wirtschaftlich bezahlt machen könnten, Projekte also, für die nur die organisierte, sozialistische Gesellschaft, nie aber ein privates Kapitalkonsortium die nötige Zeitperspektive und Ertragsgeduld und überhaupt die Begriffskategorien aufbringen kann. Auf die Ertragslage dieser Industrien wirkt sich deshalb die Investitionsunfähigkeit des Privatkapitals besonders stark und relativ früh aus. Auch ist die Produktionsrichtung der Schwerindustrie immer noch in hohem Grade maßgebend für diejenige der ihr nachgeschalteten Investitionsindustrien; wenn die Eisen- und Stahlindustrie eines Landes zur militärischen Produktionskonjunktur übergegangen ist, kann es für die Elektroindustrie, die Großchemie etc. nicht auf die Dauer bei einer rein ökonomischen Produktionsbetätigung oder Verwendung ihrer Produkte bleiben. Aus beiden Gründen ist die Schwerindustrie der Kristallisationspunkt für den Umschlag aus der Phase der privatspekulativen Verwertungsanarchie des Kapitals, in der die relative, noch an ökonomische Zwecke gebundene Mehrwertproduktion zum Erliegen kommt, in den inflatorischen, selbstverzehrenden Verwertungsprozeß durch die absolute, auf nicht reproduktive Werte abgestellte militärische Investitionskonjunktur auf der faschistischen Diktaturbasis absoluter Mehrwertproduktion.

Nun dürfte nach dem in der klassischen Ökonomie unterstellten Mechanismus der Selbstkorrektur dieser Widerspruch zwischen effektiver und postulierter Investitionspolitik des Kapitals gar nicht groß werden können, weil die überschüssigen Produktionskapazitäten (bzw. das in ihnen arbeitende Kapital) durch zwangsweise Liquidation auf das Maß ihrer effektiven Ertragsfähigkeit nivelliert werden müßten. Aber jener Mechanismus (und somit dieser Liquidationszwang) besteht nur bei freier Konkurrenz, d. h. bei einem Zustand, bei dem sich faktische und postulierte Investitionsbedingungen weitgehend im Einklang befinden können. Wird aber die organische Zusammensetzung des Kapitals in den Investitionsindustrien so hoch, daß sie den Monopolismus erzwingt, weil die Höhe des Anlagekapitals den Kreis der Konkurrenten auf einen immer engeren Numerus clausus von bankbeherrschenden Finanzgruppen beschränkt, so funktioniert die Ausgleichung nicht mehr. Dies ist aber auch erst der Zustand, in dem die von der organischen Struktur des Kapitals beanspruchte Investitionsweite und Investitionsdauer die privatkapitalistisch möglichen Maße übersteigt und gleichzeitig in den Zyklen die Investitionskonjunktur sich von den Bedingungen der konsumtiven Bedarfskonjunktur zu emanzipieren trachtet. Paradoxerweise besitzt diese Epoche des Kapitalismus ihren theoretischen Ausdruck in der subjektivistischen Ökonomie, die gerade umgekehrt die Produktion an den Kategorien der Konsumtion aufzuhängen scheint. In Wirk-

lichkeit ist ihr springender Punkt die Eliminierung des Wertbegriffs als objektiver Meßkategorie für die kapitalistische Produktion und die Unterstellung, daß die Produktion a priori immer mit Konsumtion identisch sei. Sie bringt die Konsumtion dadurch, daß sie sie formalisiert, zur Aufhebung in die Produktion, der sie in der Zurechnungstheorie erfolglos ein Maß in sich zu setzen versucht.
Hier scheinen es vor allem zwei Gründe zu sein, die den Korrektionsmechanismus in der Monopolepoche außer Funktion setzen. Erstens führt der auf einer kartellierten oder vertrusteten Industrie lastende Druck abnehmender Ertragsmargen nicht zu einer Einschränkung, sondern zu einer Steigerung ihrer Produktionskapazitäten, weil er zur Rationalisierung zwingt und die maximale Rationalität an die Bedingung einer Mindestbetriebsgröße gebunden ist, diese Größe aber mit dem Prozeß der technischen Entwicklung rapide wächst. Das überragende Gewicht der fixen Kosten und der von der gebotenen Gesamtkonstruktion der Werke meist noch hinzuwachsende technische Zwang zu einer hochgradigen Kapazitätsauslastung, um die Rentabilitätsschwelle zu erreichen, ist Ursache und Wirkung dieses Umstandes zugleich und gibt ihm sein besonderes Gepräge. Nur die volle kapitalistische Liquidation der beherrschenden Gruppe des ganzen Produktionszweiges könnte dem Einhalt gebieten, freilich nur, bis derselbe Prozeß in der Hand des Nachfolgers von neuem beginnt. Denn diese Werke sind ja als Vorstufen der weiteren Verarbeitungsindustrien unentbehrlich und müssen, wenn selbst von diesen übernommen, erhalten und fortentwickelt werden, und dies immer in dem vom Entwicklungsstand der Produktivkräfte vorgeschriebenen Maß. Zweitens handelt es sich aber bei den Liquidationskandidaten nicht um arme kleine Betriebe. Die Konzentration der politischen Macht in den Händen der Monopolgruppen erlaubt ihnen, solange dabei nicht die Herrschaft der ganzen Klasse zu Bruch kommt, nahezu jede Abwälzung ihrer Verluste und verwandelt den Kampf um die Abhalfterung einer solchen Gruppe in eine Frage von Staatsumwälzungen. Charakteristisch für den Monopolkapitalismus erscheint uns deshalb einerseits die Tatsache, daß der Wachstumsprozeß der Produktivkräfte und Produktionskapazitäten weitgehend unabhängig von der Rentabilitätslage der betref-

fenden Industriezweige geworden ist und sich daher ebenso wie im Einklang auch im Widerspruch zu ihr befinden kann, und andererseits das Anwachsen der Liquidationshemmungen. Die erforderlichen Korrekturen verlagern sich. Statt daß die Fehlerquellen ausgeräumt werden, wo sie entspringen, wirken sie sich auf die übrige Wirtschaft aus, reißen sie in korrespondierende Fehler hinein und gestalten das Ganze des Kapitalismus zu einem System, in dem jedes Element sich als Fehler auf die Krücken weiterer Fehler stützt. Der Kapitalismus ist längst in dem Stadium, in dem man ihn, um ihn nach seinen eigenen Maßen zu korrigieren, aufheben muß.

Es ist ein Irrtum der bürgerlichen Ökonomie, bedingt durch ihre Fetischisierung der kapitalistischen Eigentumsverhältnisse zu den Naturgesetzen »der Ökonomie«, daß die Produktivkräfte vom Kapitalismus in prästabilierter Harmonie zu den Rentabilitätsmöglichkeiten des in ihnen investierten Privatkapitals entwickelt würden. Sie werden vielmehr von einem bestimmten Stadium ab – es ist dasjenige, in dem der Kapitalismus aus den Bahnen der freien Konkurrenz gedrängt wird – zwangsläufig in Disharmonie mit diesen Möglichkeiten entwickelt, nehmen also Proportionen an, für die das Privatkapital keine adäquate Verwendung mehr hat, die es aber trotzdem weiter zu steigern verflucht ist, während seine Dispositionsfähigkeit über sie schwindet. Die Krisen korrigieren nicht mehr, sondern erweitern die Fehler. Fehler sind das aber nur nach den Maßen der kapitalistischen Eigentumsordnung an diesen Produktivkräften, und was Disproportionalität nach diesen, ist oder kann Proportionalität nach den Maßen einer anderen Eigentumsordnung werden, deren Herbeiführung überfällig und das einzige Mittel ist, der Menschheit die Fähigkeit zur vernünftigen Disposition über die von ihr geschaffenen Produktivkräfte wiederzugeben.

Der Faschismus ist nicht die auf der Stufenleiter der Kapitalkonzentration logisch zu Ende gediehene Herrschaft des Finanzkapitals, das wäre also die ökonomische und politische Diktatur der finanziell überlegenen Monopolgruppen, wie sie annähernd in Deutschland unter Brüning bestanden hat und die in verschleierter Weise heute in dem konservativen Regime in England oder unter Roosevelt in Amerika oder unter Chautemps in Frankreich besteht. Diese Finanzgruppen verdanken ihre tatsächliche Übermacht ihrer Spitzenstellung in der relativen Mehrwertproduktion, bleiben insofern aber auch an die politische Demokratie als ihre Herrschaftsform gebunden. Der Faschismus, wenigstens der deutsche, ist demgegenüber gebrochener Kapitalismus, geradezu die Bruchform des Kapitalismus. Er entsteht bei den schwächsten Kettengliedern des Weltkapitalismus und geht innerhalb ihrer wiederum von den schwersten Fehlerstellen, von den über die Grenzen der Ertragsfähigkeit hinaus entwickelten, an den Rand des Bankrotts gepreßten Großindustrien aus. Er setzt die kapitalistische Produktion nach der Logik ihrer Fehler, ihrer Negation, in Gang dadurch, daß er die kapitalistische Ertragsbildung von den Bedingungen der ökonomischen Wertbildung und vom Gleichgewichtsgesetz loslöst, daher das Prinzip der kapitalistischen Profitbildung einerseits zur unbegrenzten Bilanzprosperität verabsolutiert, aber es hiermit andererseits zur formalen Fiktion macht. Was beim zyklischen Prozeß in zeitlicher Aufeinanderfolge die Profitsteigerung der Aufstiegsphase und die Kapitalliquidation der Abstiegsphase ist, ist hier gleichsam zu den simultanen Bewegungen eines und desselben von ihrer Wechselwirkung angetriebenen Verlaufs geworden. Die ökonomischen Reserven, aus deren Verzehrungsspielraum dieses System lebt, sind sowohl die Kreditreserven des privaten Kapitals wie die Versorgungs- und Beschaffungsreserven an Rohstoffen und Agrarprodukten, wie der absolute Senkungsspielraum des proletarischen Lebensniveaus. Da das ganze Gewicht der Diktatur zunächst zur Lohnsenkung ausgenutzt wird, ergibt sich eine zeitweilige Interessensolidarität der genuin faschistischen Industriegruppen mit den anderen, auf deren Kreditkosten sie leben. Die fiktive Profitbildung jener Gruppen füllt sich innerhalb der Grenzen der Senkung des Reallohnniveaus mit echtem Profit auf, die relative Mehrwertproduktion wird durch absolute ersetzt, aus deren Gewinnen, formell Surplusgewinnen, auch die potentiell noch rentablen Industrien sich für die Verluste schadlos halten, die sie an echten Aktiva erleiden. An den Grenzen der absoluten Lohnsenkung macht jedoch der Aufzehrungsprozeß nicht halt, weil die Profitbildung, die von vornherein unterhalb des ökonomischen Gleichgewichts spielt, reelles Defizit in virtuellen Profit verwandelnd, überhaupt aus eigenen Stücken nicht haltmachen kann. Mit der Annäherung an die Grenzen der Lohnsenkung droht der Aufzehrungsprozeß das Kapital selbst anzugreifen, wenn kein Ausweichen nach außen möglich ist. Die faschistische Diktatur verlagert ihre demagogische Gewalt auf die Seite der Arbeiter zum Druck auf das Kapital oder zusammen mit dem Kapital zum Druck auf äußere Expansion. Die sozialen Interessenkämpfe, die auf der Basis der relativen Mehrwertproduktion Kämpfe um die Frage sind, wer den Ertrag bekommt und in welcher Proportion, werden im Faschismus vor allem zu Kämpfen um die Frage, wer die reellen Kosten der fiktiven Profitbildung auf die anderen abwälzen kann. Diese Frage spitzt sich bei wachsender innerer Klemme naturgemäß auf die Alternative zu, daß die eigene Bourgeoisie des faschistischen Staates den Verlust, der auf sie zurückt, um ihn nicht selbst zu tragen, auf eine fremde Bourgeoisie abzuwälzen trachtet.

7. Entwicklungslinien der Außenpolitik (Mai 1939)

Kein Kind außerhalb Deutschlands hat einen Augenblick Hitlers Erzählung geglaubt, daß er Rußland hat überfallen müssen, um Deutschland vor der bolschewistischen Kriegsgefahr zu retten. Aber eine Überraschung wird es für viele sein, zu erfahren, daß der Krieg gegen Rußland seit dem Herbst 1935 eine fest beschlossene Sache gewesen ist. Und doch verhält es sich so. Der Krieg gegen Rußland hat die militärische Grundlage für die deutsche Aufrüstung gebildet. Wir werden später zu berichten haben, wie es dazu gekommen ist, daß die alte Streitfrage: Krieg gegen Osten oder Krieg gegen Westen? für den deutschen Generalstab schon im Laufe der ersten beiden Jahre des Hitler-Regimes zur Entscheidung gekommen ist. Das Ergebnis war jedenfalls, daß Mitte November 1935 Generalstab und Hitler-Regierung übereinkamen, die Aufrüstung in Umfang und Tempo so zu bemessen, daß Deutschland imstande wäre, im Frühjahr 1939 den Angriff auf Rußland zu führen. An diesem Beschluß ist ohne Schwanken festgehalten worden, bis im Januar 1939 der Generalstab selbst zur Überzeugung kam, daß erst die Gegner im Westen niedergerungen werden müßten, damit man für den Kampf im Osten den Rücken freihabe. Hitler und Ribbentrop wurden nach heftigem Widerstreben vom Generalstab genötigt, den Pakt mit Stalin zu suchen. Doch wir wollen nicht vorgreifen. Die Kriegspolitik Hitler-Deutschlands ist nur zu verstehen, wenn sie in ihrer sukzessiven Entwicklung dargestellt wird.

Die Festsetzung des Krieges gegen Rußland auf das Frühjahr 1939 bedeutete, daß die deutsche Aufrüstung selbst aufs äußerste beschleunigt werden mußte. Der ursprüngliche Aufrüstungsplan, der im Februar 1934 beschlossen worden war, sah eine Aufrüstung im Rahmen eines Kostenaufwandes von 33 Milliarden RM über eine Dauer von sechs Jahren vor, so daß Deutschland im Laufe des Jahres 1939 kriegsfertig würde und 1940 angreifen könnte. Aber im Herbst 1935 wurde dieser Zeitpunkt für verspätet erachtet und beschlossen, die restliche Aufrüstung von den vorgesehenen drei Jahren auf anderthalb Jahre zusammenzudrängen.

Eine moderne Aufrüstung besteht, wie bereits ausgeführt wurde und wie sich von selbst versteht, nicht aus der direkten Produktion und Aufhäufung von fertigem Kriegsmaterial, sondern aus dem planmäßigen Aufbau der »kriegsindustriellen Reservekapazitäten«, die in der Anlaufzeit zum Krieg und während des Krieges das Material produzieren sollen. Das beschleunigte Aufrüstungsprogramm lief deshalb darauf hinaus, die kriegsindustrielle Grundlage bis Herbst 1938 fertigzustellen, um dann von November 1938 bis April 1939 die neue Maschinerie anlaufen und auf volle Touren kommen zu lassen, um die erforderlichen Mengen an Kriegsmaterial für die geplante Groß-Offensive bereitzustellen. Wir werden noch berichten, wie man sich damals, im Herbst 1935, den Krieg gegen Rußland vorstellte.

Die Aufrüstung nahm das gesamte potentielle Mehrprodukt der deutschen Industrie in Anspruch. Unter dem Schlagwort »Mengenkonjunktur statt Preiskonjunktur« wurden die Löhne und anderen persönlichen Einkommen einerseits und die Preise andererseits auf dem Niveau des Krisenstandes gestoppt, also das für die Lebenserhaltung des Volkes bei Vollbeschäftigung notwendige Produkt mengenmäßig und wertmäßig sistiert, wobei ursprünglich die Instandhaltung und Ersetzung des Sachkapitals dieses Sektors, also Maschinen, Gebäude, Wohnhäuser etc., zwar vorgesehen, aber aufs notwendige Minimum reduziert worden waren. Die gesamte darüber hinausgehende Produktionskapazität war für die Aufrüstung reserviert. Hier waren eine hohe Profitmarge und eine hohe Abschreibungsrate auf die Investitionen gestattet. Auch die Finanzierung innerhalb des Rüstungssektors erfolgte durch Wechsel – bis Ende 1935 Mefo-Wechsel, auf die zu diesem Zweck gegründete »Metallurgische Forschungsgesellschaft« gezogen –, die beliebig gestückelt und zur Weiterbezahlung an Vor- und Unterlieferanten verwandt und nach Ablauf von sechs Monaten eingelöst werden konnten. Die gesamte Wert- und Profitrechnung im Rüstungssektor kam daher ihrerseits einem fiktiven, nämlich auf den Gewinn des künftigen Krieges gezogenen Wechsel gleich. Durch diese strikte, nur durch die Fuchtel des Naziterrors erzwingbare Zweiteilung der deutschen Ökonomie, deren Konzeption wohl von Schacht stammte, ließ sich eine Inflation vermeiden. Sollte nun die Aufrüstung um ein so beträchtliches Maß wie die Tempoverdoppelung beschleunigt werden, so hatte dies Konsequenzen für die Grenzziehung zwischen den beiden Sektoren. Das Mehrprodukt mußte auf Kosten des lebensnotwendigen Produkts ausgedehnt werden, soweit es nicht durch physische Mehranspannung der Arbeitskraft gesteigert wurde, was praktisch wiederum auf den individuellen Konsumhaushalt zurückschlug.

Die Beschleunigung der Aufrüstung setzte das Land einer ungeheuren wirtschaftlichen Belastung aus, aber die Entscheidung lag in den Händen der mit der Wirtschaft unmittelbar nicht befaßten Instanzen des Regimes: Generalstab, Hitler und Partei. Die Maßnahme wurde von diesen für notwendig erachtet wegen der internationalen Entwicklung. Nicht nur traf England Anstalten zur Rüstung, vor allem Rußland reagierte auf die wiedererwachende deutsche Gefahr mit einer beträchtlichen Steigerung seines Militärbudgets. Der nicht mehr bezweifelbare Kurs des Hitler-Regimes auf den Krieg stürzte die ganze Welt in einen Rüstungswettlauf, und Deutschland mußte folglich das Tempo beschleunigen, um den entscheidenden Vorsprung zu wahren.

Die Beratungen, die um den 10. Oktober herum begannen und bis Ende November fortgingen, betrafen die wirtschaftlichen Auswirkungen der Tempoverschärfung. Es wurde ein »Inneres Reichskabinett« mit nur acht Mitgliedern gebildet, das fortan als Institution erhaltenblieb und mit nur geringfügigen Veränderungen der Zusammensetzung in das spätere Kriegskabinett überging. Es bestand aus Hitler als Vorsitzendem, der aber in diese Verhandlungen kaum jemals eingriff, Rudolf Heß als Wortführer für die Partei, Raeder für die Kriegsmarine, v. Blomberg als Kriegsminister und Sprachrohr des Heeres und des Generalstabes, Göring für die Luftwaffe und auch schon in seiner Funktion als Bevollmächtigter für die Aufrüstung, eine Eigenschaft, die sich bereits abzuzeichnen begann und durch eben diese Verhandlungen sehr gefördert wurde, v. Neurath als Außenminister, v. Schwerin-Krosigk als Finanzminister und Schacht als Wirtschaftsminister und Reichsbankpräsident (von dem übrigens, auf dem Weg über die *Führerbriefe,* meine Kenntnis dieser Dinge stammt); gelegentlich wurde auch der preußische Finanzminister Popitz hinzugezogen, damit Schacht sich nicht für unersetzlich erachte. Die dominierende Figur war Göring, weil er im engsten Einvernehmen mit Hitler und als dessen Sprecher fungierte. Weder Goebbels noch Himmler noch Darré oder Frick gehörten diesem Gremium an, noch v. Fritsch, der Oberbefehlshaber des Heeres, der es mit der Partei schwer hatte, weil er die Souveränität der Reichswehr gegenüber der Partei und zur Not auch gegen sie verkörperte. Als später die Waffen-SS aufgestellt wurde, wurde auch Himmler Mitglied des Inneren Kabinetts. Schacht als der Verantwortliche für die Währungs- und Kreditpolitik, äußere Schulden und Devisenbeschaffung agierte in diesem Rahmen als der Wortführer der Wirtschaftsinteressen. Er vertrat die Belange der Wirtschaftspolitik, von der Hitler am allerwenigsten verstand, und das war für diesen Grund genug, Schacht mit Mißtrauen und Unbehagen zu beobachten. Es war leicht, diese Gefühle gegen Schacht zu verstärken, wie es eben damals durch Göring geschah, als er über die Ernährungskrise in die Schiedsrichterrolle zwischen Schacht und Darré aufrückte und sich dadurch über Schacht erhob. Schacht stand damals unter Gestapo-Überwachung.

Die Beratungen fanden einmal wöchentlich in Hitlers Arbeitszimmer in der Reichskanzlei um den dortigen Kamin statt, was ihnen in eingeweihten Kreisen den Spitznamen der »Gespräche am Kamin« eintrug in Anspielung auf einen bekannten Buchtitel – *Träumereien an französischen Kaminen* – und im Geiste des damals typischen Zynismus, der sich an dem blutigen Inhalt der nach außen gekehrten Friedensliebe erging. Die Frage der Beschleunigung der Aufrüstung beschwor eine der einschneidendsten Krisensituationen herauf, die das Regime erlebt hat, und wie immer in solchen kritischen Klemmen wurde seine innere Dialektik gerade damals greifbar.

Die im Mittelpunkt der »Gespräche am Kamin« stehende Frage zog alle informierten Kreise der Wirtschaft, die Direktionen der Banken, die Leitungen der großen Konzerne, die Syndici der Wirtschaftsverbände und die politischen Büros der Wirtschaft, die Großagrarier, die Reichswehroffiziere aus der Bendlerstraße in ihren Bann und bildete das einzige Thema bei geselligen Zusammenkünften der oberen Zirkel im damaligen Berlin. Das Einzigartige der Situation lag darin, daß die diskutierte Entscheidung die herrschenden Schichten des deutschen Großbürgertums noch einmal aus ihrer fatalistischen Ergebenheit in den Gang der Dinge aufrüttelte und sie zu einer Stellungnahme herauszufordern schien, als ob über die Reichspolitik von Grund auf frisch beschlossen, die Hitler und seiner Partei übergebene Macht wieder zurückgenommen und die Entwicklung noch einmal vollständig korrigiert werden könnte. Plötzlich schienen der Kritik und der Diskussion alle Schleusen geöffnet zu sein. Alles wurde herausgesagt, die Übergriffe der Nazis, ihre Unfähigkeit und dummdreiste Anmaßung, ihre hanebüchene Korrumpiertheit, die Unterschleife und Veruntreuungen, ihre Verbrechen, der gefährliche Unfug der Nazi-Ideologie, der Wahnwitz ihrer Rassenpolitik. An einem Abend Ende Oktober bei Dr. Hahn in seiner Wohnung in der Bendlerstraße wurden mit Reichswehroffizieren die Chancen einer gewaltsamen Entwaffnung der SS- und SA-Formationen durch die Reichswehr diskutiert, die Bereitschaft und Zuverlässigkeit der Garnisonen für eine solche Aktion, die Spannungen zwischen Stabsoffizieren und Truppenoffizieren, zwischen der Bendlerstraße und den Garnisonen sowie zwischen den Offiziersrängen hinunter bis zum Major und herauf bis zum Hauptmann, etc. Aus den verschiedensten Quartieren der Wirtschaft kamen Denkschriften zum Vorschein, von der Reichskredit-Gesellschaft, von der Dresdner Bank, von den rheinisch-westfälischen Schwerindustriellen, als wichtigste aber die Denkschrift des Leipziger Oberbürgermeisters und Reichskommissars für die Preisüberwachung Dr. Goerdeler *Über die wirkliche Lage in Deutschland*, die dieser durch den Staatssekretär der Reichskanzlei Lammers an Hitler direkt eingereicht hatte. Darin wurde eine vollständige Umkehr des Wirtschaftskurses seit 1933 gefordert, die Rückkehr zu den Grundsätzen der Bilanzwahrheit und der regelrechten Wirtschaftsführung im einzelnen und im ganzen verlangt, also genau die Art von Wirtschaftspolitik, deren Problematik drei Jahre zuvor zum Steigbügel der Nazimacht geworden und die durch die seitherige Verschwendungspolitik für Krieg und Aufrüstung gänzlich unmöglich geworden war. Aber diese Widersprüchlichkeiten fanden in die vom Schrecken über »die wirkliche Lage in Deutschland« befallenen Köpfe keinen Eingang, und in viele der Bürger-

köpfe haben sie das bis heute nicht vermocht. Freilich ist es ebenso verkehrt, die Nazis als die unmittelbaren Exekutivagenten des seiner Profite mächtigen Monopolkapitals zu betrachten, ohne zu berücksichtigen, daß die Profitgewinnung des Monopolkapitals, um es paradox auszudrücken, selbst defizitär werden mußte, bevor die Nazis als die Nutznießer der unlösbar gewordenen Widersprüche dem Monopolkapital auf den Buckel steigen konnten.
Schacht freilich begriff etwas von diesen Widersprüchen. Er war derjenige, der in den »Gesprächen am Kamin« die meisten dieser Denkschriften und ihre Argumente vorzutragen und zur Debatte zu stellen hatte und schon dadurch ihrer inneren Schwäche gewahr wurde. Doch die Argumente gegen die Beschleunigung der Aufrüstung waren nicht alle von dieser Art. Oberst Thomas vom Wehrwirtschaftsamt der Reichswehr vertrat selbst seine sehr gewichtigen Einwände und Bedenken, daß die Zusammendrängung der restlichen Aufrüstung auf die Hälfte der ursprünglich dafür vorgesehenen Zeit unter äußerster Anspannung aller Reserven und Kräfte zwar möglich sei, aber das Volk in einen solchen Erschöpfungszustand versetzen würde, daß es zur eigentlichen Kriegführung nicht mehr imstande wäre. Jedesmal, wenn triftige Argumente gegen die Beschleunigung der Aufrüstung vorgebracht wurden und in den Beratungen das Übergewicht zu gewinnen drohten, meldete sich Göring mit dem Ausspruch: »Denken Sie daran, mein Führer, daß wir 1939 unseren Krieg mit Rußland machen wollen!« Dies war ein derart feststehender und in unveränderter Weise vorgebrachter Satz, daß Schacht ihn mit dem »ceterum censeo« des alten Cato verglich. Und in der Tat, der Führer dachte daran. Die beschleunigte Aufrüstung und der Krieg gegen Rußland im Frühjahr 1939 wurden Ende November beschlossen. Von all den angedrohten Protesten und angekündigten Rebellionen im Großbürgertum und in der Reichswehr gegen den »Wahnwitz« des Regimes regte sich nichts. Im Gegenteil, die Verschärfung des Kurses hatte das Ergebnis, daß auch die noch zögernden und sich abseits haltenden Teile der Wirtschaft von dem Piedestal ihrer Vorbehalte heruntergeholt wurden und sich als Rüstungsproduzenten, wie alle anderen, dem Regime gleichschalteten. »Wir sitzen alle in einem Boot«, war Schachts Resümee der Lage.

Da es nun also beschlossene Sache war, daß »wir 1939 unseren Krieg mit Rußland machen« würden, wie stellte man sich diesen Krieg damals im Generalstab vor?
Politisch hielt man vier Hauptbedingungen zum Sieg für unentbehrlich. Die erste und am nachdrücklichsten betonte Bedingung war, daß Deutschland uneingeschränkte Verfügung über die wirtschaftlichen Quellen und strategischen Potenzen des gesamten »mitteleuropäischen Raumes« besäße. Nicht daß man die Donau- und Balkanländer erobern und politisch annektieren wollte; aber sie sollten unter den Einfluß und in die tatsächliche Botmäßigkeit des Reiches gebracht werden, so daß man nach Bedarf über ihre Rohstoffe, Ernten, Energiequellen, ihre Transportmittel, Post und Verwaltungseinrichtungen bestimmen und verfügen, ihre Produktionsrichtungen und Anbaupolitik lenken könnte. Also »Agrarkartellierung« auf hypertrophischer Stufenleiter. Dies entsprach der als selbstverständlich akzeptierten Überzeugung des Generalstabes, daß Deutschland für jeden künftigen Großkrieg sich auf mindestens dasselbe Glacis als Basis stützen müsse wie die Zentralmächte im vorigen Weltkrieg; nur würde diesmal Italien an die Stelle der Türkei treten.
Es versteht sich, daß diese Bedingung aufs genaueste mit den erklärten imperialistischen Zielen des deutschen Großkapitals zusammentraf, das diesen selben »mitteleuropäischen Großraum« zum unbestrittenen Monopolbesitz im künftigen Wirtschaftskampf mit den internationalen Großkonkurrenten, Großbritannien, USA und Japan, machen wollte. Krupp, der Chemie-Trust und die Stahlvereins-Gruppe bildeten in dieser Politik eine untrennbare Einheit mit dem Generalstab. Man kann hier von einer planmäßigen Arbeitsteilung sprechen. Krupp, z. B., finanzierte die Aufstände und Partisanenkämpfe der Kroaten und Slowenen gegen die jugoslawische Regierung in den Jahren 1932 und 1933, für die die Abteilung »Abwehr« im Reichswehrministerium die Offiziere (Hauptmann Hütter), die Waffen und die militärischen Instruktionen lieferte. Krupp und der Chemie-Trust stellten das Geld, mit dem 1935 auf Wunsch des Generalstabs die Aktien-Majorität über gewisse jugoslawische Kupfer-, Zink- und Bauxit-Minen erworben wurde; die wahren Käufer verbargen sich hinter einer belgischen Strohfirma. Der Chemie-

Trust betrieb im Einvernehmen mit dem Generalstab den planmäßigen Anbau von Ölsaaten, d. h. hauptsachlich von Sojabohnen, in Rumänien, Bulgarien und Ungarn, um sich im »A-Fall« (Krieg) von den ostasiatischen Einfuhren unabhängig zu machen. Herr von Flügge, ein Mitglied der Wirtschaftspolitischen Abteilung der I.G. Farben, war der führende Experte für die Ölsaatenpolitik. Schon erwähnt wurde das Essen, das die I.G. Farben 1935 für den Generalstab veranstalteten, um diesem den hohen Wert der Sojabohne für die Kriegsernährung zu demonstrieren. Die selektive Saatenzucht der Soja wurde übrigens von den I.G.-Experten auf Versuchsfeldern in der Sowjetunion betrieben. I.G. Farben und Benzol-Verband (d. h. Montanchemie, Kohlen-Syndikat, Stahlvereins-Gruppe, auf allen übrigen Gebieten der Hauptkonkurrent der synthetischen Chemie) betrieben gemeinsam und im Verein mit der Dresdner Bank den Kapitalkampf um die rumänischen Ölquellen, eines der wichtigsten Desiderata des Generalstabes. Der Generalstab wiederum setzte gegen die Partei-Interessen, die im Reichsnährstand herrschten, und im Wirtschaftsministerium die von der I.G. Farben und von Krupp geforderte Handelspolitik durch; d. h. praktisch gesprochen, die Opferung der deutschen Bauerninteressen zugunsten der donauländischen Einfuhren und die »Gleichschaltung« zahlreicher Interessen der verarbeitenden Industrien. Kurzum, in der ganzen Politik der »wirtschaftlichen Durchdringung« des Donauraums läßt sich zwischen dem Anteil der führenden Kapitalgruppen und dem Anteil des Generalstabes eine Trennungslinie nicht ziehen.

Die »Zusammenarbeit« lag, auf seiten des Wehrministeriums, hauptsächlich beim »Wehrwirtschaftsamt« (Oberst Thomas) und beim »Heeresverpflegungsamt« (General Kaamann), die die wirtschaftlichen Pläne der Aufrüstung bearbeiteten und von denen die Rüstungsaufträge an die Industrie ausgingen. Diese beiden Stellen waren die eigentlichen und funktionellen Nahtstellen zwischen dem Großkapital und dem politischen Hitler-Regime. Beide Ämter waren nicht mit Nazis besetzt und vermieden jeden direkten Kontakt mit anderen Reichsämtern, in denen die Nazis etwas zu sagen hatten. Die besonderen Wünsche und Klagen des Großkapitals gingen den Weg zu Thomas und Kaamann, von da zu Fritsch, weiter zu Blomberg, der sie direkt bei Hitler vorbrachte, und von dort wurden sie als Ukas über Heß und Himmler an die Partei heruntergegeben. Ihre eigenen Informationen bezogen Thomas und Kaamann grundsätzlich nur von den Kapitalinteressenten selbst, niemals (soweit sie es nur irgend vermeiden konnten) von den Experten und Dezernenten in irgendwelchen Ministerien. Wenn Thomas z. B. sich über den Einfluß der Ersetzung von ägyptischer und amerikanischer Baumwolle durch brasilianische und von natürlichen durch synthetische Spinnfasern (Staple-fibre) auf den Spinnereiprozeß usf. ins Bild setzen wollte, so fragte er einen Textilindustriellen und nicht etwa den zuständigen Ministerialdirektor im Wirtschaftsministerium. Oder wenn er wissen wollte, wieviel Ölkuchen zur Viehfütterung bei der Vermahlung von Sojabohnen abfällt, so wandte er sich nicht ans Ernährungsministerium, wo alle diese Daten über lange Jahre statistisch gesammelt vorlagen, sondern an den Inhaber der Firma Tengelmann, den größten und reichsten Ölmühlenbesitzer Deutschlands. Was sich Thomas, Kaamann und ihre Stäbe an wirtschaftlicher und produktionstechnischer Detailkenntnis im Verlauf der Aufrüstungsjahre erwerben mußten und erfolgreich erworben haben, ist kaum vorstellbar. Wenn man an irgendeiner Stelle von einem »Brain-Trust« der Hitler-Regierung sprechen konnte, so in diesen beiden Ämtern, die die Hitler-Regierung mieden, wo sie nur konnten. Die geschilderten Arbeitsmethoden aber brachten es mit sich, daß aller praktische politische Einfluß bei denjenigen Leuten und Büros lag, an die Thomas und Kaamann sich wandten, um sich die »richtigen« Interessenten und Großkaufleute nennen zu lassen, an die sie sich zu Informationszwecken wenden konnten. Nun, diese Leute und Büros waren die von Krupp, von den I.G. Farben, vom Stahlverein und Langnam-Verein bzw. der politischen Abzweigung des letzteren, nämlich der Mitteleuropäische Wirtschaftstag und sein Geschäftsführer Dr. Max Hahn, mein Vorgesetzter und hauptsächlicher Informationsquell, – die praktisch die Zugangswege zu Thomas und Kaamann und damit für das lukrative Rüstungsgeschäft monopolisierten. Sie hatten deshalb den Vorrang auch mit Bezug auf die beschriebene Kommando-Schaltung über die politische Reichsleitung und die Partei.

Allerdings darf man sich von dem politischen Bewußtsein und »Ideengehalt« dieses Einflusses keine übertriebenen Vorstellungen machen. Der »Ideengehalt« beschränkte sich auf die Strukturinteressen der betreffenden Firmen sowie ihrer Inhaber und Vertreter. Die Aufrüstung aber und die Gleichschaltung der gesamten deutschen Wirtschaft in ihrem Dienste rollten in jedem Detail und in jeder Maßnahme Fragen auf, die den Interessenhorizont der Einzelfirmen überstiegen. Alles, was in Angriff genommen wurde, ob die landwirtschaftliche Produktionsregelung oder die synthetische Rohstoffproduktion oder die Produktionsregelung der gesamten Metallwirtschaft etc., ging über den Horizont der Interessen jeder Einzelfirma, auch der größten, hinaus. Und wo bei einem Interessenten etwas seinen Interessenhorizont übersteigt, da beginnt in seinem Denken die Transzendenz. An dieser Grenze denkt er nicht mehr richtig und nicht mehr falsch, sondern da denkt er gar nicht mehr. Da kriegt er das Gruseln. Mit diesem Gruseln beherrscht Hitler die Phantasie der überfragten Interessenten. »Der Führer wird's schon machen!« Das blinde Vertrauen in den Führer lebt von der Transzendenz der gesellschaftlichen Synthese der Privatinteressen und von dem Bewußtsein, daß diese Synthese im Sinne dieser Privatinteressenten stattfindet, soweit das nur irgend möglich ist. Daher hat, im Vakuum dieser Transzendenz, der »Führer« eine gewaltige Macht. Der äußere Mechanismus der Interessenschaltung mag noch so genau den Vorstellungen entsprechen, die sich der kleine Moritz davon macht; nichtsdestoweniger »machen« die Interessenten nicht die Politik des Dritten Reiches. »Gemacht« wird die Politik des Dritten Reiches in erster Linie tatsächlich von Hitler selbst, in zweiter Linie von dem Gremium der »Gespräche am Kamin« und im Generalstab, wobei »Hitler selbst« sich ausdehnt auf seinen unmittelbaren Kreis, nämlich Ribbentrop, Himmler, Goebbels, Rudolf Heß sowie Göring, d. h. diejenigen, die das Regime in Kategorien des konterrevolutionären Klassenkampfs verstehen und deshalb nicht mehr Bürger, sondern wirkliche Faschisten sind.

Das Bild von der Arbeitsweise des Thomasschen Wehrwirtschaftsamts und des Kaamannschen Heeresverpflegungsamts hat in dieser Form seine Richtigkeit nur bis zum Ende des

Jahres 1936 behalten. Im Oktober/November 1936 wurde der Apparat dieser Ämter mit seinem leitenden Personal (das stimmt allerdings ganz nur vom Thomasschen Amt), aber in gewaltiger Erweiterung, dem Göringschen Vier-Jahresplan-Direktorium unterstellt und vom Kriegsministerium ins Luftfahrtministerium überführt. Von der Arbeitsmethode in diesem neuen Rahmen kann ich keine genaue Rechenschaft mehr geben, da ich im Februar 1936 Deutschland verließ. Es spricht aber vieles dafür, daß sie sich in den Grundlinien treu geblieben ist, wenn sie sich auch nicht mehr ganz so klar gegenüber der Partei isoliert halten konnte. Das Göringsche Direktorium diente bekanntlich der Realisierung des »Autarkie«-Programms für die Rohstoffwirtschaft, also der synthetischen »Werkstoff«erzeugung. Der maßgebliche Einfluß lag von 1936 an bei den I.G. Farben. Im übrigen stammt das Programm dieses »zweiten Vierjahresplanes« fast vollständig vom Thomas-Amt, wo z. B. die synthetische Spinnfasererzeugung schon 1934 eingeleitet worden ist. Was 1936 eintrat, war nur die Systematisierung der im einzelnen schon vorher entwickelten Pläne und die Schaffung eines neuen organisatorischen Rahmens für die Ausarbeitung und Durchführung.

Um auf die vier politischen Hauptbedingungen des Generalstabes für den Rußlandkrieg zurückzukommen, muß man für die Errichtung der deutschen Herrschaft über den »mitteleuropäischen Raum« zwischen den schwachen Ländern (Rumänien, Ungarn und den übrigen Balkanländern) einerseits und der Tschechoslowakei und Österreich andererseits, sozusagen dem Knochen und dem Knorpel in der ganzen Masse, unterscheiden. Diese beiden Länder waren mehr als ein Problem der »wirtschaftlichen Durchdringung«, und die Ausräumung ihres Widerstandes und ihrer Selbständigkeit bildeten deshalb die beiden Hauptpunkte in der ersten der vier Bedingungen.

Die zweite der Bedingungen betraf Polen. Der Generalstab legte keinen Wert auf die aktive Bundesgenossenschaft dieses Landes, die man im Gegenteil eher als eine Belastung denn als einen Vorteil einschätzte. Rüstungsstand, Ausbildung, Disziplin der polnischen Armee wurden für gering erachtet, und die inneren Nationalitäten-Gegensätze galten als Quelle der Unzuverlässigkeit. 1934 war versucht worden, die Polen für ein Rüstungsabkommen mit Deutschland zu gewinnen, dem zufolge die Ausrüstung und der Neuaufbau der polnischen Armee ganz in die deutschen Hände übergegangen wäre. Da das aber abgelehnt worden war, fiel Polen als militärischer Aktivposten für den deutschen Generalstab aus der Rechnung aus. Was man jetzt von Polen verlangte, war, daß es sich, wie die Formel lautete, »freiwillig vergewaltigen« lasse; das heißt, gefragt oder ungefragt sollte es sich wirtschaftlich, verkehrspolitisch, administrativ und strategisch von der deutschen Heeresleitung als Aufmarschbasis gegen Rußland benutzen lassen.

Als dritte Bedingung wurde die aktive Bundesgenossenschaft Japans verlangt. Gleichzeitig mit dem deutschen Angriff auf Rußlands Westgrenzen sollte Japan sich gegen Sibirien in Bewegung setzen.

Die vierte und nicht die geringste der Bedingungen war, daß England zu dem Kriege eine mindestens strikte, wo nicht wohlwollende Neutralität befolge.

Was die strategische Durchführung des Krieges selbst anlangt, so war es damals die Auffassung des Generalstabes, daß Deutschland Rußland in sechs Monaten überwinden müsse, um des Sieges sicher zu sein. Einen mehr als neunmonatigen Feldzug unter Bedingungen des totalen Krieges könne Deutschland, nach den Belastungen und Opfern der Aufrüstungsperiode, nicht bestehen. Um einen Sieg in solch kurzer Zeit zu ermöglichen, wurde beschlossen, die strategischen Operationen durch den Aufbau eines ausgedehnten Systems von Agenten und Spionen innerhalb Rußlands zu ergänzen. In Wahrheit war der Aufbau eines solchen Systems schon seit 1934 im Gange. Von 1935 an wurde aber der Plan mit außerordentlicher Energie und allen erdenklichen Hilfsmitteln der Gestapo und der Abteilung »Abwehr« betrieben. Die Infiltration erfolgte entlang der polnischen Ostgrenze und bediente sich vielfach der von der »Katholischen Aktion« geschaffenen und erprobten Wege. Die »Katholische Aktion« unterhielt an der polnisch-russischen Grenze eine Anzahl von Jesuiten-Stationen. Dort wurden Jesuiten zu griechisch-orthodoxen Popen ausgebildet und einzeln nach Rußland, größtenteils in die Ukraine, geschmuggelt, wo sie religiöse und konterrevolutionäre Propaganda entfalten sollten. (Diese

Informationen stammen nicht aus sowjetrussischen, sondern aus deutschen Quellen.) Außerdem wurden jetzt die Reste der früheren weißgardistischen Armeen, namentlich der Wrangelschen, gesammelt, soweit sie nicht demoralisiert und zersprengt waren; solche Reste gab es noch, mit verhältnismäßig gut konservierten Kampfenergien, in Rumänien und in Jugoslawien. Sie wurden nach Berlin gezogen, in einem streng disziplinierten Verband organisiert, finanziell fundiert und militärisch ausgebildet. Die Geeigneten wurden als Agenten nach Rußland hineingeschmuggelt. Auf paralleler Linie arbeitete Japan. Japan hatte seit dem Ausgang des russischen Bürgerkrieges das Patronat der Reste der Koltschakschen und der Semenowschen Heeresgruppen übernommen und Teile davon in Charbin angesiedelt und unterstützt. Hier hatte allerdings eine gründliche Demoralisierung Platz gegriffen, so daß Japan bereits im mandschurischen Feldzug 1931 und 1932 aus diesen Gruppen nur noch geringen Nutzen ziehen konnte. Was noch tauglich schien, wurde von Charbin weggezogen; u. a. wurde eine Gruppe, so abenteuerlich es klingt, unter japanischer Kontrolle auf Flugplätzen in Kanada zu Piloten ausgebildet; andere Gruppen wurden in Chinesisch-Turkestan verwandt, als 1933 und 1934 im Gefolge des Tunganen-Aufstandes Sowjetrußland das dortige chinesische Territorium eroberte. Wie viele von diesen Leuten die Japaner im Laufe der Jahre nach Rußland als Agenten hineingeschickt haben, ist mir nicht bekannt. Die Zahl wird nicht gering gewesen sein. Die aktive Zusammenarbeit der Japaner mit dem deutschen Propagandaministerium und der Gestapo entwickelte sich seit 1934 in systematischer Weise. Die Geldmittel stammten großenteils von Deterding und vom Nobel-Konzern, der ähnlich wie die Royal Dutch Shell durch die russische Revolution um großen Privatbesitz an den Baku-Ölfeldern gebracht worden war und sich die Hoffnungen auf eine Wiedereroberung viel kosten ließ. Zum Beispiel bestand 1934 auf japanische Anregung der Plan, den Minderheitenkongreß des Völkerbundes zu einer großangelegten Kundgebung der »unterdrückten Minoritäten« Sowjetrußlands zu gestalten, namentlich der Ukrainer, Georgier und Kaukasier. Für diesen Zweck suchte das Propagandaministerium im Juni in den Büros der Großindustrie nach geeigneten Leuten, die für diese Minderheiten die passenden Nationalprogramme ausarbeiten könnten, so nämlich, daß die Grenzziehung der geforderten unabhängigen Nationalgebiete die interessanten Bodenschätze an Erzen, Kohle, Öl, Energiequellen etc. einschloß. Auch dies finanzierte der Nobel-Konzern. Im Juni 1934 tauchte beim MWT am Schöneberger Ufer Herr v. Hanstein vom Propagandaministerium auf in Begleitung eines Herrn Diamantseff, der sich unter Vorweisung seines Passes als Bürger der Sowjetunion auswies. Nachdem sie gegangen waren, rief mich Dr. Hahn herein und fragte mich, was ich von der Ukraine und der ukrainischen Irredenta wüßte und ob ich nicht Lust hätte, für diese ein nationales Unabhängigkeitsprogramm auszuarbeiten. Dr. Hahn war von dem Herrn Diamantseff (ich kann für die Schreibweise des Namens keine Gewähr übernehmen) ebenso beeindruckt gewesen, wie ich es nun von dem Hahnschen Vorschlag war, den ich annahm, meinem Grundsatz zufolge, mich von keiner wichtigen Informationsquelle abzusperren. Der Plan wurde dann im August fallengelassen, aus Gründen, die auch Dr. Hahn mir nicht erklären konnte. Mir ist von der Sache nur das eine Bedauern zurückgeblieben, daß ich den Herrn Diamantseff nicht zu Gesicht bekommen hatte und daher nicht weiter nachforschen konnte, wer sich hinter diesem Namen verbarg. Aber als ein Vorgang, der sich mehr als ein Jahr vor dem ersten der Moskauer Schauprozesse zutrug, legt diese Episode Zeugnis dafür ab, daß die Begründung für die Prozesse nicht jeder Realität entbehrte.

Um aber auf die Agenten Deutschlands in Rußland zurückzukommen, so geht deren Aufgabe aus einer Reihe von Berichten hervor, die die Deutsche Botschaft in Moskau für die Reichsregierung und den Generalstab lieferte. Charakteristisch sind die Berichte[1] des landwirtschaftlichen Referenten der Botschaft, Schiller. In seiner Beurteilung der Ergebnisse des Jahres 1935 z. B. kommt Schiller zu dem Schluß, daß auf Hungersnöte wie in den Jahren 1932 und 1933 in der Zukunft nicht mehr zu rechnen sein werde. Die Zwangskollektivierung der russischen Landwirtschaft verspreche nach ungeheuren Opfern zum Erfolg zu führen. Wenn auch die Ernteerträge pro Hektar im Durchschnitt noch nicht gestiegen seien, so sei doch

1 Die öffentlich zugänglichen Teile derselben erschienen in *Berichte über Landwirtschaft*.

die Anbaufläche weit ausgedehnt worden, und es sei kein Grund zu sehen, warum in den kommenden Jahren nicht auch die Flächenerträge steigen würden. Kurzum, Rußland habe die Nahrungsklemme ein für allemal überwunden. Dieser Erfolg der Kollektivierung sei erreicht worden in Verbindung mit der Traktorisierung des landwirtschaftlichen Betriebes. Tierische Zugkraft gäbe es in nennenswertem Maße kaum noch, die Pferdebestände seien auf die Armee übergegangen. Infolgedessen sei der Betrieb der russischen Landwirtschaft über die ganze Sowjetunion hinweg ein Problem der Benzinversorgung geworden. Die kritischen Perioden seien vierzehn Tage im April für die Frühjahrsbestellung und, noch akuter, vierzehn Tage im Oktober für das Tiefpflügen der Felder und die Wintersaaten. Der gesamte verfügbare Traktorenpark mit Mannschaft, Ersatzteilen und Treibstoff müsse für diese beiden vierzehntägigen Zeitspannen komplett zur Verfügung stehen, und zwar über das ganze Land etwa zur gleichen Zeit. Das Benzin für die Landwirtschaft komme immer noch, d. h. 1935, zu 92,6% von Baku und werde für die beiden genannten Zeitspannen in einem weitverzweigten Verteilungssystem getankt, das sich wie ein Riesenbaum vom Kaukasus aus nach allen Seiten erstrecke und bis in die einzelnen Traktorenstationen in den Dörfern und Sowchosen reiche. Eine Karte dieses Verteilungssystems war beigefügt. Wenn dieses System zur kritischen Zeit, z. B. Ende September, durch planmäßige Sabotage-Aktionen entscheidend gestört werden könnte, wäre die gesamte russische landwirtschaftliche Produktion paralysiert. Ähnliche Berichte gab es über die elektrische Stromversorgung und über das Verkehrssystem der Sowjetunion, namentlich das Eisenbahnnetz. Genaue Aufmerksamkeit wurde den Tendenzen zur Zentralisierung und zur Dezentralisierung des russischen Aufbaus geschenkt. Es wurde betont, daß der Wunsch der Plankommissionen auf wachsende Dezentralisierung gerichtet sei, daß aber das Entwicklungsstadium des Aufbaus noch für absehbare Zeit die weitere Zentralisierung zwangsläufig nötig mache, infolgedessen auch die Abhängigkeit des gesamten Systems von einigen wenigen, besonders verletzlichen »Nervenzentren«.

Allgemein muß gesagt werden, daß der wachsende und fast durchgängige Erfolg des Stalinschen Rußland von 1934 an die

Kreise des Hitler-Regimes, d. h. die Generalität, das Großkapital und die Parteileitung, entscheidend bestimmt hat. Die letzte Schwierigkeit, von der der volle Aufschwung der Sowjetunion damals noch zurückgehalten wurde, war der unzulängliche Stand des Eisenbahnwesens. Die denkenden Leute bei Krupp, bei der I.G. Farben, dem Stahlverein und Siemens machten sich keine Illusionen darüber, daß dieses Problem von den Russen bewältigt werden würde. »Das ist nach dem, was schon geleistet worden ist, eine Lappalie. Daran geht ein solches System nicht zugrunde«, sprach sich Dr. Hahn darüber aus, und das war mehr als seine Privatmeinung. Nun, und nach der Überwindung dieses Engpasses, da gab es ja kein Halten mehr für die russische Entwicklung! Das erschien als untragbar für die Weltstellung des deutschen Kapitals, und das mußte noch im rechten Zeitpunkt vermieden werden. Den Wendepunkt für diese Furcht vor dem russischen Aufschwung und vor dem Durchbruch des Sowjetsystems in die freie Entwicklung hatte, wenigstens bei den deutschen Industriellen, der vordem immer für unmöglich gehaltene russische Aufbauerfolg bei der Leichtindustrie, Verarbeitung und Feinmechanik gebracht. Damit drohte die russische Produktion in absehbarer Zukunft aufs Konkurrenzniveau mit der deutschen zu gelangen und auch militärisch unüberwindlich zu werden. Sofort als der Beschluß zum Rußlandkrieg und zur beschleunigten Aufrüstung Mitte November 1935 gefaßt war, kam der Generalstab mit der Forderung der Rheinlandbesetzung heraus. Den Krieg gegen Rußland könne man nicht mit offener Hintertüre führen. Garnisonen und Waffen könne man natürlich ins Rheinland legen, auch solange es noch unter offizieller Demilitarisierung stand. Ausgeschlossen aber war die Errichtung eines der Maginotlinie ebenbürtigen Befestigungswalles. Und solange man den nicht habe, würden die mit den Russen verbündeten Franzosen das Rheinland jeden Augenblick in einen Kriegsschauplatz verwandeln können. Mit dem Rheinland als Kriegsschauplatz im Rücken könne man aber nach keiner Seite an Kriegführung denken. Sobald Hitler tatsächlich nun aber für die Rheinlandbesetzung sorgen wollte, und zwar ursprünglich schon im Januar 1936 – der 25. Januar, wenn ich mich recht erinnere, war der dafür angesetzte erste Termin –, bekam es der Generalstab mit der Angst. Das Schauspiel, das sich vor der Rheinlandbesetzung in Deutschland zutrug, ist typisch und hat sich in genau entsprechender Weise bei jeder ähnlichen Gelegenheit wiederholt, so bei Spanien, vor der Besetzung Österreichs und der Erdrückung der Tschechoslowakei. Der Termin für die Rheinlandbesetzung mußte immer wieder verschoben werden und, sobald er verschoben war, von neuem angesetzt werden. Und als es schließlich zum Einmarsch ins Rheinland kam, hatte der Generalstab den Truppenoffizieren den versiegelten Befehl in die Tasche gesteckt, daß sie sich bei den ersten Kanonenschüssen von der Maginotlinie schleunigst über den Rhein zurückzuziehen hätten. Aber wie Hitler ganz richtig berechnet hatte, schossen eben die Kanonen von der Maginotlinie nicht, nicht etwa, weil es General Gamelin nicht gewollt hätte, sondern wegen des Druckes der englischen Regierung auf die französische – mit dem Ergebnis, daß Hitler und der deutsche Generalstab gleich wohlbehalten das Ende des Jahres 1938 erreichten, zu dem die Aufrüstung nach den Beschlüssen vom November 1935 fertiggestellt sein sollte.

Am 15. Dezember 1938 forderte Hitler abschließende Berichterstattung über den Stand der Aufrüstung und der Pläne für den aufs folgende Frühjahr datierten Rußlandkrieg vom Generalstab ein, und zwar spezifizierten Bericht für die drei Fälle, daß der Krieg mit Polen, gegen Polen oder ohne Polen zu führen wäre. Von den vier Grundbedingungen war nur die erste voll oder nahezu voll erfüllt – die Besetzung Prags erfolgte am 16. März 1939. Die drei anderen Bedingungen, Polen, Japan und England betreffend, waren teils ungeklärt, teils bestenfalls bis zur begründeten Hoffnung gediehen. Zur Berichterstattung des Generalstabes kam es Ende der ersten Januarwoche, um den 8. oder 10. Januar 1939, sie brachte eine neue Auseinandersetzung mit Hitler und Ribbentrop, bei der aber diesmal der Generalstab Sieger blieb. Um zunächst die Spezifizierung auf Polen vorwegzunehmen, so kam der Bericht zu dem Schluß, daß sich die Zusammenarbeit mit diesem Lande nicht so gestaltet hatte, daß man seiner hinreichenden freiwilligen Mithilfe sicher sein könne. Es müsse deshalb unterworfen werden, bevor man es als Aufmarschbasis gegen Rußland benutzen könne. Unter dieser Voraussetzung sprach sich der Generalstab optimistisch über die Siegeschancen gegenüber Rußland innerhalb eines Jahres oder genauer vom Frühjahr bis zum Eintritt des Winters aus. Aber nur unter einer grundlegenden Bedingung: Deutschland müsse frei von allen Gefahren von dritter Seite sein. Man müsse die gesamte deutsche Kriegsmacht, Material und Mannschaft, auf Rußland konzentrieren können, ohne die Siegfriedlinie gegen Frankreich besetzt zu halten oder irgendwelche größere Reserven für andere Eventualitäten abzuzweigen. Das hieß nichts anderes, als daß der Krieg gegen Rußland der Zeit nach hinter der vorherigen Liquidierung der aktuellen und potentiellen Gegner im Westen Europas zurückgestellt werden müsse. Es hieß nichts Geringeres, als daß die alte Streitfrage »Krieg gegen Westen oder Krieg gegen Osten?« aufs neue aufgerollt würde, nachdem sie in den Beschlüssen des Herbst 1935 ein für allemal entschieden zu sein schien. Die Schlußfolgerung des Generalstabs traf auf den heftigen Widerstand Hitlers, Ribbentrops und überhaupt der politischen Reichsleitung; aber der Generalstab blieb fest. Nach vierzehntägigen Diskussionen mußten Hitler und Ribbentrop sich fügen und für das Frühjahr 1939 statt des gewollten Krieges einen Besänftigungs- und Wartepakt mit Moskau vorbereiten. Die Paktverhandlungen begannen im April. Die Politik, nach der man das außerrussische Europa liquidieren wollte, lag schon früher fest. Aber um diese Politik zu begreifen und um überhaupt zu verstehen, warum die Reichsleitung es sich leisten konnte oder wenigstens glaubte, es sich leisten zu können, seine Kriegsrechnung unbekümmert um den europäischen Westen festlegen zu können, muß auf die Entwicklung vor dem Herbst 1935 zurückgegriffen werden.

Hitler hat einmal, zwei oder drei Monate nach dem 30. Juni 1934, in einem Privatgespräch offen zugegeben, er sei sich klar gewesen, daß seine Machtübernahme in außenpolitischer Hinsicht ein Spiel mit der Existenz des Reiches bedeutet habe. Aber das Wagnis habe zur inneren Rettung des deutschen Volkes getragen werden müssen. So gut es ging, habe er das Reich im Zustand seiner damaligen Machtlosigkeit gegen die schlimmsten außenpolitischen Gefahren zu sichern gesucht dadurch, daß er eine Scheinarmee von mehr als drei Millionen SA-Leuten aufgestellt und als Abschreckungsmittel verwandt habe, bis die Zeit gekommen wäre, diese Scheinarmee durch eine reale Macht abzulösen. Es besteht aller Grund anzunehmen, daß dies die wahre Deutung und Erklärung der Abhalfterung der SA-Macht, die nie etwas anderes als eine Scheinmacht gewesen war, durch das Blutbad vom 30. Juni 1934 und der nachfolgenden Wochen enthält. Davon wird noch zu berichten sein.

Tatsache ist freilich, daß die »Existenz des Reiches« nicht durch die Scheinarmee der SA und nicht durch Hitlers gerissene Taktik gerettet worden ist. Wenn es darauf angekommen wäre, so wäre dem Grauengebilde des Hitler-Reiches noch keine zwei Monate nach seiner Entstehung der Garaus gemacht worden. Niemals wieder bis zum jetzigen Zeitpunkt ist das Dritte Reich einer so tödlichen Gefahr ausgesetzt gewesen wie in der dritten Woche des März 1933. Die Ereignisse sind nie nach außen bekannt geworden und bilden fürs allgemeine Bewußtsein keinen Bestandteil der Geschichte. Und doch sind sie der Schlüsselpunkt für das Verständnis der ganzen weiteren außenpolitischen Entwicklung Europas.

Die Polen hatten im Februar, ihren Vertragsrechten entsprechend, die Westerplatte im Danziger Hafen mit verstärkter Truppenmacht belegt. Den äußeren Anlaß bildete ein Streitfall zwischen Polen und dem Danziger Senat über die Zollverwaltung des Freistaats. Die akute Krise wurde dadurch hervorgerufen, daß die Polen drohten, bei weiterer Unnachgiebigkeit Danzigs das Danziger Zollhaus zu besetzen und sich ihr Recht mit Gewalt zu holen. Hinter dieser polnischen Drohung stand die klare Erkenntnis der Bedeutung der Vorgänge in Deutschland und der Entschluß, die dort aufwachsende Gefahr – für keinen Staat so unmittelbar untragbar wie für Polen – im Keime zu ersticken. Die Warschauer Regierung hatte sich mit Paris ins Benehmen gesetzt, und das Vorgehen war aufs genaueste verabredet worden. Am Freitag, dem 17. März 1933, um zwölf Uhr mittags wollten die Polen in den Danziger Hafen einrücken und das Zollhaus besetzen. Es war berechnet worden, daß dieser Schritt in dem im ärgsten nationalistischen Taumel befindlichen Deutschland als eine Provokation empfunden werden würde, die die Hitler-Regierung aus inneren Prestigegründen keinesfalls einstecken könnte; zumindest würden die an der Posenschen Grenze dicht massierten und zügellosen

SA-Horden nicht davon zurückgehalten werden können, ins Danziger Gebiet zu laufen und den »bedrohten Brüdern« an der »blutenden Grenze« zu Hilfe zu kommen. Damit aber wäre der Fall der flagranten Vertragsverletzung eingetreten, der im französisch-polnischen Bündnisvertrag als einer der Gründe für die sofortige militärische Hilfsaktion Frankreichs vorgesehen war. Mit anderen Worten, es wäre der französisch-polnische Bündnisfall eingetreten. Paris hatte zugesagt, darauf augenblicklich mit einem Ultimatum in Berlin zu reagieren und nötigenfalls am Montag ins Ruhrgebiet einzurükken oder, richtiger gesagt, sich daraus die nötige Handhabe zu schmieden, um eine direkte Kontrolle über die militärische Politik der Hitler-Regierung auszuüben.
Dieser Plan wurde im Auswärtigen Amt in Berlin am Mittwoch nachmittag (vor dem angesetzten verhängnisvollen Freitagstermin) bekannt und löste Panik aus. Man sah sofort, daß die Berechnungsgrundlage richtig war und daß Hitlers »Abschreckung« in der Tat in die Falle laufen müsse. Das Ende der neuen Herrlichkeit schien gekommen, und es war kein Mittel zu entdecken, es abzuwenden. Doch die Panik dauerte nicht länger als 24 Stunden. Am Donnerstag nachmittag sah man wieder frohe Gesichter in der Wilhelmstraße. Was war geschehen? Zur selben Zeit wie in Berlin hatte man auch in London Kenntnis von dem polnisch-französischen Plan erhalten, und die Reaktion dort war ebenso prompt, aber ungleich aktiver. Der englische Premier Ramsay Macdonald und sein Außenminister Sir John Simon erhoben sogleich in Paris schärfsten Protest. Großbritannien werde für diesen Fall den Verpflichtungen aus dem Locarno Vertrag nicht nachkommen, sondern im Gegenteil die Franzosen in allen entstehenden Folgen ihres Vorgehens alleinlassen. Nicht Hitlers SA, sondern dieser englische Protest wirkte in Paris als Abschreckungsmittel. Die Franzosen sagten am Donnerstag vormittag den Plan in Warschau ab. Ramsay Macdonald aber, um den Franzosen auch künftig jede solche Eigenmächtigkeit zu verlegen, flog zum allgemeinen Erstaunen der Welt nach Rom und legte dort mit Mussolini den Grund für den »Viermächte-Pakt«. So dringlich erschien den Engländern die Angelegenheit, daß Macdonald sogar seinen Abscheu vor Flugzeugen überwinden mußte und in Paris nur eine kurze Zwischenlandung ohne

jede offizielle Fühlungnahme machte. Das Mussolinische Vier-Mächte-Projekt hatte den Kanzleien schon seit Mitte Februar vorgelegen und kam zu einer realen Bedeutung nur bei dieser Gelegenheit und später wieder, um als Gegengewicht gegen den französisch-russischen Pakt zu dienen. Der Abschluß zu Pfingsten 1933 in Rom war nichts als eine offizielle Schaustellung.

Aber die Wirkung auf Polen war fundamental. In einer Frage von Lebensbedeutung von Frankreich im Stich gelassen, konnte es seine traditionelle Gegnerschaft gegen Deutschland nicht länger aufrechterhalten. Es mußte seine wesentliche Stellung in der Nachkriegsordnung Europas aufgeben. Nachdem ein Kommuniqué der Außenminister vom 4. Mai den diplomatischen Kontakt zwischen Warschau und Berlin wiederhergestellt hatte, sprach am 25. Mai der polnische Gesandte in Berlin vor, um die Verhandlungen über eine neue Grundlage des polnisch-deutschen Verhältnisses einzuleiten. Das Ergebnis war die Neurath-Lipskische Freundschaftserklärung vom 15. November, gefolgt vom Abschluß eines Nichtangriffspakts am 26. Januar 1934. In Berlin aber wurde die polnische Erfahrung mit Frankreich sofort in ihrer prinzipiellen Bedeutung erfaßt.

Hitler, in außenpolitischen Dingen ein völliger Neuling, wurde in den Frühjahrsmonaten nach seinem Amtsantritt von einem Geheimrat Terdengen aus dem Auswärtigen Amt persönlich beraten. Terdengen, der aus einer katholischen westfälischen Familie stammte, war von den Nazis zunächst stark bedroht gewesen, hatte dann aber, hauptsächlich wegen der Danziger Krise, eine fast einzigartige Vertrauensstellung bei Hitler gewonnen. Er war es, der die Lehre dieser Krise in seinen Gesprächen mit Hitler verallgemeinerte und den Rat gab, allen französischen Militärverbündeten in Europa einem nach dem anderen am eigenen Leibe die Wahrheit zu demonstrieren, daß Frankreich, wenn es drauf ankam, nicht für sie marschierte. Das wurde im Juni mit Prag exerziert, das man in einer an sich unwichtigen Streitfrage provozierte, damit es sich mit einem Hilfegesuch in Paris die Absage hole. Die Reaktion war die erwartete und erwünschte. Statt mit einem heftigen Protest antwortete die Tschechoslowakei mit der Anregung, die deutsch-tschechischen Beziehungen auf eine gutnachbarliche Grundlage zu stellen. Benesch, der bestinformierte aller europäischen Außenminister, hat vermutlich die Anfrage in Paris gar nicht erst nötig gehabt; seine Anregung in Berlin aber wurde dort zu den Akten gelegt als Bestätigung, daß man mit der ČSR nach eigenen Wünschen werde verfahren können, wenn der Augenblick gekommen war. Dasselbe Experiment, mit demselben Erfolg, wurde gleichzeitig mit Jugoslawien und mit Rumänien angestellt. Auf diese Weise kam es, daß schon Ende Juni 1933, als Deutschland militärisch noch völlig ohnmächtig war und Röhm sich noch einbilden konnte, Chef der Heeresleitung oder Wehrminister der braunen deutschen Zukunftsarmee zu werden, das französische Allianzsystem in Scherben lag und die Garantie für die europäische Nachkriegsordnung ohne die geringste militärische Tat von deutscher Seite hinfällig geworden war.

Bei diesem Stand der Dinge entwickelte Hitler zum ersten Male persönliche Initiative in der Außenpolitik. Er überbot den Gedanken Terdengens in charakteristischer Weise. Es sei nicht genug, den Verbündeten Frankreichs zu demonstrieren, daß Frankreich nicht für sie marschiere. Worauf es ankomme, sei, vor den Augen der ganzen Welt zu demonstrieren, daß Frankreich nicht für sich selbst marschiere. Und sogleich ging er an die Ausführung dieses Gedankens. Zu Hilfe kam ihm der Umstand, daß Terdengen perfekt Französisch sprach, ohne jeden Akzent, sei es, daß er in Frankreich aufgewachsen war, sei es, daß er eine außergewöhnliche Sprachschulung erfahren hatte. Ende Juli wurde Terdengen auf die Reise nach Frankreich geschickt, nicht nach Paris, sondern kreuz und quer durch die Provinz und das Landesinnere, um sich in Gesprächen mit allen Schichten des Volkes von einer einzigen Frage zu überzeugen. Konnte, in der damaligen inneren Lage Frankreichs, die französische Regierung die allgemeine Mobilmachung wagen, im Falle einer deutschen Provokation, die Frankreichs Prestige, aber nicht sein Territorium antastete? Nach acht Wochen, also Ende September 1933, kehrte Terdengen nach Berlin zurück und beantwortete Hitlers Frage mit einem eindeutigen Nein. Das war die Grundlage, auf der am 14. Oktober Deutschland mit gesucht provokatorischem Eklat den Mächten seinen Austritt aus dem Völkerbund

und aus der Abrüstungskonferenz verkündete. Mit diesem Schritt gewann Deutschland, faktisch sowohl wie formell, freie Hand für seine Aufrüstung. Der Reichswehrführung wurde noch im selben Monat die Budgetierung der Aufrüstung aufgetragen.

Auf alle diese Vorgänge und Entwicklungen reagierte Frankreich mit papiernen Ersatzversuchen für sein verlorengegangenes Allianzsystem durch Kleine Entente- und Balkanpakte. Mit realen Mitteln reagierte es gar nicht, England dagegen mit dem Flottenabkommen vom Juni 1935. Im März 1935 konnte Hitler die Offenlegung der deutschen Aufrüstung und die Verkündung der allgemeinen Wehrpflicht riskieren. Angesichts dieser Sachlage wird begreiflich, daß sich die Kriegsfrage im Herbst 1935 einseitig und vollständig im Sinne des Krieges gegen Rußland entschied. Der Krieg gegen den Westen schien sich erübrigt zu haben, und die weitere Entwicklung im europäischen Feld war zunächst geeignet, diesen Eindruck zu bestätigen. Neurath allerdings mochte sich dieser Auffassung nicht so schnell fügen, und es bedeutete deshalb eine entscheidende Unterstützung der Position Hitlers, daß Ribbentrop als Londoner Botschafter die letzten Bedenken zerstreute und nachher als Außenminister den Hitler-Kurs sozusagen übersteigerte. Ribbentrops Steckenpferd wurde der Anti-Komintern-Vertrag und die Betreibung dessen, was er die »Einkreisung Rußlands« nannte.[2] Als im Januar 1939 der Generalstab die Beseitigung der restlichen Konfliktmöglichkeiten im Westen als unumgängliche Vorbedingung für den russischen Feldzug verlangte, faßten Hitler und Ribbentrop diese Aufgabe selbstverständlich als unkriegerische auf, d. h. als Aufgabe, die nicht zum allgemeinen Krieg führen würde. Die Aufgabe selbst wurde in zwei Teile geteilt. Im Laufe des Jahres 1939 sollte der außerrussische Osten ausgeschaltet werden, d. h. Polen, die baltischen Staaten und Rumänien; 1940 sollte der Westen, also Frankreich, Belgien und Holland, folgen. Zum Hebelpunkt im Osten war Danzig ausersehen. Hätte Polen Danzig und den Korridor freiwillig aufgegeben, so hätte Deutschland zu seiner Unterwerfung nicht den Krieg gebraucht. Jedenfalls war dieser Krieg nur als Lokalkrieg

2 Die folgende Darstellung stützt sich auf Informationen, die mir im Frühjahr 1939 in London Frau Dr. Margret Boveri mitteilte.

gedacht worden Den Hebelpunkt im Westen sollte die Schweiz bilden. Der Plan war die Aufteilung der Schweiz zwischen Deutschland, Italien und Frankreich. Diesem Plan hatte Ribbentrop schon bei seinem Pariser Besuch am 12. Dezember 1938 – zur Unterzeichnung der deutsch-französischen Parallele zum Chamberlainschen »Friedens«-Papier von München – vorgearbeitet. Er hatte Bonnet erzählt, daß ihnen Mussolini mit dem Tessin absolut keine Ruhe gebe, so daß man möglicherweise ihm zuliebe eine Teilung der Schweiz werde ins Auge fassen müssen. Wie sich wohl seiner, Bonnets, Meinung nach Frankreich dazu verhalten würde? Würde es von einer militärischen Einmischung absehen können, falls ihm der französische Abschnitt der Schweiz zuteil würde? Bonnet konnte hierauf natürlich nicht im Namen der französischen Regierung antworten; aber er selbst könne sich ein friedliches Übereinkommen in dieser Frage durchaus vorstellen, und es sei auch eine französische Regierung denkbar, z. B. mit Laval und Flandin, die dem ihre Zustimmung geben würde. Hierauf baute man in Berlin das weitere Vorgehen auf. Es war nicht daran zu denken, die Schweiz von innen heraus durch Nazi-Agitation zu sprengen, solange die Schweizer im Falle eines deutschen Angriffs auf die französische Waffenhilfe vertrauten. Aber sobald ihnen dieses Vertrauen genommen war, waren die Aussichten grundlegend verändert. Die erprobten Methoden konnten dann mit sicherem Erfolg angewandt werden. War aber einmal die Schweiz gefallen, so war Frankreich strategisch hilflos gemacht und politisch vollständig eingekreist. Man konnte ihm seine Regierung und seine Verwaltung lassen, sie würden in allem Wesentlichen tun müssen, was Berlin befahl. Auf diese Weise wäre Deutschland ohne einen Schwertstreich an den englischen Kanal gelangt und würde dann, im unbestreitbaren Besitz des ganzen Kontinents, mit Großbritannien auf gleichem Fuß verhandeln können. Das war die Konzeption.

Es mag unglaublich erscheinen, daß man in Berlin in allem Ernst mit der Passivität Englands gegenüber einer derartigen Entwicklung rechnete. Man muß dazu die Denkweise Ribbentrops kennen und das mit der Klassenkampf-Realität rechnende faschistische Denken überhaupt berücksichtigen. Ribbentrop leitete seine Schlußfolgerungen aus den Erfahrungen

beim spanischen Bürgerkrieg ab, die in seinen Augen die wirkliche Lage Englands mit geradezu experimenteller Schlüssigkeit beleuchteten. Seine Argumentationsweise war diese: Im Falle Spanien hätte die englische konservative Regierung – und eine andere als konservative Regierung hielt er für absehbare Zeit in England für eine Unmöglichkeit –, wenn sie nur irgend Herr ihrer eigenen Entschlüsse gewesen wäre, nur zwei Möglichkeiten gehabt. Entweder mußte sie entschlossen Madrid gegen Franco zum Siege bringen, oder aber Franco gegen Madrid, so nämlich, daß Franco englischer Vasall geworden wäre statt deutscher und italienischer. Das erstere konnte die konservative Regierung in England nicht tun, weil sie im eigenen Lande dazu eine Volksfrontbewegung hätte entfesseln müssen, die ihre Urheber weggeschwemmt hätte. Und das andere konnte diese Regierung ebensowenig tun, weil die öffentliche Meinung darauf reagiert hätte wie auf den Hoare-Laval-Pakt, der den genauen Parallelfall zu einer solchen Politik in der Abessinienfrage bildete. Das heißt, die englische konservative Regierung war durch ihre Klassenlage aktionsunfähig gemacht. Eine derartige Analyse war damals für alle marxistischen Beobachter eine triviale Wahrheit. Bemerkenswert ist daran aber, daß sie Ribbentrops Analyse gewesen ist (wie ich aus positiven Informationen aus dem Auswärtigen Amt weiß) und daß sie der deutschen Außenpolitik zur Grundlage gedient hat. Die Reaktionsweise in der Wilhelmstraße auf die englische Nicht-Interventionspolitik im Fall Spanien kann nur mit einem Worte beschrieben werden: Feixen. Und der Fall wurde als so klassisch angesehen, daß man daraus die Gewißheit ableitete, daß England, was Deutschland auf dem Kontinent auch immer anstelle, nicht intervenieren würde. Die Worte, Erklärungen, Garantieverträge der englischen Regierung für Polen, Rumänien und Griechenland nach dem 16. März 1939 konnten einen Nazi nicht von seiner Tatsachenanalyse abbringen. Ribbentrop muß wirklich vom Stuhle gefallen sein, als England wegen des Angriffs auf Polen den Krieg erklärte.
Die Vorstellungen von Hitler und Ribbentrop über die Politik gegenüber England gingen in eine ganz andere Richtung. Die Herrschaft über den europäischen Kontinent sah man bereits für so gut wie eine vollendete Tatsache an; man traute sich

ohne weiteres zu, die europäische Neuordnung – abgesehen von den Mitteln und Methoden hatte man darüber die gleichen Vorstellungen wie während des Krieges – aus eigenen Kräften zu bestreiten, d. h. mit deutschen Kapitalisten, Direktoren, Betriebsmanagern, Ingenieuren, Verwaltungsbeamten und Polizeikräften – aber den Schritt nach Übersee traute man sich noch nicht zu. Dazu wollte man England, sein Weltreich, sein Kapital, seine Schiffahrt, seine Kolonialverwaltung und internationalen Verbindungen benutzen. Man wollte als Mitinhaber ins englische Weltreich aufgenommen werden, mit dem Hintergedanken natürlich, es allein zu übernehmen, wenn man sozusagen den Trick der Sache gelernt und die Hebel an sich gerissen hätte. Daß man, nach der Entmachtung Frankreichs, England zu einem entsprechenden Abkommen bewegen könnte, wurde nicht bezweifelt. Die Berliner Theorie war, daß das britische Weltreich seit dem Westminster Statute (Dezember 1931) überhaupt nur noch durch die Wehrfrage zusammenhalte, nämlich durch die Tatsache, daß sich die Dominions aus technischen und Kostengründen keine eigenen Flotten für ihre Selbstverteidigung leisten können. Wenn aber Deutschland einmal am Kanal stünde, würde das Mutterland selbst sich nicht mehr verteidigen können, so daß es von Deutschland abhinge, ob das britische Weltreich zusammenhalte oder auseinanderfalle. Also würde man England nahezu gegenüber jedweden Bedingungen gefügig finden, um so mehr, als man keineswegs bloß zu fordern, sondern sehr Wesentliches zu bieten gedachte. Bieten wollte man erstens die deutsche Garantie für den unversehrten Bestand des britischen Weltreichs, zweitens den gemeinsamen Kampf gegen die Vereinigten Staaten sowie, selbstredend, gegen Rußland. Welche Linien der vereinigte Kampf gegen die USA befolgen sollte, ist aus dem Rahmenvertrag zu erraten, den im März 1939 die FBI (Federation of British Industries) mit der deutschen »Reichsgruppe Industrie« in Düsseldorf stipuliert hat. Es darf auch daran erinnert werden, daß dieser Vertragsentwurf von der Chamberlain-Regierung noch etliche Wochen gehegt und gepflegt wurde, nachdem der Entrüstungssturm des Parlaments und des Landes nach dem 16. März ihr die feierliche Abschwörung der Appeasementpolicy abgetrotzt hatte.

Teil II

8. Die soziale Rekonsolidierung des Kapitalismus
(*Deutsche Führerbriefe*, September 1932)

1. Von der Sozialdemokratie zum Nationalsozialismus

Die Aufgabe, um die es seit den letzten Monaten und auch über die augenblickliche Zuspitzung hinaus geht, ist die *Rekonsolidierung des bürgerlichen Regimes* in Deutschland. Die jetzige Regierung von Papen bedeutet diese Rekonsolidierung noch nicht, obwohl sie selbst es behauptet und obwohl diese Behauptung taktisch richtig und die unerläßliche Fiktion ist, um eine vollgültige Regierungstätigkeit aufrechtzuerhalten. Brächte und enthielte die jetzige Regierung wirklich schon die geforderte Rekonsolidierung, so müßte sie statt zur Neuwahl vielmehr zur *völligen Suspension* des Reichstags genügend mächtig sein und dürfte nicht befürchten müssen, mit einem solchen Gewaltcoup den Bogen zum Brechen zu bringen. Folglich ist die Regierung abhängig von noch nicht gebändigten, noch nicht in sie einbezogenen Kräften, und die Rekonsolidierung steht mithin in Deutschland zur Zeit noch aus.

Es ist aber nicht die erste, die im Nachkriegsdeutschland geleistet würde. Es ist gar kein Zweifel, daß nach den alles in Frage stellenden Einbrüchen der Revolutions- und Inflationsjahre die *Weimarer Koalition* mit der erfolgreichen Durchführung ihres »großen Wirtschaftsprogramms«, der Stabilisierung von 1923/24, und gemessen an der Lagerung der Kräfte, die damals gebändigt werden mußten, durchaus eine Rekonsolidierung des bürgerlichen Regimes darstellte. Sie hat, politisch gesehen, gehalten bis zum neuerlichen Kriseneinbruch von 1930. Der allerdings erwies sie als bloß scheinbare und fehlerhafte Rekonsolidierung und bewirkte im weiteren Verlauf ihre Auflösung und Sprengung, wie aber auch der Kriseneinbruch 1918/19 schon das kaiserliche System der Kriegszeit eingerissen und aufgelöst hatte. Die Geschichte der deutschen Nachkriegszeit enthält also Vorgänge, die der heutigen Problemlage *dynamisch verwandt* sind und aus deren aufmerksamer Vergleichung sich für die Gegenwartsaufgaben Schlüsse ziehen lassen. Die Parallelität geht in der Tat erstaunlich weit. Die damalige Sozialdemokratie und der heutige Nationalsozialismus sind sich darin *funktionell* gleich, daß sie beide die Totengräber des vorhergegangenen Systems waren und alsdann die von ihnen geführten Massen statt zu der proklamierten Revolution zur Neuformung der bürgerlichen Herrschaft lenkten. Der oft gezogene Vergleich zwischen Hitler und Ebert hat in dieser Hinsicht Gültigkeit. Zwischen den Strömen, die sie »wach«riefen, besteht die weitere *strukturelle* Verwandtschaft, daß beides Volksbewegungen waren – man hat dies von der sozialdemokratischen Hochflut von 1918/19 nur vergessen –, daß beide mit dem Appell an antikapitalistische Befreiungssehnsüchte die Verwirklichung einer neuen – »sozialen« bzw. »nationalen« – Volksgemeinschaft versprachen, daß weiter die soziale Zusammensetzung ihrer Anhängerschaft sich in den Massen des Kleinbürgertums, ja sogar vielfach darüber hinaus, völlig deckt, und daß endlich ihr geistiger Charakter sich durch eine durchaus verwandte Verworrenheit und ebenso schwärmerisch-gläubige wie kurzfristige Gefolgstreue auszeichnet. Die Feststellung dieses Parallelismus ist *keine Diffamierung* der nationalsozialistischen Idee, sie betrifft überhaupt nicht Ideen, sondern gilt der rein analytischen Erkenntnis von Funktion und Bedeutung zweier Massenbewegungen, die im gleichen sozialen Raum in zwei geschichtlich homologen Augenblicken eine analoge politische Rolle gespielt haben bzw. noch spielen. Der Parallelismus selbst besagt, daß der Nationalsozialismus die Sozialdemokratie in der Aufgabe abzulösen hätte, den *Massenstützpunkt* für die Herrschaft des *Bürgertums* in Deutschland darzubieten. Dies enthält zugleich, zu seinem Teil, die genauere Problemstellung zur gegenwärtig gebotenen Rekonsolidierung dieser Herrschaft. Ist der Nationalsozialismus fähig, diese Funktion der Stütze anstelle der Sozialdemokratie zu übernehmen, und auf welche Weise könnte dies geschehen?

Das Problem der Konsolidierung des bürgerlichen Regimes im Nachkriegsdeutschland ist allgemein durch die Tatsache bestimmt, daß das führende, nämlich über die Wirtschaft verfügende Bürgertum zu *schmal* geworden ist, um seine Herrschaft *allein* zu tragen. Es bedarf für diese Herrschaft, falls es sich nicht der höchst gefährlichen Waffe der rein militärischen Gewaltausübung anvertrauen will, der Bindung von Schichten an sich, die sozial nicht zu ihm gehören, die ihm aber den unentbehrlichen Dienst leisten, seine Herrschaft im Volk zu verankern und dadurch deren eigentlicher oder letzter Träger zu sein. Dieser letzte oder »Grenzträger« der bürgerlichen Herrschaft war in der ersten Periode der Nachkriegskonsolidierung die Sozialdemokratie.

Sie brachte zu dieser Aufgabe eine Eigenschaft mit, die dem Nationalsozialismus fehlt, wenigstens bisher noch fehlt. Wohl war auch der Novembersozialismus eine ideologische Massenflut und eine Bewegung, aber er war nicht nur das, denn hinter ihm stand die Macht der *organisierten Arbeiterschaft*, die soziale Macht der Gewerkschaften. Jene Flut konnte sich verlaufen, der ideologische Ansturm zerbrechen, die Bewegung verebben, die Gewerkschaften aber blieben und mit ihnen oder richtiger kraft ihrer auch die sozialdemokratische Partei. Der Nationalsozialismus aber ist vorerst noch immer nur die Bewegung, bloßer Ansturm, Vormarsch und Ideologie. Bricht diese Wand zusammen, so stößt man dahinter ins Leere. Denn indem er alle Schichten und Gruppen umfaßt, ist er mit keiner identisch, ist er in keinem dauernden Glied des Gesellschaftsbaus soziologisch verkörpert. In diesem bedeutsamen Umstand liegt neben der oben festgestellten Parallelität beider Massenparteien ihr *fundamentaler Unterschied* hinsichtlich ihrer Bedeutung für die Rekonsolidierung der bürgerlichen Herrschaft. Vermöge ihres sozialen Charakters als originäre Arbeiterpartei brachte die Sozialdemokratie in das System der damaligen Konsolidierung über all ihre rein politische Stoßkraft hinaus das viel wertvollere und dauerhaftere Gut der organisierten Arbeiterschaft ein und verkettete diese unter Paralysiezung ihrer revolutionären Energie fest mit dem bürgerlichen Staat. Auf dieser Basis konnte die Sozialdemokratie sich mit einer bloßen Teilhaberschaft an der bürgerlichen Herrschaft begnügen, ja konnte sie sogar niemals mehr und wesensmäßig nichts anderes als bloß der eine *Teil*partner derselben sein. Sie hätte als Sozialdemokratie zu existieren aufgehört, wenn etwa der Zufall ihr die *ganze* Macht über Staat, Wirtschaft und Gesellschaft hingeworfen hätte, so sehr, daß sich von ihr nach einem bekannten Worte sagen ließe, die Sozialdemokratie

würde die bürgerliche Gesellschaft, wenn es sie nicht gäbe, erfinden müssen, um zu bestehen.
In konträrem Gegensatz dazu bedingt der *Mangel an sozialer Hausmacht* den faschistischen Charakter des Nationalsozialismus. Weil er keinen spezifischen sozialen Grundstock hat, der auch ohne Hitler aus sich heraus den Nationalsozialismus trüge, kann er nur entweder die *gesamte Macht* erobern, um sich durch den Besitz des Staatsapparats zu schaffen, was ihm aus sozialer Wurzel fehlt, oder seine Kraft zerbricht an dem Sozialgefüge, das ihm politisch widersteht und in das er keinen Eingang findet. Weil er primär kein Glied dieses Gefüges ist, kann er nicht ohne grundlegende Verwandlung ein Teilpartner der bürgerlichen Herrschaft sein, welche auf gesellschaftlicher Macht fußt und der politischen Stütze einer »Massenbasis« nur aus der Wurzel sozialer Gliedschaft und Verankerung bedarf. Hier liegt die wahre Crux der gegenwärtigen Lage. Die faschistische Möglichkeit des Nationalsozialismus ist vorüber, seine soziale Möglichkeit noch nicht gefunden. Davon aber, daß sie gefunden wird, hängt ab, ob wir wirklich jetzt zu einer neuen und produktiven Rekonsolidierung gelangen oder ob wir in der Sackgasse der Alternative einer Militärdiktatur oder einer Rückkehr zur Sozialdemokratie stehen. Die Frage, auf die sich alles zusammendrängt, ist daher, ob es für den Nationalsozialismus eine *spezifische soziale Möglichkeit* gibt, durch die er aus einer faschistischen Bewegung in ein Teilorgan der bürgerlichen Herrschaft verwandelt werden kann, so daß er für das Bürgertum die bisherige Rolle der Sozialdemokratie ersetzen kann. Ihrer Erörterung soll ein zweiter Aufsatz dienen.

2. Die Eingliederung des Nationalsozialismus

Man wird in einer Zeit, der als Lebensfrage die Rekonsolidierung der bürgerlichen Herrschaft vorgeschrieben ist, dem Faschismus der nationalsozialistischen Bewegung, wenn nötig, mit Gewalt ein Ende machen müssen, aber nur, um den Nationalsozialismus selbst gleichzeitig in ein *gesellschaftliches Organ* umzuwandeln, das dieser Herrschaft zur Stütze dienen und in ihre staatliche Ausgestaltung positiv eingegliedert werden kann. Die Möglichkeiten, die sich dafür bieten, können hier nur in größtmöglicher Kürze angedeutet werden. Die *notwendige Bedingung* jeder sozialen Rekonsolidierung der bürgerlichen Herrschaft, die in Deutschland seit dem Kriege möglich ist, ist die *Spaltung der Arbeiterschaft.* Jede geschlossene, von unten hervorwachsende Arbeiterbewegung müßte revolutionär sein, und gegen sie wäre diese Herrschaft dauernd nicht zu halten, auch nicht mit den Mitteln der militärischen Gewalt. Auf der gemeinsamen Basis dieser notwendigen Bedingung unterscheiden sich die verschiedenen Systeme der bürgerlichen Konsolidierung nach den *zureichenden* Bedingungen, die hinzukommen müssen, um den Staat und das Bürgertum bis in breite Schichten der gespaltenen Arbeiterschaft hinein zu verankern.

In der ersten Rekonsolidierungsära des bürgerlichen Nachkriegsregimes, in der Ära von 1923/24 bis 1929/30, war die Spaltung der Arbeiterschaft fundiert durch die *lohn-* und *sozialpolitischen* Errungenschaften, in die die Sozialdemokratie den revolutionären Ansturm umgemünzt hatte. Diese nämlich funktionierten als eine Art Schleusenmechanismus, durch den der beschäftigte und fest organisierte Teil der Arbeiterschaft im Arbeitsmarktgefälle einen zwar abgestuften, aber dennoch in sich geschlossenen erheblichen Niveauvorteil gegenüber der arbeitslosen und fluktuierenden Masse der unteren Kategorien genoß und gegen die volle Auswirkung der Arbeitslosigkeit und der allgemeinen Krisenlage der Wirtschaft auf seine Lebenshaltung relativ geschützt war. Die politische Grenze zwischen Sozialdemokratie und Kommunismus verläuft fast genau auf der sozialen und wirtschaftlichen Linie deses Schleusendamms, und die gesamten, jedoch bis jetzt vergeblich gebliebenen Anstrengungen des Kommunismus gelten dem Einbruch in dies geschützte Gebiet der Gewerkschaften. Da zudem aber die sozialdemokratische Ummünzung der Revolution in Sozialpolitik zusammenfiel mit der Verlegung des Kampfes aus den Betrieben und von der Straße in das Parlament, die Ministerien und die Kanzleien, d. h. mit der Verwandlung des Kampfes »von unten« in die Sicherung »von oben«, waren fortan Sozialdemokratie und Gewerkschaftsbürokratie, mithin aber auch der gesamte von ihnen geführte Teil der Arbeiterschaft mit Haut und Haaren an den

bürgerlichen Staat und ihre Machtbeteiligung an ihm gekettet, und zwar so lange, als erstens auch nur noch das Geringste von jenen Errungenschaften auf diesem Wege zu verteidigen übrigbleibt und als zweitens die Arbeiterschaft ihrer Führung folgt.
Vier *Folgerungen* aus dieser Analyse sind wichtig: 1. Die Politik des »kleineren Übels« ist nicht eine Taktik, sie ist die politische *Substanz* der Sozialdemokratie. 2. Die Bindung der Gewerkschaftsbürokratie an den *staatlichen Weg* »von oben« ist zwingender als ihre Bindung an den Marxismus, also an die Sozialdemokratie, und gilt gegenüber jedem bürgerlichen Staat, der sie einbeziehen will. 3. Die Bindung der Gewerkschaftsbürokratie an die Sozialdemokratie steht und fällt politisch mit dem *Parlamentarismus.* 4. Die Möglichkeit einer liberalen Sozialverfassung des Monopolkapitalismus ist bedingt durch das Vorhandensein eines *automatischen Spaltungsmechanismus* der Arbeiterschaft. Ein bürgerliches Regime, dem an einer liberalen Sozialverfassung gelegen ist, muß nicht nur überhaupt parlamentarisch sein, es muß sich auf die Sozialdemokratie stützen und der Sozialdemokratie ausreichende Errungenschaften lassen; ein bürgerliches Regime, das diese Errungenschaften vernichtet, muß Sozialdemokratie *und* Parlamentarismus opfern, muß sich für die Sozialdemokratie einen Ersatz verschaffen und zu einer gebundenen Sozialverfassung übergehen.
Der Prozeß dieses Übergangs, in dem wir uns augenblicklich befinden, weil die Wirtschaftskrise jene Errungenschaften zwangsläufig zermalmt hat, durchläuft das akute *Gefahrenstadium,* daß mit dem Fortfall jener Errungenschaften auch der auf ihnen beruhende Spaltungsmechanismus der Arbeiterschaft zu wirken aufhört, mithin die Arbeiterschaft in der Richtung auf den Kommunismus ins Gleiten gerät und die bürgerliche Herrschaft sich der Grenze des Notstands einer *Militär*diktatur nähert. Der Eintritt in diesen Notstand aber wäre der Eintritt aus einer Phase notleidender Konsolidierung in die Unheilbarkeit der bürgerlichen Herrschaft. Die Rettung vor diesem Abgrund ist nur möglich, wenn die Spaltung und Bindung der Arbeiterschaft, da jener Schleusenmechanismus in ausreichendem Maße nicht wieder aufzurichten geht, auf *andere,* und zwar *direkte* Weise gelingt. Hier liegen die positiven Möglichkeiten und Aufgaben des *Nationalsozialismus.* Das Problem selbst

weist für sie eindeutig nach zwei Richtungen. Entweder man gliedert den in der freien Wirtschaft beschäftigten Teil der Arbeiterschaft, d. h. die Gewerkschaften, durch eine neuartige politische Verklammerung in eine *berufsständische Verfassung* ein, oder man versucht sich umgekehrt auf den arbeitslosen Teil zu stützen, indem man für ihn unter dem Regiment einer Arbeitsdienstpflicht einen *künstlichen Sektor* der Wirtschaft organisiert.

Durch ihre Loslösung von der Sozialdemokratie entfällt für die Gewerkschaften ihre bisherige politische Repräsentation, an deren Stelle sie in einem nicht oder nur sehr bedingt parlamentarischen Staat eine neue und neuartige politische Führung brauchen. Wenn es dem Nationalsozialismus gelänge, diese *Führung* zu übernehmen und die Gewerkschaften in eine *gebundene Sozialverfassung* einzubringen, so wie die Sozialdemokratie sie früher in die liberale eingebracht hat, so würde der Nationalsozialismus damit zum Träger einer für die künftige bürgerliche Herrschaft unentbehrlichen Funktion und müßte in dem Sozial- und Staatssystem dieser Herrschaft notwendig seinen organischen Platz finden. Die Gefahr einer *staatskapitalistischen* oder gar *staatssozialistischen* Entwicklung, die oft gegen eine solche berufsständische Eingliederung der Gewerkschaften unter nationalsozialistischer Führung eingewandt wird, wird in Wahrheit durch sie gerade *gebannt.* Die vom Tatkreis propagierte »Dritte Front« ist der Typus einer Fehlkonstruktion, wie sie in Zeiten des sozialen Vakuums auftaucht; sie ist das Trugbild eines Übergangszustands, in welchem die Gewerkschaften, weil aus der bisherigen Bindung freigesetzt und noch in keine neue eingefangen, den Schein einer Eigenexistenz vorspiegeln, die sie wesensmäßig gar nicht haben können. Zwischen den beiden Möglichkeiten einer Rekonsolidierung der bürgerlichen Herrschaft und der kommunistischen Revolution gibt es keine dritte.

Wohl aber gibt es, theoretisch wenigstens, neben der ständischen Eingliederung der Gewerkschaften für die bürgerliche Rekonsolidierung den zweiten Weg, das arbeitslose Volk durch *Arbeitsdienstpflicht* und *Siedlung* zu organisieren und an den Staat zu binden. Dem inneren, selbst aus keiner organischen Wurzel entwachsenen Wesen des Nationalsozialismus scheint diese Aufgabe besonders nahe zu liegen, wie sie denn auch von ihm am weitesten durchdacht worden ist. Man muß sich aber klar sein, daß die beiden genannten Wege zwei sehr verschiedene Entwicklungsrichtungen der *Gesamtwirtschaft* involvieren. Eine nennenswerte Einordnung der arbeitslosen Massen in die soziale Volksgemeinschaft im Wege der Arbeitsdienstpflicht ist nur durch weitreichende staats- und planwirtschaftliche Methoden möglich, die aus ökonomischen wie finanziellen Gründen den *freien* Wirtschaftssektor *schwächen* müssen. Weil dieser Weg nur zu Lasten der frei beschäftigten Arbeiterschaft gegangen werden kann, müßte ein solches Regime sein soziales Schwergewicht unvermeidlich auf den *agrarischen* Sektor verlegen, würde also durch eine extreme *Autarkie*politik die Exportindustrie und die mit ihr verknüpften Interessen um jede Chance bringen, einen Anschluß an eine sich bessernde Weltkonjunktur unmöglich machen, mithin den arbeitslosen Teil des Volkes wachsend vermehren und schließlich einen überwiegenden Teil der gesamten Wirtschaft in dem Zwangssystem einer staatlichen Elendswirtschaft festlegen. Ob man dies noch als Rekonsolidierung bezeichnen könnte, muß fraglich erscheinen. Nur *partiell* daher und in bloß *subsidiärer* Bedeutung kann dieser Weg, so etwa, wie er im Wirtschaftsprogramm der Regierung mit herangezogen ist, den Übergang zu einem System wirklicher Rekonsolidierung der bürgerlichen Herrschaft erleichtern, das sich nach wie vor auf den Kernbestand der Arbeiterschaft, die Gewerkschaften unter neuer Führung, wird stützen müssen.

9. Einige Voraussetzungen zum Verständnis der deutschen Entwicklung

(Februar/März 1938)

Der Übergang zum Faschismus in Deutschland beruhte auf dem politischen Sieg der defizitären Teile der Bourgeoisie, gesammelt in der »Harzburger Front« (damals auch die »Fronde der faulen Debitoren« genannt), über die hinter Brüning versammelten konkurrenzfähigen Teile. Die Entwicklung zwischen Brünings Sturz und Hitlers Machtantritt ist die wechselvolle Geschichte des schließlich erfolgreichen Konzentrationsversuchs des Finanzkapitals auf der Interessenlinie der defizitären Kapitalgruppen gewesen. Mit dem 30. Januar 1933 beginnt in Deutschland ein Regime des defizitären Kapitalismus: Durch staatliche Aufträge wird eine Geschäftskonjunktur inszeniert, in der die bankrotten Gruppen des Großkapitals ihr Defizit auf den Staat abwälzen und das Kreditpotential der übrigen Wirtschaft zur Finanzierung ihrer Sanierung und steigenden Bilanzprosperität ausschöpfen. Es ist eine Konjunktur nach dem umgekehrten Gesetz der ökonomischen Konkurrenz. Statt daß die nach internationalen Maßstäben rentablen Betätigungen des Kapitals auch nur tendenziell die unrentablen ausschalten, verzehren die defizitären die Grundlagen und Bedingungen der gesunden und engagieren nach und nach die Gesamtwirtschaft in einer sowohl ökonomisch unproduktiven wie unökonomischen Produktionsrichtung: militärische Aufrüstung und Ersetzung der bisherigen Konsumtion durch kostspieligere und schlechtere. Bis Ende 1935 wird diese Konjunktur noch aus den Kreditreserven des ökonomisch produktiven Wirtschaftssektors finanziert (Auswechslung der privaten Debitoren durch den staatlichen und der früheren Art von Kreditoren durch die neue); seit 1936 hat sich auch dieser Wirtschaftssektor hauptsächlich auf Rüstung und Autarkiewirtschaft umgestellt, so daß der deutsche Wirtschaftsprozeß nun im ganzen in der Spirale der privaten Profitbildung durch staatliche und volkswirtschaftliche Verlustbildung verläuft, einer Verlustbildung, die durch Deckung aus erhöhten Steuern, durch Kosteneinsparung aus Lohndruck und durch Verteue-

rung und Verschlechterung der Konsumtion die Arbeiterschaft, die Bauernschaft, die schwachen Mittelschichten und die Konsumtionsindustrien belastet.
Die faschistische Entwicklung des deutschen Kapitalismus verläuft unterhalb der ökonomischen Gleichgewichtslage, in einem Zustand des Kapitalismus, in dem dieser nicht mehr fähig ist, seine eigenen Spielregeln des ökonomischen Konkurrenzkampfs einzuhalten, weil ihm aus diesem kein Profit mehr erwächst. Der Faschismus ist nicht, wie oft behauptet worden ist, die obere Vollendung des Finanzkapitalismus, er ist im Gegenteil – in der vorigen Krise – bei dem (durch Kriegsverlust, Enteignung des Auslandskapitals und Reparationen) schwächsten Kettenglied des Weltkapitalismus und in ihm wiederum von den ökonomisch schwächsten Teilen der Bourgeoisie herbeigeführt worden. Die am ökonomischen Konkurrenzkampf noch interessierten Teile konnten die defizitären nicht in Liquidation gehen lassen, weil dieses Defizit so groß war, daß seine Aufrechnung aus Gründen der Kapitalverflechtung und der politischen Gefahr der Arbeitslosigkeit etc. für sie untragbar war, die Gesamtherrschaft der Klasse aufs Spiel gesetzt hätte. Die Konzentration der deutschen Bourgeoisie auf der faschistischen Linie war eine erzwungene; diese ökonomisch erzwungene Konzentration der Gesamtklasse wird vom Faschismus in der »korporativen Wirtschaftsverfassung« kodifiziert und bildet, als polizeilich erzwingbare Solidarhaftung der Bourgeoisie für die Kosten der Aufrechterhaltung ihrer Klassenherrschaft (Schacht: »Wir sitzen alle in einem Boot!«), das reelle Kapitel der »Volksgemeinschaft«. Innerhalb dieser solidarischen Gefangenschaft der Bourgeoisie in ihrer Zwangslage – man kann sie wohl als Zwangslage der ökonomischen »Endkrise« bezeichnen – hat die Interessenfront sich inzwischen so umgedreht, daß die früheren Harzburger Autarkisten zu Exportinteressenten und die damaligen Exportinteressenten zu Autarkisten geworden sind. Jene waren Autarkisten, solange es auf den Aufbau der Rüstungskapazitäten und das innerdeutsche Rüstungsgeschäft ankam, sie brauchen den Export, sobald jene Kapazitäten fertig sind und der eigene deutsche Kriegsmaterialbedarf in der Hauptsache gedeckt ist; d. h. sie brauchen Außenkriege und Bundesgenossen ohne Rüstungsindustrie und im übrigen

gesteigerte, nicht aber durch Göringsche Autarkiepolitik belastete und behinderte Konkurrenzfähigkeit gegenüber den anderen Rüstungsmächten. Eine kriegsstarke Rüstungswirtschaft steht im Frieden unter Exportzwang, an der Spitze die Unternehmungen, die Eigentümer der rüstungsindustriellen Reservekapazitäten sind. Umgekehrt sind die früher exportorientierten Industrien infolge ihrer inzwischen durch die Kriegs- und Autarkiewirtschaft stark veränderten Kostenlage und Produktionsrichtung außerstande, den internationalen Konkurrenzkampf wiederaufzunehmen. (Die jetzt im Februar 1938 ausgeräumte Oppositionsgruppe in der Wehrmacht stützte sich auf den Großteil der Schwerindustrie – außer Krupp –, hat sich jedoch vergebens bemüht, die I.G. Farben und Siemens für sich zu interessieren.)

Der Faschismus durchbricht das tendenzielle Sinken der Profitrate an der Schwelle ihres Versiegens durch gewaltsame Steigerung der Mehrwertrate: er geht von der relativen wieder zur absoluten Mehrwertproduktion über (die durchschnittlichen Real-Netto-Lohnraten sind von 1932 bis 1936 um rund 33% gesunken, die Arbeitszeit ist um 15% gestiegen, das Arbeitstempo hat sich um schätzungsweise 20-25% beschleunigt). Der Faschismus steigert auf diesem Wege gewaltsam die Akkumulationsrate und hält die Konsumtionsrate gewaltsam nieder. Folglich ist er an die Erzeugung eines Mehrprodukts gebunden, das in seiner Endgestalt zu seiner Verwertung nicht auf den Markt, d. h. in letzter Instanz auf eine Steigerung der konsumtiven Kaufkraft, angewiesen wäre. Das Mehrprodukt muß vielmehr durch seinen Verkauf (an den Staat) aus dem Markt herausfallen oder darf durch seinen Verkauf auf dem Markt höchstens an die Stelle von konsumbezogenen Waren treten, die inzwischen ausfallen. Würde die Kreditinflation sich in gesteigerte Konsumtion umsetzen, so käme das System ökonomisch zu Bruch; die Kreditinflation käme durch monetäre Inflation zur Liquidierung, und der Kapitalismus fiele auf den Stand zurück, in dem er keinen Profit mehr bilden kann, richtiger: auf einen Stand, der um so viel tiefer unter diesem Nullpunkt liegt, wie die Kostenlage der Produktion sich inzwischen von der internationalen Konkurrenzfähigkeit entfernt hat.

Dieser Zwangscharakter der einmal eingeschlagenen faschistischen Bahn bestimmt die realen Machtverhältnisse zwischen Bourgeoisie und Partei in Deutschland. Die terroristische Diktatur der Partei ist das unerläßliche Werkzeug für die Einführung und die Aufrechterhaltung der absoluten Mehrwertproduktion – mit allem, was zur gewaltsamen Niederhaltung der Konsumtionsrate und zur gewaltsamen Steigerung und ökonomisch defizitären Lenkung der Akkumulation an Zwangswirtschaft im Binnenmarkt und gegenüber dem Weltmarkt dazugehört –, daher die unerläßliche Voraussetzung für die Profitbildung im defizitären Kapitalismus. Auf der anderen Seite hat die Bourgeoisie in diesem System zwei Wurzeln einer oppositionellen Reaktion gegen die Diktatur der Partei. Erstens die Wurzel, daß ihre Profitbildung nur zu einem Teil aus der Steigerung der Mehrwertrate gedeckt ist, zu dem anderen ungedeckten Teil aber die gleichzeitige Defizitbildung beim Staat (mit der Folge erhöhter Steuerlast und der Zwangszeichnung von Reichsanleihen) und im Export (mit der Folge der industriellen Exportumlage) und die inflatorische Entwertung des Geldmaßstabs des Bilanzprofits zum Gegenkonto hat und hier unweigerlich wieder abgerechnet wird; und daß die Profitbildung zu dem Teil, der aus der Steigerung der Mehrwertrate gedeckt ist, ebensosehr wie der andere mit dem Verstoß gegen das Rentabilitätsgewissen des Kapitals und mit dumpfer Unruhe wegen der unheilbaren Verschärfung des Klassengegensatzes erkauft wird. So antinomisch diese Profitbildung, so ambivalent ist die bürgerliche Bindung an den Faschismus, so nichtig ist aber auch dieser oppositionelle Reflex gegen die faschistische Parteidiktatur. Die Partei hat gegen diese Opposition am 30. Januar 1933 gewonnen. Gleichwohl bleibt die faschistische Profitbildung der Bourgeoisie vom oppositionellen Schatten ihrer Antinomie ständig begleitet und bewahrt dem faschisierten Bürger in ihm noch den moralischen Schein seiner Person. Wenn die Antinomie besonders schreiend wird, d. h. wenn das Gegenkonto des Defizits der Bilanzprosperität an den Rand zu steigen droht, kann es geschehen, daß diese Opposition auch wieder politische Gestalt annimmt und aus ihrem Schatten ans Licht tritt. Eine solche Gelegenheit – ich glaube, es war für eine Opposition aus dieser Wurzel für lange die letzte – ergab sich im Herbst 1935, als die Rüstungskonjunktur die Kreditreserven der Zivilwirtschaft aufgezehrt hatte, die Ernährungskrise zum ersten Male aufbrach, die industriellen Rohstoffreserven zu Ende gingen und die Regierung gleichzeitig die Tempoverdoppelung der Aufrüstung beriet (und beschloß). Damals stand so ziemlich das ganze ehemalige Brüning-Lager in geschlossener Vergeßlichkeit hinter Goerdelers Denkschrift über die wirkliche Lage in Deutschland (vom Ende November 1935), in der mit programmatischer Aufstellung der dazu nötigen Maßnahmen die Umkehr auf dem seit Papen eingeschlagenen Weg und die Wiederherstellung einer kapitalistischen Rentabilitätswirtschaft gefordert wurde. Bei den erregten Diskussionen über diese Denkschrift unter Großindustriellen und Offizieren habe ich erlebt, wie alle Kritik am Regime vor der Frage verstummte, wie man denn die Hitlererbschaft beseitigen und positiv etwas anderes an die Stelle des Regimes setzen wolle; die Verkettung führte in zwingendem Kreis allemal darauf hin, daß die Opposition genau das wiedereinsetzen müßte, was sie abgesetzt hätte. Dies – und nicht der Mangel an Waffen und Moral gegen die Gestapo – lähmt, in letzter Reduktion, jede bürgerliche Opposition von politischem Belang, begründet die objektive Ohnmacht der Bourgeoisie und die objektive Übermacht der Partei. Darum sinkt auch nicht, sondern wächst die Machtstellung der Partei mit wachsenden ökonomischen Schwierigkeiten der Bourgeoisie, und die Partei handelt im Sinne ihres Interesses absolut logisch, indem sie stets die jeweils mögliche Verschärfung des Kurses betreibt; wobei ihr Interesse ausschließlich das an ihrer Macht ist. Zu fürchten hätte die Partei die Großbourgeoisie und die Wehrmacht nur dann, wenn, z. B. durch eine massive Hilfe des Auslands, die ökonomische Lage des Kapitals renormalisiert würde, und in einem solchen – nur theoretisch erheblichen – Fall würde unzweifelhaft die Partei den mit der Auslandshilfe verfolgten Sanierungszweck mit allen ihr zu Gebote stehenden Mitteln sabotieren. Die Faschistenpartei ist der Knecht der Bourgeoisie, aber nur in dem Verhältnis, daß sie über ihrer Bourgeoisie im Sattel sitzt und diese mit Sporen und Kandare ihre eigene Bahn reitet. Der defizitäre Kapitalismus bringt in diesem Verhältnis der faschistischen Diktaturgewalt zur Bourgeoisie das Machtelement der bürgerlichen Klassenherrschaft zur Abstraktion von ihren ökonomischen Interessenelementen; die materiellen Widersprüche und Interessengegensätze erscheinen im Charakter von bloßen Personalkämpfen um das scheinbare Absolutum der Macht und mit Mitteln des Individualterrors. Je schärfer die ökonomischen Widersprüche und Schwierigkeiten in der Lage der Bourgeoisie werden, um so ohnmächtiger muß sie einen Hebel ihrer Kommandogewalt nach dem andern an die terroristische Parteigewalt abtreten.

Die zweite Oppositionswurzel der Bourgeoisie ist die Gefangenschaft aller ihrer Einzelgruppen in der faschistischen Konzentration der Gesamtklasse. Der Faschismus, wenigstens der deutsche, ist wie mit der Steigerung der Mehrwertrate, so auch mit einer veränderten Verteilung der Profitmasse zwischen den verschiedenen Sektionen der Bourgeoisie verknüpft: das monopolistische Industriekapital eignet sich den Großteil auf Kosten des Bankkapitals, der Landwirtschaft, des Handels und des mittleren Industriekapitals an und unterwirft diese Sektionen der von ihm kontrollierten faschistischen Zwangswirtschaft. Dies ist der andere Aspekt des faschistischen Korporativismus. Der Austrag innerbürgerlicher Interessenkämpfe ist daher, nach vollendeter Gleichschaltung, auf den Kreis der großindustriellen Monopolgruppen beschränkt, z. B. auf den Kampf der I.G. Farben, Siemens etc. gegen den Profitvorrang von Krupp und der übrigen Schwerindustrie unterm »ersten Vierjahresplan« und den jetzigen Kampf der Schwerindustrie gegen den Profitvorrang der I.G. Farben u. a. beim »zweiten Vierjahresplan«. Die Interessenkämpfe adressieren sich nicht an die Gegengruppe, sondern an die Staatsinstanzen und erscheinen daher als Oppositionskämpfe gegen das Regime; dieser Schein träfe jedoch höchstens auf Kämpfe der geknebelten, freilich auch entsprechend ohnmächtigen Sektionen zu. Großkapitalistische Interessenspannungen führen nur zu partieller Opposition oder zu einer Opposition aus einem Teilinteresse, nicht aus dem Grundinteresse der Gruppe; die Opposition ist Kampf um Einzelmaßnahmen des Regimes und steht auf seiner Basis. Das sind Reibungsschwierigkeiten, aber nicht Bruchgefahren für das Regime, und die Enteignungsdrohung schlägt die Opposition sofort nieder, weil das Regime aus dem Grundinteresse der Gesamtbourgeoisie heraus stark genug ist, sie mit exemplarischer Bedeutung gelegentlich auch wahr zu machen. Die partiellen Interessenspannungen bleiben von der mächtigeren Kettung der Gesamtklasse an die faschistische Diktatur umklammert, und diese Klammer verstärkt sich, wenn sich mit wachsenden Schwierigkeiten der Gesamtlage die partiellen Gegensätze verschärfen: nicht das Regime zerbricht an diesen Spannungen, sondern es bricht mit der Macht dieser Spannungen über seine zu eng gewordenen Schranken nach außen.

Für die zentrifugalen Tendenzen des deutschen Faschismus ist ökonomisch entscheidend wohl der Charakter der faschistischen Binnenkonjunktur als absoluter Investitionskonjunktur: ihre Auftragskette verläuft im geschlossenen Kreise der Produktionsmittelindustrien untereinander, ohne im Prinzip in den Konsumtionssektor zu transzendieren, es sei denn substitutiv und ohne seine konjunkturelle Steigerung. Dieser Charakter als absolute Investitionskonjunktur entspricht der absoluten Mehrwertproduktion des defizitären Kapitalismus und ist nur die positive Kehrseite davon, daß das Mehrprodukt keinen konsumtiven Gebrauchswert haben darf. Zugleich ist er die Grundlage für die unbedingte Vorrangstellung des investitionsindustriellen Großkapitals vor allen anderen Kapitalklassen. In diesem Charakter vollendet sich eine Tendenz, die schon die vorangegangenen Konjunkturphasen zunehmend beherrschte. Sie hängt gleichfalls mit dem tendenziellen Fall der Profitrate zusammen.

Je höher die organische Zusammensetzung des Kapitals ist, um so länger die Lauffristen und um so niedriger die Zinshöhe der Investitionen, die, z. B. zur Erschließung unentwickelter Länder, von der Nachfrageseite nötig wären, um die vorhandenen Produktionskapazitäten zu ökonomisch produktiven Zwecken ausreichend zu nutzen; aber um so mächtiger werden aus derselben Ursache der Monopolismus und die Anarchie des Konkurrenzkampfs, der mit allen Machtmitteln des vom monopolkapitalistischen Interesse beherrschten Staats geführt wird, um so unsicherer werden tatsächlich die Kapitalanlagen, um so teurer die tatsächlichen Kosten der Investitionskredite (mehr Risikoprämie als Zins) und um so schärfer die Tendenz zur Verkürzung der Anlagefristen (bis zur Erscheinung des investitionsflüchtigen »hot money«). Um die heute vorhandenen Produktivkräfte, namentlich der Grund- und Schlüsselindustrien, voll auszunutzen, wären, wenn die Nutzung zu ökonomisch produktiven Zwecken erfolgen sollte, Erschließungsprojekte und Investitionen von solchem Umfang, solcher Fristenlänge und Billigkeit nötig, daß sie das Profitinteresse des Kapitals gänzlich übersteigen und auch qualitativ den Konkurrenzkategorien und Maßen der Privateigentumsordnung sich entziehen. Von diesem Widerspruch werden die verschiedenen Produktionszweige und -stufen verschiedenartig betroffen. Während die Investitionen noch ausreichen, um eine lohnende Nachfrage für die Chemie, die Schwachstromtechnik, den leichten Maschinen-, Motoren- und Apparatebau zu schaffen – weil sie die stärksten aktiven Kapitalbildner sind, beherrschen diese »neuen« Industrien auch finanzkapitalistisch die Investitionspolitik –, gerät die Struktur der Produktionsstufen von ihrer investitionspolitisch anspruchsvolleren Basis, von der Eisen- und Stahlindustrie, der Starkstromtechnik, dem schweren Maschinenbau etc. und der Rohstoffproduktion her in eine zunehmende relative Verengung ihres ökonomischen Spielraums. Diese Verengung aber bewirkt im Monopolkapitalismus keine entsprechende Einschränkung der Produktionskapazitäten, im Gegenteil: die relative Marktverengung ergibt wie die relative Marktausdehnung, wenn auch aus entgegengesetzten Motiven, den gleichen strikten Zwang zur Kostenrationalisierung und damit zur Kapazitätssteigerung. Zugleich schafft auf der finanziellen Seite die Kapitalverflechtung Liquidationshemmungen, die nur an der Herrschaft der Gesamtklasse ihre Grenze finden. Nach den Gesetzen der kapitalistischen Produktionsverhältnisse entwickeln sich die Produktivkräfte im Widerspruch zu diesen Produktionsverhältnissen. In den monopolkapitalistischen Konjunkturen setzt dieser Widerspruch durch das Mittel der zunehmend kreditinflatorischen Finanzierung der Konjunkturen sich durch. Durch die Kreditinflation betrügt sich das Kapital über die ihm wirklich gesetzte Profitmarge und büßt dafür mit einer Verschärfung der Krisen. Hierbei wird von mir das überhöhte Zinsniveau, das durch die Kreditinflation künstlich herabgedrückt werden muß, so interpretiert, daß es der widerspruchsvolle Reflex der tatsächlich unter die noch lohnende Investitionsschwelle, den

Grenzzins, gesunkenen Profitrate ist; dieses Sperrniveau des Zinses muß auf eine ökonomisch zwar immer noch fiktive, aber hinreichend niedrige Stufe gesenkt werden, um dem Kapital das Risiko einer Investitionstätigkeit – Tätigkeit zu dialektisch notwendiger Fehlinvestition – tragbar erscheinen zu lassen; kapitalreiche Länder können sich, bis die Mittelschichten ausgepowert sind, diese Kreditinflation im Rahmen relativer Mehrwertproduktion als ökonomische Arbeitsbeschaffung leisten, kapitalarme Länder müssen sie auf der Basis absoluter Mehrwertproduktion als militärische Arbeitsbeschaffung treiben. – Dieselben Industrien, die aus Gründen ihrer Kostenstruktur (hohe unelastische Kapitalkosten bei relativ abnehmendem Kapitalumschlag) auf den Übergang zur absoluten Mehrwertproduktion drängen, brauchen von der Nachfrageseite her die mit dieser absoluten Mehrwertproduktion verbundene Emanzipation ihrer Produktionsentwicklung von der konsumtiven Nachfrageentwicklung, d. h. vom freien Markt. Sie benötigen die ausschließlich kreditinflatorisch finanzierte absolute Investitionskonjunktur, die sich durch die Natur ihres Mehrprodukts von den Bedingungen der ökonomischen Wertbildung und des Krisenzyklus loslöst. – Die Tendenz dahin hatte sich, speziell von Deutschland aus gesehen, schon in der Konjunktur bis 1929 in dem negativen Ergebnis vorgeformt, daß die konsumtive Endbezogenheit des Rationalisierungsprozesses, der den Gegenstand der investitionsindustriellen Konjunktur gebildet hatte, sich nach deren Abschluß nur noch dazu gut erwies, von der Krise widerlegt zu werden. Als die internationale inflatorische Kreditbasis dieser Konjunktur 1931 dahinschwand, fielen für das Schuldnerland Deutschland alle Bedingungen fort, die einer marktbezogenen Konjunktur bis dahin zum Vorspann gedient hatten (die Reparationslieferungen eingeschlossen). In seiner besonderen Lage hatte es, sofern es überhaupt beim Kapitalismus belassen wurde, gar keine andre Wahl, als die Kreditinflation, die ihm bisher von den Kapitalmächten beschert worden war, nun ohne das nötige Kapital selbst zu betreiben und damit die faschistische Entwicklung einzuschlagen, die, statt von den Gesetzen der kapitalistischen Ertragsbildung, vom Terrorismus des kapitalistischen Defizits beherrscht wird. Die faschistische Konjunkturentwicklung entzieht sich dem

zyklischen Krisenzwang, jedoch nur, um den Zwang zur unausgesetzten und tendenziell schrankenlosen Produktionssteigerung dafür einzutauschen. Es ist der Zwang, mit unausgesetzter Steigerung des Produzierens vor der Fälligkeit der Krise zu fliehen, deren komplementärer Ausdruck sie ist. Sie spielt im Hohlraum der ökonomischen Endkrise des Kapitalismus und entwickelt diese, da dem Kapital die Produktivkräfte nicht rechtzeitig fortgenommen wurden, nach der Konsequenz ihrer Widersprüche zur kriegerischen Endkrise fort. Es gibt keinen oberen Sättigungspunkt der faschistischen Konjunktur; sie schreitet bis an die Elastizitätsgrenzen der Produktion, die Grenzen der verfügbaren Materialien, Kapazitäten und Arbeitskräfte fort und kann auch an ihnen nicht haltmachen. Der deutsche Faschismus hatte mit seiner Rüstungskonjunktur diese Grenzen, grob gesprochen, Ende 1935 und 1936 erreicht – auf einigen Feldern waren sie es schon 1934, auf manchen sind sie es heute noch nicht –, und unter dem Titel des »zweiten Vierjahresplans« macht er seitdem den Versuch ihrer Überwindung selbst zum Gegenstand der Konjunktur. Er hatte das Pech, innerhalb der gegebenen Grenzen mit seinem Kriegspotential nicht fertig zu werden, und muß den »zweiten Vierjahresplan« folgen lassen, um die Voraussetzungen zur Vollendung des ersten zu schaffen. Aber bei dieser Regression nehmen seine Widersprüche nicht minder gefährliche Gestalt an.
Die Materialgrenzen waren zum Teil schon Ende 1934 erreicht; in der Textilindustrie wurde mit der Autarkisierung bereits damals begonnen, und das Ergebnis ist typisch für den ganzen Prozeß: die Umstellung auf synthetische Spinnstoffe hat diese bis dahin stark devisenaktive Industrie so sehr in ihrer Exportfähigkeit geschädigt, daß die Devisenbilanz sich im Resultat von dieser »Entlastung« verschlechtert findet. Analoges droht von der Autarkisierung in Eisenerz; hier wird der halbe deutsche Export von der Verteuerung der Produktionskosten betroffen. Jeder solche Schritt zur Annäherung an das Ziel ist ein Schritt der Entfernung von ihm, die Erweiterung der Grenzen hinterrücks ihre Verengung, und der anfangs nur partielle Materialmangel hat sich konsequent in totalen umgesetzt. Die Kalamität darf sich dem Faschismus nur als weiteres Produktionsproblem darstellen, womit sie sich

auf einen Mangel an Kapazitäten überträgt und, da deren Vermehrung eine Frage der Verfügung über Material und Arbeitskraft ist, sich zum Mangel an Arbeitskräften fortpflanzt. An dieser letzten Elastizitätsgrenze aller Ökonomie ist man jetzt angelangt, und an diesem Punkte werden nun die Widersprüche kritisch.

Stehen keine zusätzlichen menschlichen Reserven zur Verfügung, so kann dem Mangel an Arbeitskräften nur abgeholfen werden durch Steigerung der Produktivität der Arbeit; in seiner Rede vom 20. Februar 1938 hat Hitler sie angekündigt. In der Tat ist die Erschöpfung der Elastizitätsreserven der Produktion nur die vielfach vermittelte Auswirkung der seit 1933 betriebenen Produktivitätssenkung der deutschen Arbeit, ihrer ökonomischen Produktivitätssenkung durch Rüstungsproduktion und Autarkiewirtschaft. Da man den Wertmaßstab des ökonomischen Verlustprozesses, die intervalutarische Bilanzfunktion der Währung, ausgeschaltet hat, wird der Verlust zur Schranke erst beim Mangel an den Sachen. Im Verfolg seiner Verlustwirtschaft bei der Erschöpfung der Arbeitskraftreserven angelangt, begegnet der deutsche Faschismus dem Erfordernis, die Produktivität der Arbeit zu steigern, damit er mit der Aufrüstung und Autarkiewirtschaft fortfahren kann. Er braucht somit, kurz gesagt, die Steigerung der ökonomischen Produktivität der Arbeit als Mittel, um sie zu senken. Von diesen beiden ist nur eines möglich. Entweder muß der deutsche Faschismus seinen Prozeß rückgängig machen und seine eigenen Voraussetzungen aufheben, indem er den deutschen Kapitalismus wieder auf die Ebene echter Rentabilitätswirtschaft zurückbringt bzw., da er das nicht kann, der deutschen Bourgeoisie den Weg freigibt, mit dem Ausland über ihre ökonomische Rettung zu verhandeln; und dies ist der Kern der Oppositionsfront gewesen, die Hitler am 4. Februar zerschlagen hat. Oder eben, er behauptet seine Gewalt, dann muß er die Schranken, die ihm ein Ende zu setzen drohen, gewaltsam sprengen und seinem defizitären Produktionsfortgang fremde Material-, Kapazitäts- und Arbeiterreserven erschließen. Das hat jetzt mit Österreich prompt begonnen und wird sich im ganzen Donauraum fortsetzen. Da aber nicht so sicher ist, daß die dortigen Quellen so schnell und reichlich für Deutschland zu fließen beginnen werden, wie dessen Zustand es nötig macht, sei der Gesetzmäßigkeit jenes Widerspruchs bei nicht erweiterten Grenzen noch nachgegangen. Mit der Verzehrung des ganzen aus der Arbeit der Vergangenheit akkumulierten Reichtums am absoluten Ende angelangt, müßte der deutsche Faschismus, auf seinen bisherigen Machtbereich beschränkt, erst wieder für die Produktion neuen Reichtums sorgen, bevor er weiterhin Reichtum verzehren kann. Er müßte den ganzen, durch die Senkung des Lebensstandards bisher nicht abgehungerten Teil des von ihm aufgebauten Kriegspotentials mit eigner Hand wieder abreißen und ihn in Investitionen zur Produktivitätssteigerung der deutschen Arbeit, konsumbezogene Investitionen, umschmelzen. Er hätte von den Methoden der absoluten wieder zu denen der relativen Mehrwertproduktion zurückzukehren und seine bisherige Betätigung durch eine mehrjährige Zeit echter ökonomischer Leistungssteigerung und wirklicher Friedenswirtschaft zu unterbrechen, um sich danach mit einem Kriegspotential übrig zu finden, nicht größer, als es sich die auf dem Niveau eines gesenkten Lebensstandards wieder stabilisierte deutsche Wirtschaft bei dem dann erworbenen Produktivitätsstand der Arbeit leisten kann. Daß eine solche Wesensbeschädigung dem deutschen Faschismus wirklich widerfahren könnte – tatsächlich wäre es seine Wesensaufhebung, da seine Garden dann nur noch zu einer polizeilichen, aber nicht mehr faschistischen Betätigung in einem autoritären Regime der Bourgeoisie verwendbar wären –, steht natürlich nicht zu erwarten. Aber ermessen läßt sich daran, mit welcher Gewalt er jetzt zur Expansion gestoßen ist, um neue Quellen an verzehrbaren Produktionsreserven so schnell und reichlich zum Fließen zu bringen, daß jene Wesensbeschädigung ihm auf ein Minimum und auf ein Interim beschränkt bleibt. In dessen wie immer bemessener Beengung hat er aber auch noch nach innen eine elastische Ausweichmöglichkeit. Es ist die, daß er – um sie uns ebenfalls in ihrer extremen Figur vorzustellen – die Arbeiterschaft bis an die Grenzen ihrer absoluten physischen Erschöpfung zwingen könnte, die zu den produktivitätssteigernden Investitionen gehörige Arbeit in der ihr jetzt noch verbleibenden Freizeit ohne jeden Lohnzusatz zu leisten. Dann brauchte diese Arbeit nicht von der fürs Kriegspotential abgezogen zu werden, und wenn man überdies den Arbeitern auch noch die Kosten für die zu denselben Investitionen gehörigen sachlichen Produktionsmittel aufhalsen könnte, brauchten auch diese nicht aus dem Sektor des Kriegspotentials herausgeschnitten zu werden, sondern wären durch Mehreinfuhr beschaffbar.

Der deutsche Faschismus ist zwischen die Widerstandskräfte von außen und diejenigen von innen eingekeilt und wird in der Richtung und im Grad seiner Gewaltaktionen von den Proportionen des Drucks bestimmt, der ihn von den einen gegen die anderen preßt. Daraus ergeben sich von selbst die Regeln, die, je nach den empirischen Fakten der Lage, den Gang seiner Donauexpansion beherrschen werden: das Tempo und die Methoden der Unterwerfung Österreichs, das Überspringen auf die weiteren Donauländer, die Frage ihrer friedlichen oder ihrer militärischen Gleichschaltung, die Bedeutung von Widerstand, Willfährigkeit oder Komplizität der anderen Großmächte, die Herbeiführung einer mitteleuropäischen Währungsunion als Voraussetzung für eine durchgreifende Erschließung der Donaureserven, usw. Der ČSR gegenüber wäre Gewaltanwendung vermeidbar, weil sie vollständig umzingelt ist; die Frage ist nur, ob Deutschland genügend Zeit hat, den Erfolg der geräuschloseren Methoden der Aushungerung abzuwarten. Aber der Chamberlain-Kurs in England wird Hitler die Kosten des Schießens schon zu ersparen wissen. – Der andere Schluß aus jenen Überlegungen ist, daß der akute Verelendungsprozeß des Proletariats unterm Faschismus erst beginnt, wenn dieser die Arbeitslosenbestände der Reservearmee ausgeschöpft hat. Auch hier befolgt der defizitäre Kapitalismus die umgekehrten Gesetze wie der reguläre.

10. Zur Klassenstruktur des deutschen Faschismus

(Frühjahr 1941)

Es ist vorauszuschicken, welcher Aspekt des Nazifaschismus unter diesem Titel analysiert werden soll. Das Naziregime im ganzen ist unter dem Namen des »Behemoth« von Franz Neumann meisterhaft seziert und dargestellt worden. Ich befinde mich in allem Wesentlichen in Übereinstimmung mit ihm und setze seine Ergebnisse hier voraus, insbesondere seine Analyse der bürgerlichen Machtbasis in Gestalt ihrer drei Säulen, des Monopolkapitals, der Armee und der Staatsbürokratie. Was mich hier beschäftigt, ist vor allem die nicht aus dem Arsenal der bürgerlichen Tradition stammende vierte Säule, also die faschistische Partei und der Zusammenhang ihrer Macht mit der Ökonomie. Denn die Klassenstruktur des Nazifaschismus wird verständlich nur im Lichte einer theoretischen Analyse, die die Errichtung der faschistischen Diktatur in Deutschland aus der Reaktion des Monopolkapitals auf den Zusammenbruch seiner Funktionsfähigkeit in der weltweiten ökonomischen Krise der dreißiger Jahre begreift. Diese Krise war etwas wesentlich anderes als eine der üblichen periodischen Störungen und Wiederherstellungen des marktökonomischen Gleichgewichts; sie war eine Strukturkrise, die den Bestand des ganzen Systems in Frage stellte. Die Ursachen ihres besonderen Tiefgangs erblicke ich in einschneidenden Veränderungen der industriellen Produktivkräfte und Produktionsmethoden, Veränderungen, die es dem Monopolkapitalismus unmöglich machten, die Produktion wieder in Gang zu bringen, solange man sich an die Grundnorm des Wirtschaftens, nämlich die Reproduktion des gesellschaftlichen Lebens, kapitalistisch gewendet: die Erzeugung reproduktiver Werte und marktgängiger Güter, gebunden hielt. Für die Produktionsweise und die Kapazitätssteigerungen, die aus der Rationalisierungskonjunktur der zwanziger Jahre hervorgegangen waren, war innerhalb der gegebenen Grenzen des Marktes kein profitabler Bewegungsspielraum mehr zu finden und auf keinen zu hoffen, auch wenn sich die Konjunktur wieder beleben würde. Die Fortexistenz des Monopolkapitalismus verlangte die Sprengung dieser Grenzen, die Befreiung aus ihrer Zwangsjacke durch die Umstellung auf die Produktion nicht marktgängiger Güter, nicht reproduktiver Werte, für die der Staat die Nachfrage schaffen und dem Volk die Bezahlung aufzwingen konnte, mit denen sich die Grenzen gewaltsam erweitern und die Konkurrenzkämpfe um den Weltmarkt mit militärischen statt bloß wirtschaftlichen Mitteln fortführen ließen. Dazu brauchte man allerdings eine andere Art von Staat als den bürgerlich traditionellen, zumal dieser Umbruch in den Faschismus ein Zwangsregiment auch übers Monopolkapital selbst verhängen mußte. Gerade diese Verkettung verbirgt sich leicht dem Blick.

Das Kapital ist nur so lange im Besitz seiner unternehmerischen Privatinitiative, kann nur so lange über die Verwendung seiner Produktionsmittel in freier Entscheidung disponieren, als es sich an die Spielregeln der Produktion für den Markt und die Erzeugung reproduktiver Werte hält. Aber den Auswirkungen dieser Krise wird man nur gerecht, wenn man ihr die Gewalt einer ökonomischen Naturkatastrophe zuerkennt, in der diese Spielregeln zersplitterten. Hier wurde der Kapitalismus nur noch auf die paradoxe Weise des »korporativen Staates« möglich, in dem der Widerspruch zwischen der Gesellschaftlichkeit der Produktion und der privaten Appropriation des Kapitals die Form einer staatlichen Wirtschaft auf private Rechnung annimmt. Der Staat übernimmt die Unternehmerfunktion in ihrem dispositiven Teil, aber das Kapital bleibt nach wie vor privat. Was produziert wird, in welcher Weise und von wem, mit welchen Profitmargen und zu welchen Preisen, wird zur staatlichen Regelung; der Staat bestimmt über die Einfuhr und Ausfuhr jeder Firma, über die Rohstoffbeschaffung und Rohstoffverteilung; er dekretiert den Lohnstopp für die Bevölkerung als Produzentenmasse und den Preisstopp für sie als Konsumentenmasse; er entscheidet, welche Bautätigkeit, welche Textilproduktion, welche Transportmittel, welcher Maschinenbau gefördert oder vernachlässigt wird, welche Kredite die Banken zu bewilligen und welche sie zu verweigern haben, welche Wechsel sie zu indossieren und welche zu stornieren haben, usw. Die Gewinne und die Verluste aus alledem schlagen freilich als Privatgewinne und Privatverluste des Kapitals zu Buche, obwohl die Proportion zwischen Konsumtion und Akkumulation der Privatgewinne

wiederum staatlich bestimmt wird. Die Terrorgewalt der Faschistenpartei dient nicht nur zur Vernichtung der politischen Gegner; die Suspendierung der bürgerlichen Rechte, die den Faschismus spezifisch definiert, ermöglicht erst die reibungslose Sicherung dieser Unternehmerfunktion des Staates für das von seiner Existenzkrise bedrohte Monopolkapital. Die Herbeiführung des faschistischen Regimes ging vom privaten Monopolkapital aus, das sich zu diesem Zwecke umgruppieren mußte, war also seine Verantwortung, sozusagen sein freier Entschluß. Aber in dieser Freiheit war eine Dialektik im Spiel, die ihr Hohn sprach und sie in die einzige Freiheit verkehrte, sich der Freiheit zu begeben. Diese Fatalität ihres Entschlusses blieb den Akteuren selbst verborgen. Sie waren die Urheber einer Gründung, die ihren Gründern wieder und wieder ins Gesicht schlug und die kaum einen der weitgespannten Pläne, die sie in ihre Gründung einbrachten, so verlaufen ließ, wie er gedacht war. Wenn man dieses hintergründige Gesetz, nach dem der Faschismus in Deutschland angetreten ist, nicht in Rechnung stellt, muß man in seiner Interpretation zu Fehlschlüssen verleitet werden.
Natürlich sollte, im vernünftig verstandenen Interesse der Menschheit, dem Monopolkapitalismus niemals die Möglichkeit gelassen werden, aus dem Geleise der ökonomischen Reproduktion des gesellschaftlichen Reichtums herauszuspringen und die Bahn der Vernichtungsökonomie einzuschlagen. Aber wenn die Mächte versagen, die ihm auf dem politischen Wege der sozialen Revolution in seiner Existenzkrise den Garaus machen könnten, so muß die anonyme Kausalität des Verhängnisses ihren Gang nehmen und ihre mörderischen Konsequenzen gebären. Ich bezeichnete den Vorgang als ökonomische Naturkatastrophe, aber sie begab sich nicht zum ersten Mal und nicht ohne präzise Antezedenzien. In Wahrheit begleitet die Vernichtungsökonomie den Monopolkapitalismus durch seine ganze Laufbahn, nicht nur als Alternative zur Reproduktionsökonomie, sondern dieser in unterschiedlicher Dosierung beigemengt. Schon als der Monopolkapitalismus sich überhaupt zum ersten Mal formierte als eine Mutation, die dem Kapitalismus aus der langen Depressionsperiode von den siebziger bis zu den neunziger Jahren heraus und wieder zur Prosperität verhalf, war er auch der eigentliche Urheber

der wilhelminischen Kriegs- und Flottenpolitik, die in ihrem imperialistischen Eroberungsdrang nach zwanzig Jahren des internationalen Wettrüstens in gerader Linie zum Ersten Weltkrieg führte.[1] Insofern erscheint sowohl die Wirtschaftskrise der dreißiger Jahre wie ihr faschistischer Ausgang als eine Replik jener ersten Peripetie in dramatisch verkürzter Steigerung. Hier nahm die fatale Wendung noch eindeutiger wie beim ersten Mal von Deutschland ihren Ausgang als von dem in der Krise schwerstbetroffenen Kettenglied des Weltimperialismus. Aber sie zog in ihren Auswirkungen dessen Gesamtheit in Mitleidenschaft, zumal der Monopolkapitalismus sich auch in anderen Ländern, vor allem in den USA, am Rande des Funktionszusammenbruchs hin bewegte. Den übrigen Mächten hat der Umbruch in die Vernichtungsökonomie sich als äußerer Zwang auferlegt, als Nötigung zum Wettrüsten. In Deutschland bedurfte es des Faschismus, um ihn kraft des spontanen Impetus innerer Notwendigkeit hervorzubringen und mit ideologischen Mobilien, die Freud zum Glauben an einen verborgenen, dem Menschen angestammten Todestrieb bewogen. Tatsächlich ist diese Alternative zum Lebenstrieb keine gänzlich inadäquate ideologische Lesart für das, was in dem ökonomischen Umbruch realiter geschah. Die genuinen Wertmaßstäbe des gesellschaftlichen Lebens wachsen, nach seinen Klassen verschieden, aus dem Stamm seiner Reproduktionsökonomie und müssen vom Faschismus ins Unkenntliche verkehrt werden, wenn diese suspendiert werden soll. Es wird aber auch niemand bestreiten wollen, daß es im deutschen Volk massenhaft Leute gab, die der faschistischen Propaganda zuflogen, ja auf sie gewartet zu haben schienen.

Ohne Faschistenpartei gibt es keinen Faschismus. Sie muß für die rechtlose Herrschaftsform des Monopolkapitals erst die nötige Massenbasis schaffen und die Vernebelung als »Volksgemeinschaft« liefern. Aber die Schichten und Klassen, die der Nazipartei zu ihrem Aufschwung und ihren Wahlerfolgen auf dem Wege zur Macht verhalfen, sind nicht dieselben, die ihr in der Macht als Stütze dienen. Zwischen der Frage nach der Klassenstruktur ihres Aufstieges und nach derjenigen ihrer

1 1890 deutsch-englischer Austausch von Helgoland gegen Sansibar, 1893 neue Militärvorlage, 1897 Ernennung von Tirpitz' zum Staatssekretär des Reichsmarineamts, 1898 Erstes Flottengesetz, usf.

erlangten Macht ist also klar zu unterscheiden. Dafür erbrachte der Nazismus selbst den Beweis, als Hitler im Verlauf des Krieges gesetzgeberische Maßnahmen ergriff, die mehr zur wirtschaftlichen Vernichtung seiner ehemaligen Wählermassen beitrugen, als je ein früheres Regime gewagt hätte; und dennoch hat, zur großen Enttäuschung vieler Auguren im Ausland, die Machtposition der Nazis dadurch keinerlei merkliche Schwächung erlitten. Es erscheint sogar eigenartig, in welchem ausgesprochenen Gegensatz die Klassenbasen dieser Partei in den beiden Phasen ihrer Laufbahn stehen. In beiden Stadien, vor und nach der Machtübernahme, steht ihre Basis exzentrisch zur bürgerlichen Gesellschaft, aber aus gegensätzlichen Gründen, das eine Mal, weil sie dem Entwicklungsstand derselben nachhinkt, das andere Mal, weil sie ihm voraus ist.

Der Aufstieg der Nazis war getragen von den Schichten und Teilen des Volkes, die in der einen oder anderen Weise antiquiert waren, weil sie chronisch hinter den gesellschaftlich notwendigen Durchschnittsgrad der Arbeitsproduktivität zurückgefallen waren, namentlich die kleinen Bauernwirtschaften und unabhängigen Handwerksbetriebe[2] und die sonstige vielfältige Masse von Kleingewerbetreibenden, Kleinunternehmern, Kaufleuten und Krämern. Sie waren Kleinkapitalisten, denen die Inflation ihre Guthaben, aber auch ihre Schulden annulliert hatte. Dadurch war ihnen die Liquidierung gestundet worden, aber seitdem waren sie infolge ihrer Konkurrenzunfähigkeit in eine Neuverschuldung geraten, die sie jetzt zu vernichten drohte. Der Vorgang wird meist als tendenzielle Proletarisierung der Mittelschichten umschrieben. Was aber der Proletarisierung noch vorangeht, ist der Widerstand gegen sie, die Angst vor ihr und die Emotionen, welche die Bedrohung erzeugt und denen die emotional verwüstete Geistesart von Hitler selbst paradigmatisch verwandt ist.

Dabei war die Jugend dieser Mittelschichten bereits einen Schritt weiter in der Deklassierung als ihre Eltern. Sie befand sich schon definitiv in der Lage von Lohn- und Gehaltsabhängigen, arbeitslosen aber, denen vom Augenblick ihrer Schul-

2 Vgl. deren geschichtliche Einordnung durch Marx in *MEW* 23, S. 354.

entlassung nur eine aussichtslose Zukunft ins Gesicht starrte. Im Hause ihrer Eltern fanden sie sich ohne Geld und ohne Beschäftigung zur Monotonie der Untätigkeit verdammt. Die SA rekrutierte sich überwiegend aus Arbeitslosen, aber nicht aus solchen proletarischer, sondern eben vorwiegend kleinbürgerlicher Herkunft. Erstens fanden sie dadurch billige Kleidung und Schuhzeug und mindestens ein warmes Essen am Tag, zweitens Beschäftigung mit Märschen, Singen, Zusammenstöße und Straßenkämpfe mit Kommunisten, paramilitärische Ausbildung und Soldatenspielen, insgesamt eine politische und kameradschaftliche Betätigung, durch die sie glaubten, ihrem eigenen Schicksal eine Wendung zum Positiven zu geben, ihrer Deklassierung entgegenzuwirken. »Immer hinten anstellen!« war in der Zeit der größten Arbeitslosigkeit eine Parole von Hitler. Damit versprach er jedem ein Amt, der der Nazipartei beitrat. Je niedriger die Parteinummer war, um so früher und vorrangiger das Amt. Mehr und mehr veränderte sich die Interessenrichtung dieser Jugend. Sie wollte gar nicht mehr ins Geschäft ihrer Väter zurück, weil sie einsah, daß das passé war, selbst wenn es noch einmal wieder saniert würde. Ein Amt dagegen, auf das sie sich durch Mitwirkung an der Hitlerschen »Machteroberung« ein Anrecht erwarben, versprach anstelle der Proletarisierung eine Herrschaftsstellung über das Proletariat, und das um so eher, je gründlicher sie die »Marxisten« besiegten.

Die Mitgliedermassen der NSDAP stiegen an im Rhythmus von Hunderttausenden und Millionen. Mit seiner Strategie des Massenansturms und der anhaltend wachsenden Wahlerfolge behielt Hitler die Initiative im politischen Machtkampf. Unter ihrem Druck ließ die kommunistische Parteileitung sich zum Kampf mit den gleichen Waffen verleiten, den für sie falschen Waffen der Massenpartei und der Wahlkämpfe, durch die sie ihre realen revolutionären Chancen verschenkte. Dadurch, daß die Stellung der Faschistenpartei durch ihre Exzentrizität zur bürgerlichen Gesellschaft gekennzeichnet ist, ergab sich die propagandistische Rivalität zwischen NSDAP und KPD, die damals die politische Lage verwirrte.

Die Faschistenpartei ist selbstredend nicht antikapitalistisch. Sie lebt im Gegenteil vom Kapitalismus, aber in den Konditionen seiner Existenzkrise. Nur wenn es der bürgerlichen Gesellschaft ökonomisch schlechtgeht, gedeiht die Nazipartei, und vice versa. Ihre Wahlerfolge und Mitgliederzahlen steigen und fallen in genauer Parallelität zu den Ziffern der Arbeitslosigkeit. Während der Prosperitätsjahre 1924-1928 waren die Nazis nahezu von der Bildfläche verschwunden. Je schlimmer wiederum die Kapitalistenklasse in ihrer Krisenlage festsitzt, um so fester sitzt die Faschistenpartei über ihr im Sattel. Also malt die Nazipropaganda die Schwächen und Mißgeschicke, die Widersprüche und Übelstände der bürgerlichen Gesellschaft so schwarz wie möglich. Dasselbe tut die kommunistische Propaganda. Beide blasen häufig in dasselbe Horn, schlagen in dieselben Kerben, gießen die Säure ihrer Kritik in dieselben Wunden und rivalisierten nur darum, welche von beiden das in grelleren Farben und lauteren Tönen vermochte. Nicht selten gewann dabei Goebbels' *Angriff* vor der *Roten Fahne*. Gewiß waren die Sprachen ihres Antikapitalismus – des echten der Kommunisten, des vorgetäuschten der Nazis – grundverschieden, Klassenbegriffe hier, Rassenbegriffe dort.

Ökonomische Argumente waren für die Nazis nur ein Vorwand, für die Kommunisten bedeuteten sie die Materie der Wirklichkeit. Dennoch haben die Kommunisten die Trumpfkarte ihres ökonomischen Potentials nie ausgespielt. Die einzige faßbare Alternative zum faschistischen Kurs für eine Beseitigung der Arbeitslosigkeit hätte in einer vollen ökonomischen Plangemeinschaft zwischen der Sowjetunion und Deutschland gelegen, wenn dieses zum Sowjetdeutschland geworden wäre. Eine detaillierte, langfristige agrarisch-industrielle Kooperation beider Länder, wie Lenin sie sich gewünscht hatte, hätte das deutsche Produktionspotential auch jetzt noch bis an seine Grenzen beanspruchen können. Ich will nicht sagen, daß dieser Gedanke hier oder dort nicht ausgesprochen worden ist, aber in der breiten Propaganda und im öffentlichen Bewußtsein des Jahres 1932 hat er gefehlt. Mir ist immer rätselhaft geblieben, warum die KPD diese Planke, die damals die weitaus stärkste ihres Arsenals gewesen wäre, ungenutzt gelassen hat. Im Unterschied dazu ist auf der kapitalistischen Gegenseite der ungeheure Wert des Rußlandhandels durchaus gewürdigt worden,

zumal 1930/31 der Ausfuhrüberschuß aus dem Handel mit der Sowjetunion allein volle drei Milliarden Reichsmark gebracht hatte und einen Devisen- und vor allem Goldgewinn, der Deutschland in der Währungskrise des Frühjahrs 1931 vor der schlimmsten Katastrophe bewahrt hat. In Kapitalkreisen debattierte man, wie der wirtschaftliche Profit und die politische Gefahr einer Industrialisierung Sowjetrußlands mit deutscher Hilfe gegeneinander abzuwägen seien, und die Profitaussicht behielt dabei meist die Oberhand, und zwar noch mit dem verlockenden Hintergedanken, daß der Lieferant der Grundinvestition auf Jahre hinaus auch alle Reparatur- und Ersatzteillieferungen sicher habe, da der russische Muschik Analphabet der Technik sei und auf absehbare Zeit bleiben würde. Von Stalin glaubte man, daß er einem Geschäft mit dem deutschen Großkapital positiv gegenüberstehe. Nun, wenn man von kapitalistischer Seite mit solcher Hochschätzung vom bloßen Außenhandel mit Rußland dachte, wie hätte man dann von kommunistischer Seite über die Aussicht auf eine Plangemeinschaft mit der Sowjetunion denken sollen! Oder war es vielleicht, daß das darin enthaltene Element des Risikos und Zeitverzuges sowjetischerseits für den sozialistischen Aufbau als untragbar angesehen wurde?
Welcher Art waren nun die Ämter, für die Hitler die Parteimitglieder sich immer »anstellen« hieß? Welcher Art war das Interesse an diesen Ämtern, auf das Hitler sich für die Schaffung seiner Massenbasis stützen zu können glaubte? Wenn er zur Macht kam, dann war der Weg für die Betätigung gerade derjenigen Produktivkräfte offen, die man für große Rüstungen braucht und die jetzt in der Wirtschaftskrise brachlagen, weil sie sich über die Fassungskraft der Marktökonomie hinaus entwickelt hatten. Für diese gerade nicht antiquierten, sondern hypermodernen Produktivkräfte und die Produktionsmethoden, die sie benötigten, waren die Produktionsverhältnisse zur Fessel geworden. Keine neue Produktionsweise aber, auch nicht die des Fließbetriebes und der neuen Rationalität der »Rationalisierung«, kommt auf, ohne daß die Kategorien von Menschen und die Denkweisen ins Leben treten, die nötig sind, sie in Funktion zu setzen, was auch immer ihr gesellschaftlicher Gebrauch ist. Man spricht heute von »neuer Intelligenz«, um diese Ingenieure und Techniker neuen Stils zu

bezeichnen, die mit der Ingang- und Inbetriebsetzung, der Beaufsichtigung und Wartung dieser modernen Großanlagen und ihrer durchrationalisierten Arbeitsprozesse beschäftigt sind.[3] Dieser Ausdruck ist für meine Zwecke sehr geeignet, weil er diese Intelligenz eben derjenigen Entwicklung der Produktivkräfte und Produktionsmethoden zuweist, die die Inflexibilität und Anpassungsunfähigkeit der Produktion an die Marktlage verursacht und die Krisenbewältigung so erschwert und auf dem normalen, wie wir sagten, reproduktionsökonomischen Wege geradezu unmöglich gemacht hat. Es ist eine Entwicklung, durch die der Kapitalismus über sich hinaus gewachsen ist, seine ökonomische Funktionsfähigkeit in Frage gestellt hat, die strukturellen, höchstens überbrückbaren, aber nicht lösbaren Widersprüche erzeugt hat, die für mein Verständnis die Grundursache für den Umschlag in den Faschismus, wenigstens den deutschen und heutigen, darstellt.

Diese neue Intelligenz nimmt eine eigentümliche Zwischenstellung zwischen Kapital und Arbeit ein und empfindet sich selbst als klassenneutral. Gewiß steht sie im Anstellungsverhältnis zum Kapital und insofern auf der Seite der Arbeit in jener übergreifenden Zweiteilung. Andererseits steht sie im Dienst des Kapitals und innerhalb des Arbeitsprozesses gegenüber den Arbeitern in funktioneller Überordnung. Zudem blickt sie auf eine Vergangenheit, um nicht zu sagen Tradition zurück, in der sie in den Revolutionsjahren der zwanziger Jahre die notorische Streikbrecherrolle der »Technischen Nothilfe« spielte; diese kann man ebensogut wie etwa die Baltikumer als eine der Kernzellen des Nazismus bezeichnen. Aber ihre Loyalität gilt nicht eigentlich dem Kapital als Kategorie

3 (1973) Heutzutage wird diese Intelligenz meist die »technische« genannt. Ihr Charakteristikum liegt heute wie damals darin, daß sie zur Betriebsweise der in der Ära des Monopolkapitalismus entstandenen neuartigen Produktionsweise gehört, der Produktionsweise, die ich jetzt die der funktionellen Gesamtarbeit nenne. Sie ist also formell sowohl wie materiell verschieden von Intelligenz im eigentlichen Sinne, nämlich den Wissenschaftlern und Technologen, die durch ihre Grundlagenforschung, ihre Entdeckungs- und Erfindungstätigkeit die Weiterentwicklung der gesellschaftlichen Produktivkräfte fördern. Schon F. W. Taylor spricht von der »neuartigen Scheidung von Kopfarbeit und Handarbeit«, welche einen nach seinen Prinzipien des wissenschaftlichen Management organisierten Betrieb durchziehe.

und schon gar nicht den Kapitalisten, ausgenommen der verschwindend kleine Teil von ihnen, der aus einer Kapitalistenfamilie stammt. Die große Menge von ihnen ist von weit geringerer, wenn auch höchst selten proletarischer Herkunft. Ihr materielles Interesse hängt an ihrer funktionellen Stellung im Produktionsprozeß. Hier liegt ihre Karriere, die vollkommen indifferent ist gegenüber dem Produktionszweck. Was für sie zählt, ist, daß die Produktion in Gang ist und nicht stillsteht. Daher rührt ihre Bindung an Hitler, ihr unbedingtes Vertrauen zu ihm. Für sie war es Hitler (nicht die Kapitalisten), der die Produktion wieder in Fluß brachte und der ihr fast schrankenloses, an keine Krisenrücksichten mehr gebundenes Wachstum versprach.

Wenn man sich in den Jahren, aus denen meine diesbezüglichen Erfahrungen stammen, 1934 und 1935, in großen Werken und Werksverwaltungen bewegte, so waren natürlich fast alle Menschen, die man sah, genau wie im übrigen Deutschland, Nazis, die meisten mit dem Parteiabzeichen an der Jacke. Aber ihr Nazismus wies in ihrem Benehmen und ganzen Gehabe die interessantesten Schattierungen auf. Die Arbeiter, vor allem der Stamm, vielleicht weniger die Jungen und gerade erst Hereingekommenen, waren nicht Nazis. Sie hatten es nicht nötig, Nazis zu sein, und niemand erwartete es von ihnen. Wenn man sie fragte, konnte man alles von ihnen hören, vom Ausspucken bis zum Brummen oder ironischen Ja, je nachdem, wer es war, der sie fragte, und zu welchem Zweck. Wenn man ihr Vertrauen gewann, so konnte man freilich allerhand von ihnen über diejenigen »Arbeiter« hören, die ihnen die Nazis in die Werkstätten setzten, um Spitzelei und Akkorddrückerei zu verüben, und die meist gerade noch rechtzeitig entfernt wurden, um sie der verdienten Rache zu entziehen. Auf der Unternehmerseite, am entgegengesetzten Pol, wurde das Nazitum nicht zur Schau getragen oder, richtiger, es wurde nur zur Schau getragen, mit einer Allüre, die besagte, daß man es persönlich nicht nötig hatte, daß aber die öffentliche Stellung und die Verantwortung und Verpflichtung zum guten Beispiel es verlange, daß man Parteimitglied war. Also war man Nazi, aber in ruhiger und kalkulierter, ein wenig patronisierender, aber in keiner aufgeregten Weise. Sie bekannten ihr Nazitum, wenn jemand dabei war; unter vier

Augen zuckten sie die Achseln, verleugneten es und schimpften darauf. Der persönliche Mut machte auch einen Unterschied. Mein Chef, Dr. Max Hahn, schrie im MWT-Büro eine Nazicharge, die im Hitlerschen Stil über die Korruption der Weimarer SPD-Beamten herzog, an: »Warten Sie erst mal, bis Ihre Leute die öffentlichen Kassen ausrauben!« Das schallte durch alle Räume, und wir hätten uns nicht gewundert, wenn er daraufhin verhaftet worden wäre. Aber obwohl das im März 1933 war, also auf dem Höhepunkt des Naziterrors, geschah ihm nichts. Ob er Parteimitglied war, habe ich ihn nie gefragt. Seine Schwester, Grete Hahn, war KPD-Mitglied gewesen und vorübergehend in Haft. Ich hatte gute Gründe, solche persönlichen Fragen lieber auf sich beruhen zu lassen. Er drang nicht in mich, ich nicht in ihn.

Aber die mittleren und unteren Angestellten waren die, für die das Parteiabzeichen Glaubenssymbol war und die den charakteristischen, fast unverkennbaren Nazigestus hatten. Und unter ihnen waren die Angehörigen der neuen Intelligenz die Strammsten, die eigentlich Rabiaten. Sie waren es, die das Rätsel aufgaben, warum bloße Angestellte, und keineswegs besonders hoch bezahlte, mit so viel Leidenschaft und Hingabe für die Sache des Kapitals interessiert schienen, ohne persönlichen Anteil an dessen Gewinnen. Und sie waren es, die zugleich das Rätsel lösten. Sie nahmen im Produktionsgetriebe der Gesellschaft eine Stellung ein, die spezifisch und dezidiert genug war, um Klassencharakter zu haben. Und doch war er nicht auf Eigentum und Einkommen gegründet, war also kein Klassencharakter im traditionellen und anerkannten Sinn. Nicht ihr materieller Vorteil, sondern *ihre spezifische Funktion* in der neuen Produktionsweise schien ihn zu tragen. Da aber die materiellen Bestimmungsgründe fehlten, ist auch kein Grund ersichtlich, warum diese neue Intelligenz im antagonistischen Verhältnis zur Arbeiterschaft stehen muß. Ihrer technischen und organisatorischen Funktion nach hätte sie ebensogut mit den Arbeitern kooperieren und solidarisch sein können. Um ihre materiellen Interessen gegenüber dem Kapital zu verfechten, z. B. die Streikwaffe zu benutzen, brauchte sie ein Zusammengehen der Arbeiter mit ihnen. Der Klassencharakter der neuen Intelligenz ist also einesteils ein bloß funktioneller, andernteils ist er gerade aus ihrer Funktion schwer ableitbar. Und doch ist er Tatsache, und keine ephemere. Die ganze von Hitler in seinem von ihm eroberten Europa geplante Neuordnung stützt sich darauf, daß alle der proletarischen Arbeit in der Produktion übergeordneten Funktionen, von der Organisation und Leitung, der Führung und Überwachung bis hinab zum Vormann und Vorarbeiter der »deutschblütigen Herrenrasse« vorbehalten bleiben soll, während die »mischblütigen« und »minderwertigen Rassen« der von ihm Unterworfenen die proletarischen Hand- und Dreckarbeiten machen würden.[4] Das Phänomen hat also sicherlich genügend Breite und politisches Gewicht, um ihm auf den Grund zu gehen und die mit der neuen Produktionsweise eigentümlich verknüpfte Herrschaftsstruktur zu erforschen. Das kann hier nicht geschehen, und ich muß mich mit einer kursorischen, aber für das begrenzte Thema dieses Buches vielleicht wenigstens vorläufig ausreichenden Erklärungsweise begnügen.[5]

Wenn es richtig ist, daß die Natur der Funktionen, welche die neue Intelligenz im Produktionsprozeß ausübt, an sich keinen Klassen- und Interessenantagonismus zwischen ihr und den Arbeitern begründet, dann kann der unterm Faschismus gleichwohl existierende Antagonismus nur ein abgeleiteter sein.[6] Die neue Intelligenz verdankt ihre Herrschaftsstel-

4 (1973) Der jetzige Zustand mit den »Gastarbeitern« weist an mancherlei Orten in Deutschland, der Schweiz und anderen Ländern frappante Ähnlichkeit mit den Idealen Hitlers auf.

5 (1973) Tatsächlich ist eine befriedigende Erklärung nur aus einer materialistischen Theorie der geistigen und der körperlichen Arbeit zu gewinnen. Das war mir damals noch nicht aufgegangen. Aber ich habe seitdem an dem Problem weitergearbeitet, und ich glaube, daß meine beiden Bücher, *Geistige und körperliche Arbeit,* 1970 und 1972, und *Die ökonomische Doppelnatur des Spätkapitalismus,* 1972 (namentlich die geplanten weiteren und die erweiterten Auflagen), den Grund für die verlangte Erklärung des über das Faschismusproblem weit hinausreichenden Geschichtsphänomens gelegt haben.

6 (1973) Gerade die hier unterstellte Annahme ist nur an der Oberfläche richtig. Das zwischen der technischen Intelligenz und der manuellen Arbeiterschaft bestehende Herrschaftsverhältnis hat mit dem erlangten Vergesellschaftungsgrad der Arbeit zu tun. Die von der Intelligenz verrichteten Funktionen sind genau die, welche die Vergesellschaftung der Handarbeit ausmachen. Sie sollten also die Funktionen der Handarbeiter sein. Das aber setzt voraus, daß die Arbeiter als bewußtes Subjekt ihrer Gesamtarbeit agieren. Tun sie das nicht, so müssen diese Funktionen sich von der manuellen Arbeit, die sie als individuelle Lohnarbeiter verrichten, absondern und müssen

lung gegenüber dem Proletariat dem Umstand, daß sie ihre Funktionen im Produktionsprozeß im Dienste des Kapitals ausübt. Ihre elitäre Stellung, um deretwillen sie begeisterte Nazis sind, ist nur eine erborgte. Sie ist nicht dem Inhalt ihrer Tätigkeit geschuldet, sondern nur der Tatsache, daß dieser Inhalt der Ausbeutung, und zwar einer zusätzlich intensivierten Ausbeutung, der Arbeitskraft durchs Kapital Vorschub leistet. Um ihre Herrschaftsstellung zu bewahren, muß deshalb die neue Intelligenz das Kapitalsystem bewahren. Umgekehrt ist die Herrschaft des Kapitals so schwach, ihre ökonomische und soziale Basis so widersprüchlich und prekär geworden, daß sie nur noch mit den Krücken des Faschismus aufrechterhalten werden kann. Beide Teile sind nach der Art eines gegenseitigen Abhängigkeitsverhältnisses aneinander gekettet. Sie halten nicht zusammen, weil sie sich mögen, sondern obwohl sie einander hassen. Jeder Teil herrscht in dem Wunsch, daß seine Herrschaft ohne den anderen möglich sein möchte. Ihr internes Verhältnis besteht aus einer Serie von Krisen, in denen der eine gegen den anderen intrigiert und rebelliert, den anderen belügt und beklaut, um in der Praxis des nächsten Versuchs erneut die Erfahrung zu machen, daß er sich des anderen Teils nicht entledigen kann. Einen Staatshaushalt gab es im regulären Sinne im Dritten Reich nicht. Wie die Staatskassen ausgeraubt wurden, kam nirgendwo zu Papier. Wie Göring sich seinen Industriekonzern, seine Schlösser und Kunstsammlungen zusammengestohlen hat, war zwar intern bekannt. Aber

daher gesonderten Funktionären zufallen. Dadurch nehmen sie fälschlich den Charakter von Kopfarbeit an, der nur darin gründet, daß sie als entfremdete Funktionen, nämlich den manuellen Arbeitern entfremdete Funktionen, verrichtet werden. Im Resultat übt dann die technische »Intelligenz« im Arbeitsprozeß unvermeidlich die Herrschaft über die Arbeiterschaft aus. Auf dieser Herrschaft beruht die ganze Autorität des modernen Managements und auf dieser Autorität wiederum dessen Tauglichkeit im Dienste des Kapitals und seiner Verwertungsinteressen. Nur im Dienste des Kapitals ist, in dessen monopolkapitalistischer Phase durch die Abspaltung der Unternehmerfunktion von der Kapitalfunktion, das moderne Management entstanden. Hierdurch wird die obige These von der abgeleiteten Natur des (allerdings fälschlich als Klassenantagonismus gedeuteten) Herrschaftsverhältnisses wieder richtig, wenngleich die Vermittlungen fehlen, durch die sie richtig ist. Aber die Frage, um die sich die Alternative von Faschismus oder Sozialismus – beide als etablierte Systeme betrachtet – dreht, ist die nach den Bedingungen, die es verhindern bzw. es möglich machen, daß die Arbeiter die Funktionen der Vergesellschaftung ihrer Arbeit zu ihren eigenen machen.

was konnten die Bestohlenen dagegen unternehmen? Hätten sie ihn etwa verklagen können? Diese Verkehrsform[7] erstreckte sich auch nicht nur aufs liebe Geld. Schacht gestand seinem Vertrauten, Dr. Franz Reuter von den *Deutschen Führerbriefen*, im Januar 1935: »Solange der Heydrich lebt, bin ich keinen Morgen sicher, daß ich am Abend wieder zu Bett gehen werde.«
Auf den vergrößerten Maßstab der staatlichen Stufenleiter übertragen und um den moralischen Spielraum faschistischer Gesittung bereichert, läßt sich das Verhältnis zwischen der Faschistenpartei und dem Finanzkapital noch am ehesten vergleichen mit demjenigen, das in privaten Großkonzernen zwischen dem Management und den Kapitalgewaltigen herrscht. Die Analogie ist keine willkürliche. Wir haben gesehen, daß das Kapital durch den Umbruch von der Reproduktionsökonomie zur Vernichtungsökonomie seine unternehmerische Verfügungsgewalt über die ihm gehörenden Produktionsmittel einbüßt und sie an den Staat abgibt, der sich dadurch in den korporativen verwandelt. Die Unternehmertätigkeit wird zur gesellschaftlichen des Staates für Rechnung der privaten Appropriationstätigkeit des Kapitals. Der Widerspruch hat einen solchen Grad erreicht, daß es zu seiner Bewältigung des Terrorregiments des Faschismus bedarf. Nun ist das, was man als modernes Management bezeichnet, nichts anderes als das Ergebnis der Abspaltung der Unternehmerfunktion von der Kapitalfunktion, die sich im Übergang zum Monopolkapitalismus vollzieht. Folglich ist die Subsumtion, die unsere Analogie voraussetzt, komplett und die Analogie genetisch sowie morphologisch gerechtfertigt. Auch zwischen dem Management und dem Kapital von Privatgesellschaften wird man die Beziehungen nicht oft als harmonische bezeichnen wollen. Meine Frage in diesem Kapitel ging auf die faschistische Partei als die vierte Säule des Nazistaats und auf den Zusammenhang ihrer Macht mit der Ökonomie. Ich könnte meine Antwort nahezu auf die Formel einer Funktionsgleichung bringen, welche besagt, daß die Zwangsgewalt, die die faschistische Diktatur im Staat des Monopolkapitals ausübt, gleich ist der Gewalt der Zwangslage, die das Monopolkapital zur Schaffung dieses Staates gebracht hat.

7 Oder würde man da heute (1973) von Interaktion sprechen?

11. Die Geschichte des 30. Juni 1934

Das Datum, an dem die Geschichte des nationalsozialistischen Brudermordes anhebt, ist der 2. Februar 1934. Bis dahin hatte Hitler noch nicht den Fuß in das Reichswehrministerium in der Bendlerstraße gesetzt. An diesem Tage trat er nun der versammelten militärischen Führung gegenüber, jener von ihm ehrfürchtig geachteten Macht, in deren Dienst er einst vor vierzehn Jahren als Spitzel für den Hauptmann Ernst Röhm in München seine Karriere begonnen hatte. Jetzt, seit einem Jahre Reichskanzler, war er vor die vereinigte Generalität und Admiralität geladen worden, um sich über seine politischen Intentionen zu erklären. Der Tag entschied über Festigung oder Sturz seines Regimes. Hitler bestand die Probe. Als er um elf Uhr vormittags den Saal betrat, empfingen ihn kalte Förmlichkeit und mißtrauische Zurückhaltung, als er ihn nach knapp zwei Stunden verließ, dröhnte der Raum von einer begeisterten Ovation. Hitler hatte die Militärs erobert. Aber welchen Preis hatte er dafür zu bezahlen? Der Preis war vorerst noch ein bloßes Versprechen, die Erfüllung erfolgte am 30. Juni.

Zum Verständnis der Zusammenhänge müssen wir ein wenig ausholen. Dreieinhalb Monate vor der erwähnten geheimen Sitzung in der Bendlerstraße, am 14. Oktober 1933, hatte Deutschland seinen Austritt aus dem Völkerbund erklärt und die Abrüstungskonferenz verlassen. Die ausländischen Mächte hatten es geschehen lassen. Man war daher die Schranken und Militärkontrollen losgeworden, die bis dahin eine deutsche Aufrüstung im großen, d. h. den wirklichen Zweck und Inhalt der Machtübernahme Hitlers, noch verhindert hatten. Gleich danach machte sich die Reichswehrleitung an die konkrete Ausarbeitung des Aufrüstungsprogramms, und im Januar einigten sich die Stäbe auf ein Gesamtprogramm im Kostenausmaß von 21 Milliarden RM, verteilt über fünf Jahre.

Damit wurde auch die politische Frage akut, wer Herr über die aufzubauende Kriegsmacht im neuen Staat sein würde: die angestammte Militärkaste der Reichswehr oder die neuen

Parteimilizen der Nazis? Für die Reichswehrleitung freilich war dies keine »Frage«; sie hatte das Hitler-Regime zum großen Teil »gemacht«, von ihrer Duldung hing sein Fortbestand ab, und die Anerkennung ihrer Souveränität in militärischen Belangen war für sie die Grundbedingung für die Anerkennung der politischen Amtsstellung Hitlers. Und so wie die Reichswehr dachten auch das hinter ihr stehende Finanzkapital, die Großindustrie und die Großlandwirtschaft. Für weite Teile des Volkes jedoch, für die demagogisch aufgewühlte Anhängerschaft der Nazis und vor allem für die Massen der Partei und der SA selbst, erschienen die Dinge in einem anderen Licht. Ihnen war nicht gesagt worden, daß die Hitler-Regierung von dem Monopolkapital, der Reichswehr und den Junkern in die Macht gehoben und geschoben worden war, daß Partei und SA bloß als Massenvorspann und Schutzgarde für deren Herrschaft zu dienen bestimmt waren. Den Nazimassen wurde täglich das Lied von der »Machteroberung« und von der nationalen »Revolution« vorposaunt, so daß sie wirklich glaubten, sie hätten sich die Macht ertrotzt und brauchten jetzt nur die Hände auszustrecken, um sich in »ihrem« Staat alle Positionen anzueignen, die gut und teuer waren. Nicht in der SS, wohl aber in der SA war ein starker, obgleich verworrener und irregeführter revolutionärer Drang wirksam, gerichtet gegen die großkapitalistischen Interessen, die in der Reichswehr ihre Schutzmacht hatten. Und was die Leute der SA-Spitze betraf, den alten Hauptmann a. D. Röhm, den Dortmunder Bäckergesellen Ernst, den Breslauer Fememörder Heines und alle die anderen SA-Führer ähnlichen Kalibers, so baute sich ihre ganze Hoffnung darauf, daß sie bald von ihrem »Osaf« in die höchsten Wehrmachtstellungen erhoben werden würden, daß ihr Stabschef Röhm das Reichswehrministerium übernehmen und die SA den Grundstock des großen neuen deutschen Heeres bilden werde. Es gab für sie allerlei Gründe, solche Erwartungen zu hegen.

Im Frühjahr und Sommer 1933 hatten Hitler und Röhm die SA bis zu einer numerischen Stärke von 3 Millionen Mann aufgebläht, und dies nicht bloß zur Zerschlagung der Opposition im Innern; der Hauptzweck war, wie schon oben ausgeführt, nach außen gerichtet. Aber gerade für diesen Außenzweck mußte die Scheinmacht der braunen Armee vor dem

Ausland als fanatisiertes »Volk in Waffen« präsentiert werden. Dazu gehörte, wenn der Trick gelingen sollte, ein übertriebener Militärdrill bei der SA, Tag- und Nachtübungen, Aufmärsche in allen Landesteilen, besonders den Grenzgebieten, also ein Gebaren, dessen Täuschungsabsichten die SA selbst zu allererst zum Opfer fiel. Sie mußte vom Ernst ihres Kriegspielens überzeugt sein, bevor sie das Ausland daran glauben machen konnte.

Schon im Herbst 1933 hatten sich die Gegensätze zwischen Reichswehr und Partei so zugespitzt, daß der französische Botschafter François-Poncet nach dem 14. Oktober an seine Regierung berichtete, es sei nicht nötig, etwas zu unternehmen, das Regime werde nur noch wenige Wochen fortbestehen. Daran war soviel richtig, daß das Hitler-Regime sich in den Augen der Reichswehr noch im Versuchsstadium befand. Und sie war auch entschlossen, eher das Regime wieder zu beseitigen, als die Substanz ihrer Autorität an die Partei auszuliefern. In den Reihen der Partei und besonders der SA aber wuchs die Ungeduld. Mißtrauen machte sich breit, ob es mit der »nationalsozialistischen Revolution« ernst gemeint sei. Die SA-Leute begannen »Betrug« zu wittern. Ihre Forderung ging auf die »zweite Revolution«, das hieß: die Revolution gegen rechts, nachdem die erste Revolution mit der sozialistischen Arbeiterbewegung, den »Marxisten«, aufgeräumt hatte. Seit Juni 1933 war diese Forderung laut geworden, und sie hatte die wahren inneren Widersprüche des faschistischen Regimes immer tiefer aufgerissen. Die SA sah insbesondere in der Reichswehr den »Fels der Reaktion«. Nicht nur für ihren Stabschef Röhm und die höheren Führer, für jeden halbwegs intelligenten SA-Mann war es offenbar, daß der Nationalsozialismus so lange nur eine Scheinmacht im Staat innehatte, als man nicht die Reichswehr in die Hand bekam. Röhm sollte Reichswehrminister werden: dann würde er schon dafür sorgen, daß seine SA-Ränge die guten Posten im Heer bekämen und daß die Stürme der »alten Kämpfer« in geschlossener Formation in die Armee übernommen würden. Eben dagegen aber sperrte sich die Reichswehr. Hitlers Haltung war bewußt zweideutig gemäß der Verschlagenheit, die einen Hauptzug seines Charakters bildete. Im August hatte er erklärt, das Militär sei der alleinige Waffenträger im Staat, im September gab er neue Zusicherungen an die SA. Er durfte sich die Massen nicht entfremden, deren blinde Gefolgschaft ihn den reaktionären Mächten teuer machte. Dieselbe Erwägung zwang aber auch die Reichswehr zu vorsichtigem Lavieren, da sie sich ihrer Abhängigkeit von einer politischen Massenbasis wohl bewußt war. Diese Schwäche gab Röhm beiden, Hitler und der Reichswehr, gegenüber seine Chance.

Nach härtesten Bemühungen und zwei Monate später als geplant gelang es Röhm im Dezember, die »Gruß-Verordnung« durchzusetzen, wonach die SA-Ränge entsprechenden Reichswehr-Rängen gleichgeordnet und beide Teile zur gegenseitigen Ehrenbezeigung verpflichtet wurden. Leute wie Heines und Ernst waren damit dem Range nach Kommandierenden Generälen gleichgestellt. Die Erbitterung in der Bendlerstraße über diese Demütigung kann man sich leicht vorstellen. Zähneknirschend wurde der Befehl befolgt. Tatsächlich war er auch die äußerste Grenze von »Erfolg«, die Röhm je erreichte. Er hatte den Bogen sogar schon überspannt und mußte sich zur Besänftigung der Reichswehr für zwei Monate auf Urlaub schicken lassen, außer Landes, nach Capri und Jugoslawien. In der Bendlerstraße schwor man sich, er werde nicht wiederkommen. Die Militärs drängten auf Entscheidung. Die im Januar erfolgende Budgetierung der Aufrüstung machte die Klärung der Machtverhältnisse im Staat unaufschiebbar. So kam es zur Sitzung vom 2. Februar, in der Hitler Farbe bekennen und vor den Versammelten ein klares Ja oder Nein abgeben sollte. Übrigens wurde sie für streng geheim erklärt, und zwar nicht so sehr dem Ausland gegenüber als aus innenpolitischen Rücksichten, und der Geheimcharakter wurde bemerkenswert gut bewahrt.

Um halb elf waren die gesamten Spitzen der Reichswehr im großen Saal der Bendlerstraße versammelt. Der Raum war von Offizieren in Generals- oder Admiralsuniformen gefüllt. Eisiges Schweigen und Zurückhaltung traten ein, als Hitler Punkt elf erschien. Vor einer Versammlung solcher Art und von solch kühler Haltung hatte er noch nie gesprochen. In knapper, geschäftsmäßiger Manier, ohne allen seinen üblichen Gestus, schritt er zum Podium, fixierte nur in Kürze die gespannte Zuhörerschaft und begann, entgegen seinen Gepflogenheiten, strikt zur Sache zu sprechen. Nichts von den »14 Jahren der

Schmach und der Schande«, sondern mit ruhiger Stimme geradenwegs aufs Ziel:
»Meine Herren, Sie haben der Reichsregierung ein Gesamtprogramm der geplanten Aufrüstung im Kostenanschlag von 21 Milliarden Reichsmark unterbreitet. Ich habe Ihnen dazu zu erklären, daß ich als verantwortliches Haupt der Regierung einem Rüstungsprogramm dieses Ausmaßes meine Zustimmung nicht gewähren kann.« Pause – während der die Temperatur des Schweigens im Saal unter den Nullpunkt sank. Und dann im Stil des steilsten Hitlerschen Crescendos: »Meine Herren, ich kann einem Rüstungsprogramm nur meine Zustimmung gewähren, das sich auf mindestens 35 Milliarden Reichsmark beläuft!!« Das brach den Bann, er schlug spontan in jubelnde Erregung um. Die Erregung stieg weiterhin zur Begeisterung, und als Hitler um 12 Uhr den Saal verließ, war sie zur Ovation angeschwollen. Hitler hatte die Reichswehr erobert.
Denn das Maximum an Aufrüstung – es wurde in der Folge auf 33 Milliarden RM, verteilt über sechs Jahre, budgetiert – war keineswegs alles, was er den Militärs versprach. Mit Nachdruck wiederholte er die im August gegebene Versicherung von der Reichswehr als dem alleinigen Waffenträger im Staat. Er erklärte, niemals werde er Übergriffe der Partei in die Hoheitssphäre des Militärs dulden. Die unversehrbare Souveränität der Reichswehr, insbesondere in Fragen der Personalpolitik und Beförderung, sei oberster Grundsatz für ihn. Und dann folgte das verhängnisvolle Versprechen. Hitler verpflichtete sich zum radikalen Abbau der SA bis auf das zu innenpolitischen Zwecken erforderliche Mindestmaß. (Hier natürlich lag der Grund für die sorgsame Geheimhaltung der Veranstaltung, und warum sie von allen Beteiligten so wirksam gehütet worden ist.) Dagegen stellte Hitler nur eine Forderung. Er verlangte Vertrauen, und er bat deshalb, daß ihm für die Erfüllung dieses Versprechens freie Hand und die nötige Zeit gelassen werde.
In den nächsten zwei Monaten, Februar und März, geschah indessen nichts, woraus man auf die Existenz dieses Versprechens hätte schließen können. Im Gegenteil. Die bevorstehende Saarabstimmung sowie die Propaganda und Mobilisierung aller Parteikräfte, die ihr vorausgingen, hatten die Stimmung in der SA und SS auf einen neuen Höhepunkt getrieben. Dazu kam

am 12. Februar der Ausbruch der Verzweiflungsschlacht des Wiener Proletariats gegen den Dollfuß-Faschismus. Den österreichischen Naziorganisationen war Neutralität befohlen worden, aber manche der proletarischen Gruppen unter ihnen kämpften Seite an Seite mit den Arbeitern. Selbst die offizielle Nazipresse in Deutschland, u. a. der *Angriff*, mußte der plötzlich aufleuchtenden revolutionären Hoffnung Ausdruck geben. Wenn mein Gedächtnis mich nicht trügt, war es um diese Zeit, daß das Schlagwort von der »zweiten Revolution« in der SA allgemein aufkam. Zudem war nun auch Röhm aus dem Urlaub zurückgekehrt, und die Erwartung, daß er in unmittelbarer Zukunft das Reichswehrministerium übernehmen werde, wurde mit der Gewißheit eines »öffentlichen Geheimnisses« kolportiert.

Die Reichswehr beschlich von neuem Unruhe. Ende März trat man an Hitler heran, mit aller gebührenden Rücksicht auf seine Schwierigkeiten, aber ihn doch an sein Versprechen vom 2. Februar gemahnend. Der Gedanke, den Abbau der SA durch einen allgemeinen Urlaub für sie strategisch zu verschleiern, tauchte auf. Im April ging man einen Schritt weiter. Irgend jemand in der Admiralität hatte den erstaunlichen Einfall, eines der alten Prachtstücke aus der ehemaligen kaiserlichen Flottentradition wieder hervorzuholen und dem »Führer« als ganz besondere Ovation darzubringen: eine Nordland-Fahrt zur See wurde für Hitler arrangiert. Der eigentliche Zweck war allerdings, ihn einmal für eine volle Woche von seiner Nazi-Umgebung zu entfernen und in alleiniger Gesellschaft von Admiral Raeder und Generaloberst v. Blomberg ausgiebig zu bearbeiten. Die Mühe schien von Erfolg gekrönt. Hitler wurde dazu gebracht, den Urlaubsplan endgültig zu akzeptieren und sich auf den 1. Juli als Datum festzulegen. Der Urlaub sollte mindestens einen Monat dauern, und nur ein Bruchteil der SA – ein Zehntel war die damals genannte Größenordnung – sollte in kunstvoll gestaffelter Folge zu den Formationen zurückkehren. Mit Ausnahme des letztgenannten Details wurde der Plan sorgsam herumgesprochen.

Jetzt zum ersten Male stieg in Röhm ernsthafter Verdacht auf, aber nur zögernd und immer noch ungläubig, daß sein angebeteter Führer ein solcher Schuft sein sollte. Röhm war bekanntlich der einzige Duzfreund, den Hitler je gehabt hat, und diesem gänzlich ergeben. Er gehörte zu den Romantikern des Nationalsozialismus und glaubte an die Volks- und Staatserneuerung, die Hitler heraufbringen würde, um so wörtlicher als er, der Pate der Hitlerschen Karriere, sich auch für deren Mission mit verantwortlich fühlte. Ein Ausverkauf der SA an die Reichswehr war für ihn Verrat an den heiligsten gemeinsamen Idealen. Doch der Verdacht verdichtete sich so unabweisbar, daß er es nicht mehr ertrug, stillzuhalten. Er bat Hitler um eine Audienz. Hitler entschuldigte sich mit Überlastung. Röhm wartete eine Woche und schrieb wieder. Hitler gebrauchte abermals eine Ausrede. Mit dieser Bestätigung seiner schwärzesten Befürchtungen gab es für Röhm kein Halten mehr. Eines Abends, in den ersten Tagen des Juni, um zehn Uhr begab er sich unangemeldet zur Reichskanzlei, stürmte die Treppen hinauf, stieß die SS-Wachen beiseite und erzwang sich den Zutritt zu Hitlers Arbeitszimmer. Und nun begann der Eklat, von dem später Hitler in seiner Rechtfertigungsrede vor dem Reichstag am 13. Juli in dem Sinn berichtete, als sei er es gewesen, der Röhm vor sich zitiert und ihm Moral gepredigt habe, mit Vorhaltungen, daß Röhm mit seiner Unzucht die SA vergifte. Die Kenntnis der wirklichen Vorgänge habe ich von einem Freund des Mannes, zu dem Röhm nach 3 Uhr morgens, direkt von Hitler kommend, als vollständig gebrochener Mann gegangen ist und dem er schluchzend von jeder Einzelheit des Geschehenen berichtet hat. Demnach haben Röhm und Hitler fünf Stunden lang aufeinander eingeschrien, sich die unflätigsten Beschimpfungen an den Kopf werfend, Röhm immerfort gegen Hitler im Angriff, ihn zeitweise um den Tisch herumjagend, Tatsachen zitierend, Erinnerungen beschwörend, ihn beim Worte zu packen suchend, bis es ihm endlich zuletzt gelungen sei, Hitler so in die Enge zu treiben, daß er alles widerrief und zu jeder Versicherung bereit schien. Das war für Röhm der Augenblick, zwei sorgfältig vorbereitete Verfügungen aus der Tasche zu ziehen und vor Hitler hinzulegen. »Hier, unterschreib!« Darin wurde in unzweideutiger Sprache erklärt, daß kein Wort Wahrheit an den Gerüchten von einem beabsichtigten Abbau der SA sei und daß die SA nach ihrem Urlaub im August vollzählig wieder zurückkommen werde. Die eine Verfügung lautete auf Hitler als »Osaf«, die andere auf ihn als Reichskanzler. Hitler aber weigerte sich zu unterschreiben, versuchte mit allen Mitteln, sich aus der Schlinge zu ziehen, Röhm machte Anlauf nach Anlauf, aber die Unterschrift erzwang er nicht. Er ging fort, ein geschlagener Mann.

Die beiden Verfügungen erschienen am nächsten Morgen im Fettdruck in den Zeitungen, nicht mit Hitlers, aber mit Röhms eigener Unterschrift. Auch so noch wirkten sie wie ein Donnerschlag. In der Bendlerstraße aber waren sie das Alarmsignal. Die Lage war ernst. Die Generalität beschloß zu handeln.

Die Gelegenheit wurde wiederum von der Admiralität geliefert. Zur ferneren Erhöhung alten Glanzes hatte diese die Erneuerung eines weiteren kaiserlichen Traditionsstücks, nämlich der Kieler Regatta, für Anfang Juni angeordnet. Um den Schein nach außen zu wahren, wurde Hitler eingeladen, nach Art des Kaisers die feierliche Eröffnung vorzunehmen. Und so geschah es auch – den Zeitungsberichten zufolge. Was in Wirklichkeit geschah, konnten sie nicht melden, weil sie es nicht wußten. Als Hitler an Bord des Kreuzers ging und den Raum betrat, in dem der Empfang stattfinden sollte, befand er sich unvermutet den Stäben des Heeres und der Admiralität gegenüber. Kein Wort der Begrüßung. Statt dessen erhob sich General von Fritsch, der Chef der Heeresleitung, und verlas von einem Blatt Papier eine kurze Erklärung. Es war ein Ultimatum, in dem mit dürren Worten gesagt war, daß, wenn Hitler sich an seine eingegangenen Verpflichtungen nicht halten wolle, die Reichsgeschäfte auch ohne ihn geführt werden könnten. Daß die Erklärung so gemeint war, wie sie lautete, wurde bald darauf bewiesen. In der Aula der Marburger Universität hielt am 14. Juni von Papen, damals noch Vizekanzler, jene damals zu Recht als sensationell gewertete Rede gegen die Gefahren einer »zweiten Revolution«. Darin war für jeden, der zu hören verstand, gesagt, daß vor einer Alternative, entweder eine zweite Revolution zu haben oder ohne den Nationalsozialismus zu regieren, die Entscheidung nur im letzteren Sinne ausfallen könne. Der Zweck dieser Rede war, die Öffentlichkeit auf große Ereignisse vorzubereiten. Hitler war in diesen Tagen zu einem bombastischen »Führer«-Besuch beim »Duce« in Venedig.

So saß denn Hitler, dieser »gewaltige Staatsmann« und »Größte aller Deutschen« in der Mausefalle. Es blieb keine andere »Lösung« für ihn übrig als die, die am 30. Juni zum Vollzug kam. Rudolf Heß wurde beauftragt, mit Himmler und Heydrich die Einzelheiten festzulegen. Aber Heß kannte seinen »Führer« auch, und er bestand mit Himmler und Heydrich darauf, daß Hitler die Henkersrolle selbst übernehmen müsse. Auch Goebbels und Göring wurden hinzugezogen.

Noch gab es freilich eine Schwierigkeit. Die SA-Gruppen- und Obergruppenführer mußten bei Röhm in Wiessee versammelt werden, damit die Legende von der SA-Verschwörung glaubhaft gemacht werden könne, auf die Heß verfallen war. Aber Röhm war zu ihrer Zusammenrufung nicht zu bewegen. Hitler ging nach dessen zweimaliger Weigerung so weit, ihm als sein Vorgesetzter den ausdrücklichen Befehl zu geben, die Führung auf den 30. Juni zur Entgegennahme einer persönlichen Erklärung Hitlers nach Wiessee zu beordern. Röhm war auf der Hut. Er entschuldigte sich damit, daß er mit schweren Leberblutungen zu Bett liege und sich nicht rühren könne. So mußten zum Schluß die Opfer nach Wiessee gebracht werden durch Telegramme, die unterzeichnet waren: »Befehl des Führers – i. A. Rudolf Heß.«[1]

So war denn die Szene für das Morden vorbereitet. Um die Opfer in Sicherheit zu wiegen, ging Hitler auf eine Inspektionsreise von Arbeitsdienstlagern in Westdeutschland, war Trauzeuge bei der Hochzeit von Gauleiter Terboven in Essen, ließ sich mit Krupp vor der Villa Hügel photographieren und wahrte in jeder Hinsicht den Anschein friedfertiger Harmlosigkeit. Das war um so nötiger, als die Reichswehr und die SS bereits am 25. Juni in Alarmzustand versetzt worden waren. Am Abend des

1 Dieses enthüllende Detail bekam ich von einem Augenzeugen, einem gewissen Franz Stiller, der in unserem Büro ein- und ausging. Er hatte sich auf Wunsch seines Vetters, Peter von Heydebreck, SA-Gruppenführer in Pommern, ihn auf der Durchreise nach München (bzw. Wiessee) am Anhalter Bahnhof persönlicher Nachrichten wegen zu treffen, dorthin begeben und sah zu seinem Erstaunen in dem Zuge und auf dem Bahnsteig noch andere Gruppenführer. Stiller drang in seinen Vetter, was denn da los sei. Heydebreck bekannte, daß weder er noch eine der anderen hohen Chargen den Grund ihrer Ortsveränderung wüßten, und zog aus der Tasche das Telegramm, das er Stiller zu lesen gab.

29. Juni stießen Goebbels, Otto Dietrich und Lutze, der designierte Nachfolger Röhms, von Berlin kommend in Godesberg zu Hitler mit seiner Gruppe, um zwei Uhr in der Frühe flogen sie nach München ab. Dort fanden im Innenministerium um fünf Uhr die ersten Verhaftungen statt, dann ging es in langer Kolonne von SS-Wagen nach Wiessee. Die Verhaftungen erfolgten ohne Widerstand, die Betroffenen lagen ahnungslos in den Betten. Weder hier noch in München noch irgendwo anders im Reich war eine Spur der SA-Revolte, mit der Hitler später den Massenmord zu rechtfertigen suchte, zu bemerken gewesen.

Die Verhafteten wurden ins Zuchthaus Stadelheim bei München gebracht, und sofort wurde dort in Anwesenheit Hitlers mit den Erschießungen begonnen, ohne Verhör, ohne Anklage sogar. Röhm selbst wurde ein Revolver in die Zelle gelegt, als besondere Gnade, damit er sich selbst erschießen dürfe. Entrüstet lehnte Röhm ab. »Wenn Adolf mein Leben will, soll das Schwein mich selbst erschießen!« brüllte er. Danach schoß das Kommando so lange in die Zelle hinein, bis Röhm tot in seinem Blute lag.

122 Erschießungen erfolgten an diesem Tage im Hof von Stadelheim. Gleichzeitig wütete der Mord in Berlin in der Kadettenanstalt Lichterfelde. Über das ganze Land hinweg hielten die Parteiführer ihre Privatabrechnungen, »erweiterten sie ihre Aufgabe«, wie Göring es nachher nannte. Der Mord hatte freie Bahn, niemand wurde zur Rechenschaft gezogen, niemand wußte auch für lange Zeit, wie viele Opfer der Blutrausch gekostet hatte. Eine ganze Weile gingen die Erschießungen und Meuchelmorde weiter, wurden Leichen in Wäldern in der Umgebung der Städte gefunden. Auch Hitler wurde über die volle Zahl im unklaren gehalten. Jeder Besucher, der ihn zu sehen kam, wurde von Heß und Brückner der genauesten Zensur unterzogen, was er sagen dürfe und was nicht. Aber im Oktober ereignete sich ein »Unfall«, als Hitler einen deutschen Diplomaten (Botschafter von Mackensen) unerwartet nach dem Ergehen eines alten Parteifreundes fragte und der Besucher ihm stammelnd zu verstehen gab, daß der Betreffende unter den Erschossenen sei. Erst das wurde für Hitler zum Anlaß, von Heß die Liste der Opfer zu verlangen. Die Liste hatte Heydrich, und der weigerte sich, sie

herauszurücken. Es kam zu einer Krise in der Gestapo, der Heydrich zum Opfer gefallen wäre, hätte er sich nicht so gut gesichert gehabt. Er mußte im November für eine Woche auf Urlaub gehen, bevor es Heß gelang, die Liste für Hitler zu erhalten. Sie enthielt rund 2800 Namen.

Eine der feigsten und verächtlichsten Handlungen in Hitlers Leben war ohne Zweifel der Versuch, sich nach dem Mord zum Sittenrichter über die Opfer aufzuwerfen und Kübel von Unrat über die Leichen auszuleeren. Die Homosexualität und Völlerei im Kreise Röhms waren in ganz Deutschland bekannt, und selbstverständlich auch Hitler, seit Jahren schon. Im Mai 1927 hatte er in München vor Hunderten von SA-Leuten ausgerufen: »Die Clique vom ›Bratwurstglöckl‹ sind alle Hundertfünfundsiebziger: Heines, Röhm, Zentner, und wie sie alle heißen.« Aber bis zum 30. Juni 1934 hatte er so wenig Anstoß daran genommen, daß er die Ernennung von Heines zum Polizeipräsidenten von Breslau billigte.

Unter den Erschießungen hatte die des Generals von Schleicher und seiner Frau besonderes Aufsehen hervorgerufen. Der Befehl ging auf Göring zurück, der sich freilich seinerseits auf Hitler berief. Beide hatten Grund zur Gegnerschaft mit dem »politischen General«, unter anderem wegen dessen Versuch, im Dezember 1932 die NSDAP zu spalten, unter Benutzung Gregor Strassers, der ebenfalls am 30. Juni ermordet wurde. Den unmittelbaren Anlaß aber bildete eine Regierungsliste, die Schleicher in Umlauf brachte, mit ihm selbst als Vizekanzler unter Hitler, mit Röhm als Reichswehrminister und Gregor Strasser als Reichswirtschaftsminister. Sie war ohne Mitwissen von Röhm und Strasser aufgestellt worden. Auch wagte Hitler nicht, diese Liste unter seine Anklagepunkte vor der Öffentlichkeit einzureihen. Statt dessen beschuldigte er Schleicher landesverräterischer Umtriebe mit François-Poncet, mit dem jener und Röhm sich in geheimer Begegnung getroffen hätten. In Wahrheit war diese Begegnung so wenig geheim, daß Hitler selbst dazu eingeladen worden war, sich aber entschuldigt hatte.

530 Eduard Parow, Psychotisches Verhalten
531 Dieter Kühn, Grenzen des Widerstands
533 Materialien zu Ödön von Horváths ›Geschichten aus dem Wienerwald‹
534 Ernst Bloch, Vom Hasard zur Katastrophe. Politische Aufsätze 1934–1939
535 Heinz-Joachim Heydorn, Zu einer Neufassung des Bildungsbegriffs
536 Brigitte Eckstein, Hochschuldidaktik
537 Franco Basaglia, Die abweichende Mehrheit
538 Klaus Horn, Gruppendynamik und der ›subjektive Faktor‹
539 Gastarbeiter. Herausgegeben von Ernst Klee
540 Thomas Krämer-Badoni / Herbert Grymer / Marianne Rodenstein, Zur sozio-ökonomischen Bedeutung des Automobils
541 Über H. C. Artmann. Herausgegeben von Gerald Bisinger
542 Arnold Wesker, Die Küche
543 Detlef Kantowsky, Indien
544 Peter Hacks, Das Poetische
546 Frauen gegev den § 218. 18 Protokolle, aufgezeichnet von Alice Schwarzer
547 Wlodzimierz Brus, Wirtschaftsplanung. Für ein Konzept der politischen Ökonomie
548 Otto Kirchheimer, Funktionen des Staats und der Verfassung
549 Claus Offe, Strukturprobleme des kapitalistischen Staates
550 Manfred Clemenz, Zur Entstehung des Faschismus
551 Herbert Achternbusch, L'Etat c'est moi
552 Über Jürgen Becker
553 Hans Magnus Enzensberger, Das Verhör von Habana
555 Alfred Sohn-Rethel, Geistige und körperliche Arbeit
556 Becker / Jungblut, Strategien der Bildungsproduktion
557 Karsten Witte, Theorie des Kinos
558 Herbert Brödl, Der kluge Waffenfabrikant und die dummen Revolutionäre
559 Über Ror Wolf. Herausgegeben von Lothar Baier
560 Rainer Werner Fassbinder, Antiteater 2
561 Branko Horvat, Jugosl. Gesellschaft
562 Margaret Wirth, Kapitalismustheorie in der DDR
563 Imperialismus und strukturelle Gewalt. Herausgegeben von Dieter Senghaas
565 Agnes Heller, Marxistische Theorie der Werte
566/67 William Hinton, Fanshen
568 Henri Lefebvre, Soziologie nach Marx
569 Imanuel Geiss, Geschichte und Geschichtswissenschaft
570 Werner Hecht, Sieben Studien über Brecht

571 Materialien zu Hermann Brochs »Die Schlafwandler«
572 Alfred Lorenzer, Gegenstand der Psychoanalyse
573 Friedhelm Nyssen u. a., Polytechnik in der Bundesrepublik Deutschland
574 Ronald D. Laing / David G. Cooper, Vernunft und Gewalt
575 Determinanten der westdeutschen Restauration 1945–1949
576 Sylvia Streeck, Wolfgang Streeck, Parteiensystem und Status quo
577 Prosper Lissagaray, Geschichte der Commune von 1871
580 Dorothea Röhr, Prostitution
581 Gisela Brandt, Johanna Kootz, Gisela Steppke, Zur Frauenfrage im Kapitalismus
582 Jurij M. Lotmann, Struktur d. künstl. Textes
583 Gerd Loschütz, Sofern die Verhältnisse es zulassen
584 Über Ödön von Horváth
585 Ernst Bloch, Das antizipierende Bewußtsein
586 Franz Xaver Kroetz, Neue Stücke
587 Johann Most, Kapital und Arbeit. Herausgegeben von Hans Magnus Enzensberger
588 Henryk Grynberg, Der jüdische Krieg
589 Gesellschaftsstrukturen. Herausgegeben von Oskar Negt und Klaus Meschkat
590 Theodor W. Adorno, Zur Metakritik der Erkenntnistheorie
591 Herbert Marcuse, Konterrevolution und Revolte
592 Autonomie der Kunst
593 Probleme der internationalen Beziehungen. Herausgegeben von Ekkehart Krippendorff
594 Materialien zum Leben und Schreiben der Marieluise Fleißer
595/596 Ernest Mandel, Marxistische Wirtschaftstheorie
597 Rüdiger Bubner, Dialektik und Wissenschaft
598 Technologie und Kapital. Herausgegeben von Richard Vahrenkamp
599 Karl Otto Hondrich, Theorie der Herrschaft
600 Wislawa Szymbroska, Salz
601 Norbert Weber, Über die Ungleichheit der Bildungschancen in der BRD
602 Armando Córdova, Heterogenität
603 Bertolt Brecht, Der Tui-Roman
606 Henner Hess / Achim Mechler, Ghetto ohne Mauern
607 Wolfgang F. Haug, Bestimmte Negation
608 Hartmut Neuendorff, Der Begriff d. Interesses
610 Tankred Dorst, Eiszeit
611 Materialien zu Horvaths »Kasimir und Karoline«. Herausgegeben von Traugott Krischke
612 Stanislaw Ossowski, Die Besonderheiten der Sozialwissenschaften

613 Marguerite Sechehaye, Tagebuch einer Schizophrenen
614 Walter Euchner, Egoismus und Gemeinwohl
617 Probleme einer materialistischen Staatstheorie. Herausgegeben von Joachim Hirsch
618 Jacques Hochmann, Thesen zu einer Gemeindepsychiatrie
619 Manfred Riedel, System und Geschichte
621 Gaston Salvatore, Büchners Tod
622 Gert Ueding, Glanzvolles Elend
623 Jürgen Habermas, Legitimationsprobleme im Spätkapitalismus
624 Heinz Schlaffer, Der Bürger als Held
625 Claudia von Braunmühl, Kalter Krieg und friedliche Koexistenz
626 Ulrich K. Preuß, Legalität und Pluralismus
627 Marina Neumann-Schönwetter, Psychosexuelle Entwicklung und Schizophrenie
628 Lutz Winckler, Kulturwarenproduktion
629 Karin Struck, Klassenliebe
630 Alfred Sohn-Rethel, Ökonomie und Klassenstruktur des deutschen Faschismus
631 Bassam Tibi, Militär und Sozialismus in der Dritten Welt
632 Aspekte der Marxschen Theorie 1
635 Manfred Jendryschik, Frost und Feuer, ein Protokoll und andere Erzählungen
636 Paul A. Baran, Paul M. Sweezy, Monopolkapital. Ein Essay über die amerikanische Wirtschafts- und Gesellschaftsordnung
637 Alice Schwarzer, Frauenarbeit – Frauenbefreiung
638 Architektur und Kapitalverwertung
639 Oskar Negt, Alexander Kluge, Öffentlichkeit und Erfahrung
640 Probleme des Sozialismus und der Übergangsgesellschaften. Herausgegeben von Peter Hennicke
641 Paavo Haavikko, Gedichte
642 Martin Walser, Wie und wovon handelt Literatur
643 Arzt und Patient in der Industriegesellschaft. Herausgegeben von Otto Döhner
644 Rolf Tiedemann, Studien z. Philosophie Walter Benjamins
646 H. J. Schmitt, Expressionismus-Debatte
647 Über Peter Huchel
650 Hans Ulrich Wehler, Geschichte als Historische Sozialwissenschaft
665 Alexander Kluge, Lernprozesse mit tödlichem Ausgang
670 Peter Bulthaup, Zur gesellschaftlichen Funktion der Naturwissenschaften
671 Materialien zu Horváths ›Glaube Liebe Hoffnung‹. Herausgegeben von Traugott Krischke

Alphabetisches Verzeichnis der edition suhrkamp

S. 95
S. 81/82